关联适用全书系列

民法典侵权责任编司法解释

关联适用全书

龙卫球 ◎ 主编
雷震文 ◎ 副主编

中国法治出版社
CHINA LEGAL PUBLISHING HOUSE

前　言

　　民事司法解释是后法典化时代民事法律规则续造的基本方式，对于推进《中华人民共和国民法典》（以下简称《民法典》）的正确实施和我国民商事法治体系的现代化具有重大的现实意义。《民法典》颁布以来，最高人民法院围绕《民法典》的适用先后颁布了《最高人民法院关于适用〈中华人民共和国民法典〉有关担保制度的解释》《最高人民法院关于适用〈中华人民共和国民法典〉总则编若干问题的解释》《最高人民法院关于适用〈中华人民共和国民法典〉合同编通则若干问题的解释》等系列司法解释，对厘清法律适用中的争议问题、统一裁判尺度和稳定社会预期起到了积极的作用。

　　沿承自原《中华人民共和国侵权责任法》（以下简称《侵权责任法》），独立成编的侵权责任规则安排是我国《民法典》编纂中独具特色的创举。以保护民事主体合法权益、明确侵权责任、预防和制裁侵权行为宗旨，该编在原《侵权责任法》的基础上，吸收借鉴司法实践的相关经验，对侵权责任制度作了必要的补充和完善。而作为首个针对《民法典》侵权责任编的司法解释，为回应社会关切，结合审判实践中遇到的新情况新问题，《最高人民法院关于适用〈中华人民共和国民法典〉侵权责任编的解释（一）》针对校园欺凌、烈犬伤人、高空抛物等备受社会关注的问题，着重从明确非法使被监护人脱离监护的侵权责任，明确监护人责任以及教唆、帮助侵权责任和教育机构责任的实体和程序规则，明确用人单位责任的适用范围和劳务派遣关系中的侵权责任形态，明确机动车交通事故责任的相关适用规则，明确缺陷产品造成的产品自身损害（产品自损）属于产品责任赔偿范围，明确规定禁止饲养的烈性犬等危险动物致人损害不适用免责事由，明确高空抛掷物、坠落物致害责任的实体和程序规则等方面就《民法典》相关规定的适用作出了进一步的阐释和规定，可兹为《民法典》时代，民事规范司法续造的成功典范。

为了方便法律从业人员、法学院校师生和社会大众全面、系统地了解和学习司法解释，掌握重点内容，指引实务操作，龙卫球教授领衔组织北京航空航天大学的青年教师和硕博士研究生编写了这本关联适用全书。全书分别从要点提示、关联规定和典型案例三部分对司法解释展开逐条剖析。其中，要点提示旨在以简洁凝练的文字概括立法背景、立法宗旨、法条内涵，解析实务适用中的重点难点；关联规定则将与新法或重要法律相关的法律法规、司法解释、部门规章等法律文件分条逐一列举，旨在方便读者直接对照使用，对该领域立法形成系统性知识架构；典型案例则收录与司法解释条文相关的最高人民法院发布的指导性案例、公报案例以及各级人民法院裁判的典型案例，旨在以案释法，为相关法律的适用和类似案件的审理提供有益参考。

由于编者水平有限，书中内容可能存在不足，敬请广大读者批评指正。本书在编写过程中获得北京市社会科学基金决策咨询项目"北京数字贸易营商环境优化的制度路径研究"（项目编号：22JCC083）的支持，谨致谢忱。

目 录

最高人民法院关于适用《中华人民共和国民法典》侵权责任编的解释（一）

第 一 条【非法侵害监护状态所致损害赔偿责任】 …………… 001

第 二 条【非法侵害监护状态精神损害赔偿】 ………………… 012

第 三 条【非法脱离监护期间被监护人死亡时近亲属监护人的
请求权】 ………………………………………………… 031

第 四 条【无民事行为能力人、限制民事行为能力人致人损害
时诉讼主体的确定】 …………………………………… 043

第 五 条【监护人对不具备完全民事行为能力人的监护责任】 …… 053

第 六 条【监护人责任的范围及内容】 ………………………… 065

第 七 条【未成年子女造成他人损害，父母依法承担民事责任】 …… 074

第 八 条【离异父母对未成年子女的监护义务】 ……………… 081

第 九 条【未成年子女的继父母侵权责任的承担】 …………… 088

第 十 条【委托监护关系中的侵权责任承担】 ………………… 090

第十一条【教唆、帮助无民事行为能力人、限制民事行为能力
人实施侵权行为时教唆、帮助人担责主观要件】 …… 102

第十二条【教唆人、帮助人与监护人的责任形态】 …………… 111

第十三条【被侵权人合并请求教唆人、帮助人与监护人、受托监
护人承担责任时的责任分配规则】 …………………… 119

第十四条【第三人侵权时教育机构补充责任顺位抗辩】 ……… 128

第十五条【用人单位责任的适用范围】 ………………………… 145

第十六条【劳务派遣单位责任适用过错责任原则】 …………… 155

第十七条【用人单位的民事责任不因工作人员承担刑事责任
　　　　　得以免除】 …………………………………………… 163
第十八条【承揽关系中侵权责任的承担规则】 ………………… 172
第十九条【产品缺陷致害的赔偿范围】 ………………………… 178
第二十条【转让人、受让人连带责任的承担】 ………………… 185
第二十一条【机动车交通事故的侵权责任承担】 ……………… 195
第二十二条【任何危险作用的直接操作者不能构成侵权案件的
　　　　　　受害人】 ………………………………………… 209
第二十三条【危险动物饲养人或管理人责任】 ………………… 218
第二十四条【高空抛坠物具体侵权人能够确定时物业服务企业
　　　　　　的责任】 ………………………………………… 228
第二十五条【高空抛坠物具体侵权人难以确定时物业服务企业
　　　　　　与可能加害的建筑物使用人的责任顺位和追偿】 ……… 235
第二十六条【施行日期】 ………………………………………… 242

案例索引目录

- 张某等拐卖儿童案 ………………………………………………… 010
- 吴某1拐骗儿童、吴某2包庇案 ………………………………… 011
- 缪某某、钟某某侵权责任纠纷案 ………………………………… 021
- 王某、张某诉某医院监护权纠纷案 ……………………………… 023
- 李某某、孙某某诉某医院错给所生孩子致使其抚养他人孩子
  达20余年要求找回亲子和赔偿案 ……………………………… 025
- 阿某、艾某诉某医院丢失婴儿损害赔偿案 ……………………… 029
- 马某拐卖儿童案 …………………………………………………… 042
- 丁某某诉季某某等教育机构责任纠纷案 ………………………… 046
- 王某1、王某2诉王某、夏某监护人责任纠纷案 ……………… 050
- 周某与肖某、肖某某、某中学健康权纠纷案 …………………… 051
- 厉某某诉盛某、盛某某、王某某、某小学教育机构责任纠纷案 …… 052
- 刘某1、刘某2等生命权、健康权、身体权纠纷案 …………… 058
- 赵某等与陈某某等侵权责任纠纷案 ……………………………… 059
- 郑某与游某2、李某生命权、健康权、身体权纠纷案 ………… 064
- 刘某诉陈某等身体权纠纷案 ……………………………………… 069
- 罗某、刘某诉罗某某、刘某某生命权、健康权、身体权纠纷案 …… 070
- 陈某某、王某某等机动车交通事故责任纠纷案 ………………… 071
- 李某、王某某等机动车交通事故责任纠纷案 …………………… 072
- 张某1与孟某等侵权责任纠纷案 ………………………………… 073
- 刘某、史某等健康权纠纷案 ……………………………………… 078
- 卜某、米某等机动车交通事故责任纠纷案 ……………………… 079
- 刘某某、陈某等财产损害赔偿纠纷案 …………………………… 080

- 刘某、曹某生命权、健康权、身体权纠纷案 …………………… 084
- 付某某、陈某某等机动车交通事故责任纠纷案 ………………… 085
- 罗某与罗某1、罗某2生命权、健康权、身体权纠纷案 ………… 086
- 宋某与于某、王某某生命权、健康权、身体权纠纷案 ………… 087
- 卢某某、卢某1等与夏某等生命权、健康权、身体权纠纷案 … 089
- 马某某与张某、岳某某生命权纠纷案 …………………………… 095
- 尚某某、王某某、王某等侵权责任纠纷案 ……………………… 097
- 马某某与马某1、马某2、马某3、曹某某财产损害赔偿纠纷案 …… 100
- 刘某某、马某某等健康权纠纷案 ………………………………… 108
- 朱某1、李某1等与朱某等生命权、健康权、身体权纠纷案 …… 109
- 毛某1、毛某2生命权、健康权、身体权纠纷案 ……………… 116
- 陈某某与蒋某、朱某某等生命权、健康权、身体权纠纷案 …… 118
- 梁某、李某机动车交通事故责任纠纷案 ………………………… 125
- 马某1与马某2、马某3等生命权、健康权、身体权纠纷案 …… 127
- 邓某甲与朱某、某商店等机动车交通事故责任纠纷案 ………… 140
- 黄某与某中学生命权、健康权、身体权纠纷案 ………………… 143
- 某县人民检察院与某化工公司污染环境民事公益诉讼案 ……… 148
- 蔡某与某医院等侵权责任纠纷案 ………………………………… 149
- 丁某某与陆某某、建筑装潢材料公司海上、通海水域人身损害责任纠纷案 ……………………………………………………… 151
- 保安公司与机械租赁公司、李某某追偿权纠纷案 ……………… 158
- 吕某1、吕某2、吕某3、某医院、某家政中心因与冯某、许某非机动车交通事故责任纠纷案 …………………………… 159
- 某物流公司呼和浩特市分公司、某服务有限公司与郁某、王某非机动车交通事故责任纠纷案 ……………………………… 161
- 健康产业公司与裴某、保安公司房山分公司劳务派遣工作人员侵权责任纠纷案 …………………………………………… 162
- 集团公司与经济技术合作公司进出口代理合同纠纷案 ………… 169

- 某银行、某1银行合同纠纷案 …………………………………… 170
- 金融租赁公司等与某金融租赁公司等融资租赁合同纠纷案 ……… 171
- 刘某1等与肖某某承揽关系纠纷案 …………………………… 174
- 马某某、赵某某等生命权、健康权、身体权纠纷案 …………… 175
- 工程公司、孙某某海上、通海水域运输重大责任事故责任纠纷案 … 176
- 纪某1等诉供电公司等生命权纠纷案 ………………………… 177
- 郭某诉孟某等健康权纠纷案 …………………………………… 177
- 刁某诉石化公司产品销售者责任纠纷案 ……………………… 180
- 全国首例高空抛物罪案 ………………………………………… 181
- 潘某某与高某某等物件损害赔偿纠纷案 ……………………… 182
- 彭某诉林某等财产损害纠纷案 ………………………………… 184
- 张某、薛某等机动车交通事故责任纠纷案 …………………… 190
- 张某、薛某等追偿权纠纷案 …………………………………… 191
- 杨某交通肇事罪案 ……………………………………………… 192
- 段某、王某道路交通事故纠纷案 ……………………………… 194
- 吴某、吴某1与胡某、戴某交通事故人身损害赔偿纠纷案 …… 197
- 曾某诉黄某、某物资公司、某保险公司机动车交通事故责任纠纷案 ……………………………………………………………… 199
- 张某诉某投资公司、某物业公司机动车交通事故责任纠纷案 … 200
- 凌某与李某1、李某机动车交通事故责任纠纷案 …………… 201
- 靳某某、刘某某等机动车交通事故责任纠纷案 ……………… 202
- 魏某、李某等机动车交通事故责任纠纷案 …………………… 204
- 韦某某、韦某1等机动车交通事故责任纠纷案 ……………… 205
- 蒋某、梁某等机动车交通事故责任纠纷案 …………………… 207
- 保险公司与马某保险合同纠纷案 ……………………………… 211
- 郑某1、郑某机动车交通事故责任纠纷案 …………………… 213
- 范某、李某机动车交通事故责任纠纷案 ……………………… 215
- 保险公司与王某、汽车运输公司、唐某财产保险合同纠纷案 … 216

- 吴某某诉某保险公司机动车交通事故责任纠纷案 …………… 217
- 甲与乙饲养动物损害责任纠纷案 …………………… 219
- 欧某诉高某饲养动物损害责任纠纷案 ……………… 220
- 徐某诉于某饲养动物损害责任案 …………………… 221
- 朱某诉孙某、于某饲养动物损害责任案 …………… 223
- 颜某诉某宠物工作室饲养动物致人损害赔偿纠纷案 …… 224
- 甲和乙饲养动物损害责任纠纷案 …………………… 225
- 成某诉刘某饲养动物致人损害赔偿纠纷案 ………… 226
- 甲、乙饲养动物损害责任纠纷案 …………………… 227
- 庾某诉黄某高空抛物损害责任纠纷案 ……………… 231
- 聂某诉陈某等物件损害责任纠纷案 ………………… 233
- 何某诉物业公司等物件坠落损害责任纠纷案 ……… 234
- 保险公司、物业公司保险人代位求偿权纠纷 ……… 239
- 黄某1、黄某2等高空抛物、坠物损害责任纠纷案 …… 241

最高人民法院关于适用《中华人民共和国民法典》侵权责任编的解释（一）

（2023年12月18日最高人民法院审判委员会第1909次会议通过　2024年9月25日最高人民法院公告公布　自2024年9月27日起施行　法释〔2024〕12号）

为正确审理侵权责任纠纷案件，根据《中华人民共和国民法典》、《中华人民共和国民事诉讼法》等法律规定，结合审判实践，制定本解释。

第一条　非法侵害监护状态所致损害赔偿责任[①]

非法使被监护人脱离监护，监护人请求赔偿为恢复监护状态而支出的合理费用等财产损失的，人民法院应予支持。

要点提示

本条解释是对非法侵害监护状态所致损害赔偿责任的规定。根据我国《民法典》第34条第2款的规定，监护人依法履行监护职责产生的权利，受法律保护。而非法使被监护人脱离监护状态的行为究竟侵害了监护人的何种民事权益，在我国的理论和实践中存在较大分歧，主要存在权利说、职责说和权利义务统一说等观点。《民法典》第34条第2款以及本条解释采用了较为慎重的立法表述，避免直接使用"监护权"的概念，而是采

---

① 本书条文主旨为编者所加。

"监护人依法履行监护职责产生的权利""非法使被监护人脱离监护""恢复监护状态"等表述。

构成侵害监护状态的侵权责任,应当具备以下三个构成要件。[①](1)行为人非法侵害了监护人对被监护人的监护状态。一方面,行为人可能通过抢夺、盗窃、绑架、诱骗、胁迫等方式,造成被监护人脱离监护状态的事实发生;另一方面,侵害监护状态的行为应具有非法性,侵害行为应在未取得监护人同意,也不存在法律规定的违法阻却事由的情形下实施。(2)该行为给监护人造成了财产损失,且存在责任成立的因果关系。根据该条解释的规定,财产损失应是"为恢复监护状态而支出的合理费用",其应作较为广义的解释,包括但不限于为恢复监护状态支出的交通费、住宿费、印刷费、通讯费、调查费、取证费、律师费、鉴定费等合理费用。(3)行为人在主观上存在过错。《民法典》第1165条规定,行为人因过错侵害他人民事权益造成损害的,应当承担侵权责任。"过错"是行为人行为时应受谴责的一种主观心理状态,其包含故意与过失。

关联规定[②]

1.《宪法》(2018年3月11日)

第四十九条　婚姻、家庭、母亲和儿童受国家的保护。

夫妻双方有实行计划生育的义务。

父母有抚养教育未成年子女的义务,成年子女有赡养扶助父母的义务。

禁止破坏婚姻自由,禁止虐待老人、妇女和儿童。

2.《民法典》(2020年5月28日)

第二十六条　父母对未成年子女负有抚养、教育和保护的义务。

成年子女对父母负有赡养、扶助和保护的义务。

第二十七条　父母是未成年子女的监护人。

---

① 程啸:《论侵害监护权的损害赔偿责任》,载《现代法学》2024年第4期。
② 本书"关联规定"部分的法律文件名为简称,日期为公布时间或者最后一次修正、修订时间。

未成年人的父母已经死亡或者没有监护能力的，由下列有监护能力的人按顺序担任监护人：

（一）祖父母、外祖父母；

（二）兄、姐；

（三）其他愿意担任监护人的个人或者组织，但是须经未成年人住所地的居民委员会、村民委员会或者民政部门同意。

第二十八条 无民事行为能力或者限制民事行为能力的成年人，由下列有监护能力的人按顺序担任监护人：

（一）配偶；

（二）父母、子女；

（三）其他近亲属；

（四）其他愿意担任监护人的个人或者组织，但是须经被监护人住所地的居民委员会、村民委员会或者民政部门同意。

第二十九条 被监护人的父母担任监护人的，可以通过遗嘱指定监护人。

第三十条 依法具有监护资格的人之间可以协议确定监护人。协议确定监护人应当尊重被监护人的真实意愿。

第三十一条 对监护人的确定有争议的，由被监护人住所地的居民委员会、村民委员会或者民政部门指定监护人，有关当事人对指定不服的，可以向人民法院申请指定监护人；有关当事人也可以直接向人民法院申请指定监护人。

居民委员会、村民委员会、民政部门或者人民法院应当尊重被监护人的真实意愿，按照最有利于被监护人的原则在依法具有监护资格的人中指定监护人。

依据本条第一款规定指定监护人前，被监护人的人身权利、财产权利以及其他合法权益处于无人保护状态的，由被监护人住所地的居民委员会、村民委员会、法律规定的有关组织或者民政部门担任临时监护人。

监护人被指定后，不得擅自变更；擅自变更的，不免除被指定的监护人的责任。

第三十二条 没有依法具有监护资格的人的,监护人由民政部门担任,也可以由具备履行监护职责条件的被监护人住所地的居民委员会、村民委员会担任。

第三十三条 具有完全民事行为能力的成年人,可以与其近亲属、其他愿意担任监护人的个人或者组织事先协商,以书面形式确定自己的监护人,在自己丧失或者部分丧失民事行为能力时,由该监护人履行监护职责。

第三十四条 监护人的职责是代理被监护人实施民事法律行为,保护被监护人的人身权利、财产权利以及其他合法权益等。

监护人依法履行监护职责产生的权利,受法律保护。

监护人不履行监护职责或者侵害被监护人合法权益的,应当承担法律责任。

因发生突发事件等紧急情况,监护人暂时无法履行监护职责,被监护人的生活处于无人照料状态的,被监护人住所地的居民委员会、村民委员会或者民政部门应当为被监护人安排必要的临时生活照料措施。

第一百一十二条 自然人因婚姻家庭关系等产生的人身权利受法律保护。

第一千零一条 对自然人因婚姻家庭关系等产生的身份权利的保护,适用本法第一编、第五编和其他法律的相关规定;没有规定的,可以根据其性质参照适用本编人格权保护的有关规定。

第一千一百六十四条 本编调整因侵害民事权益产生的民事关系。

第一千一百六十五条 行为人因过错侵害他人民事权益造成损害的,应当承担侵权责任。

依照法律规定推定行为人有过错,其不能证明自己没有过错的,应当承担侵权责任。

第一千一百七十九条 侵害他人造成人身损害的,应当赔偿医疗费、护理费、交通费、营养费、住院伙食补助费等为治疗和康复支出的合理费用,以及因误工减少的收入。造成残疾的,还应当赔偿辅助器具费和残疾赔偿金;造成死亡的,还应当赔偿丧葬费和死亡赔偿金。

第一千一百八十二条 侵害他人人身权益造成财产损失的，按照被侵权人因此受到的损失或者侵权人因此获得的利益赔偿；被侵权人因此受到的损失以及侵权人因此获得的利益难以确定，被侵权人和侵权人就赔偿数额协商不一致，向人民法院提起诉讼的，由人民法院根据实际情况确定赔偿数额。

第一千一百八十四条 侵害他人财产的，财产损失按照损失发生时的市场价格或者其他合理方式计算。

3.《刑法》（2023年12月29日）

第二百四十条 拐卖妇女、儿童的，处五年以上十年以下有期徒刑，并处罚金；有下列情形之一的，处十年以上有期徒刑或者无期徒刑，并处罚金或者没收财产；情节特别严重的，处死刑，并处没收财产：

（一）拐卖妇女、儿童集团的首要分子；

（二）拐卖妇女、儿童三人以上的；

（三）奸淫被拐卖的妇女的；

（四）诱骗、强迫被拐卖的妇女卖淫或者将被拐卖的妇女卖给他人迫使其卖淫的；

（五）以出卖为目的，使用暴力、胁迫或者麻醉方法绑架妇女、儿童的；

（六）以出卖为目的，偷盗婴幼儿的；

（七）造成被拐卖的妇女、儿童或者其亲属重伤、死亡或者其他严重后果的；

（八）将妇女、儿童卖往境外的。

拐卖妇女、儿童是指以出卖为目的，有拐骗、绑架、收买、贩卖、接送、中转妇女、儿童的行为之一的。

第二百四十一条 收买被拐卖的妇女、儿童的，处三年以下有期徒刑、拘役或者管制。

收买被拐卖的妇女，强行与其发生性关系的，依照本法第二百三十六条的规定定罪处罚。

收买被拐卖的妇女、儿童,非法剥夺、限制其人身自由或者有伤害、侮辱等犯罪行为的,依照本法的有关规定定罪处罚。

收买被拐卖的妇女、儿童,并有第二款、第三款规定的犯罪行为的,依照数罪并罚的规定处罚。

收买被拐卖的妇女、儿童又出卖的,依照本法第二百四十条的规定定罪处罚。

收买被拐卖的妇女、儿童,对被买儿童没有虐待行为,不阻碍对其进行解救的,可以从轻处罚;按照被买妇女的意愿,不阻碍其返回原居住地的,可以从轻或者减轻处罚。

4.《未成年人保护法》(2024年4月26日)

第五十四条 禁止拐卖、绑架、虐待、非法收养未成年人,禁止对未成年人实施性侵害、性骚扰。

禁止胁迫、引诱、教唆未成年人参加黑社会性质组织或者从事违法犯罪活动。

禁止胁迫、诱骗、利用未成年人乞讨。

5.《刑事诉讼法》(2018年10月26日)

第一百零一条 被害人由于被告人的犯罪行为而遭受物质损失的,在刑事诉讼过程中,有权提起附带民事诉讼。被害人死亡或者丧失行为能力的,被害人的法定代理人、近亲属有权提起附带民事诉讼。

如果是国家财产、集体财产遭受损失的,人民检察院在提起公诉的时候,可以提起附带民事诉讼。

第一百零二条 人民法院在必要的时候,可以采取保全措施,查封、扣押或者冻结被告人的财产。附带民事诉讼原告人或者人民检察院可以申请人民法院采取保全措施。人民法院采取保全措施,适用民事诉讼法的有关规定。

第一百零三条 人民法院审理附带民事诉讼案件,可以进行调解,或者根据物质损失情况作出判决、裁定。

第一百零四条 附带民事诉讼应当同刑事案件一并审判,只有为了防止刑事案件审判的过分迟延,才可以在刑事案件审判后,由同一审判组织继续审理附带民事诉讼。

6.《最高人民法院关于审理人身损害赔偿案件适用法律若干问题的解释》(2022年2月15日)

第一条 因生命、身体、健康遭受侵害,赔偿权利人起诉请求赔偿义务人赔偿物质损害和精神损害的,人民法院应予受理。

本条所称"赔偿权利人",是指因侵权行为或者其他致害原因直接遭受人身损害的受害人以及死亡受害人的近亲属。

本条所称"赔偿义务人",是指因自己或者他人的侵权行为以及其他致害原因依法应当承担民事责任的自然人、法人或者非法人组织。

第二条 赔偿权利人起诉部分共同侵权人的,人民法院应当追加其他共同侵权人作为共同被告。赔偿权利人在诉讼中放弃对部分共同侵权人的诉讼请求的,其他共同侵权人对被放弃诉讼请求的被告应当承担的赔偿份额不承担连带责任。责任范围难以确定的,推定各共同侵权人承担同等责任。

人民法院应当将放弃诉讼请求的法律后果告知赔偿权利人,并将放弃诉讼请求的情况在法律文书中叙明。

7.《最高人民法院关于审理拐卖妇女儿童犯罪案件具体应用法律若干问题的解释》(2016年12月21日)

第一条 对婴幼儿采取欺骗、利诱等手段使其脱离监护人或者看护人的,视为刑法第二百四十条第一款第(六)项规定的"偷盗婴幼儿"。

第二条 医疗机构、社会福利机构等单位的工作人员以非法获利为目的,将所诊疗、护理、抚养的儿童出卖给他人的,以拐卖儿童罪论处。

第九条 刑法第二百四十条、第二百四十一条规定的儿童,是指不满十四周岁的人。其中,不满一周岁的为婴儿,一周岁以上不满六周岁的为幼儿。

8.《最高人民法院关于适用〈中华人民共和国刑事诉讼法〉的解释》
(2021年1月26日)

第一百七十五条 被害人因人身权利受到犯罪侵犯或者财物被犯罪分子毁坏而遭受物质损失的,有权在刑事诉讼过程中提起附带民事诉讼;被害人死亡或者丧失行为能力的,其法定代理人、近亲属有权提起附带民事诉讼。

因受到犯罪侵犯,提起附带民事诉讼或者单独提起民事诉讼要求赔偿精神损失的,人民法院一般不予受理。

第一百七十八条 人民法院受理刑事案件后,对符合刑事诉讼法第一百零一条和本解释第一百七十五条第一款规定的,可以告知被害人或者其法定代理人、近亲属有权提起附带民事诉讼。

有权提起附带民事诉讼的人放弃诉讼权利的,应当准许,并记录在案。

第一百八十条 附带民事诉讼中依法负有赔偿责任的人包括:

(一) 刑事被告人以及未被追究刑事责任的其他共同侵害人;

(二) 刑事被告人的监护人;

(三) 死刑罪犯的遗产继承人;

(四) 共同犯罪案件中,案件审结前死亡的被告人的遗产继承人;

(五) 对被害人的物质损失依法应当承担赔偿责任的其他单位和个人。

附带民事诉讼被告人的亲友自愿代为赔偿的,可以准许。

第一百八十一条 被害人或者其法定代理人、近亲属仅对部分共同侵害人提起附带民事诉讼的,人民法院应当告知其可以对其他共同侵害人,包括没有被追究刑事责任的共同侵害人,一并提起附带民事诉讼,但共同犯罪案件中同案犯在逃的除外。

被害人或者其法定代理人、近亲属放弃对其他共同侵害人的诉讼权利的,人民法院应当告知其相应法律后果,并在裁判文书中说明其放弃诉讼请求的情况。

第一百八十二条 附带民事诉讼的起诉条件是:

(一) 起诉人符合法定条件;

(二) 有明确的被告人；

(三) 有请求赔偿的具体要求和事实、理由；

(四) 属于人民法院受理附带民事诉讼的范围。

第一百八十四条 附带民事诉讼应当在刑事案件立案后及时提起。

提起附带民事诉讼应当提交附带民事起诉状。

第一百八十五条 侦查、审查起诉期间，有权提起附带民事诉讼的人提出赔偿要求，经公安机关、人民检察院调解，当事人双方已经达成协议并全部履行，被害人或者其法定代理人、近亲属又提起附带民事诉讼的，人民法院不予受理，但有证据证明调解违反自愿、合法原则的除外。

第一百八十六条 被害人或者其法定代理人、近亲属提起附带民事诉讼的，人民法院应当在七日以内决定是否受理。符合刑事诉讼法第一百零一条以及本解释有关规定的，应当受理；不符合的，裁定不予受理。

第一百八十八条 附带民事诉讼当事人对自己提出的主张，有责任提供证据。

第一百九十二条 对附带民事诉讼作出判决，应当根据犯罪行为造成的物质损失，结合案件具体情况，确定被告人应当赔偿的数额。

犯罪行为造成被害人人身损害的，应当赔偿医疗费、护理费、交通费等为治疗和康复支付的合理费用，以及因误工减少的收入。造成被害人残疾的，还应当赔偿残疾生活辅助器具费等费用；造成被害人死亡的，还应当赔偿丧葬费等费用。

驾驶机动车致人伤亡或者造成公私财产重大损失，构成犯罪的，依照《中华人民共和国道路交通安全法》第七十六条的规定确定赔偿责任。

附带民事诉讼当事人就民事赔偿问题达成调解、和解协议的，赔偿范围、数额不受第二款、第三款规定的限制。

第一百九十四条 审理刑事附带民事诉讼案件，人民法院应当结合被告人赔偿被害人物质损失的情况认定其悔罪表现，并在量刑时予以考虑。

典型案例[1]

1. 张某等拐卖儿童案[2]

◎ **基本案情**

2004年12月，周某、陈某夫妻在广东省广州市某社区××8房租住期间，经周某提议，周某、陈某、杨某、刘某密谋策划抢走租住于该出租屋××5房的儿童申某。2005年1月，周某、杨某、刘某、陈某到达位于上址的出租屋楼下，由周某、陈某负责接应、把风，杨某、刘某携带工具闯进××5房内，将申某母亲于某捆绑、控制后强行抱走申某，并交给周某、陈某藏匿，再由周某将申某交给张某贩卖。2003年11月至2005年12月，张某先后在广东省惠州市、广州市等地租房居住，通过刻意搭讪结识被拐卖儿童家人，随后采取乘人不备和假称带儿童买东西吃的手段，将8名儿童带走贩卖，造成1名儿童父亲身亡、3名儿童至今下落不明的严重后果。

◎ **裁判要点**

广东省广州市中级人民法院一审以拐卖儿童罪判处被告人张某、周某死刑，剥夺政治权利终身，并处没收个人全部财产；判处被告人杨某、刘某无期徒刑，剥夺政治权利终身，并处没收个人全部财产；判处被告人陈某有期徒刑十年，剥夺政治权利三年，并处罚金人民币3000元；驳回附带民事诉讼原告人申某良、于某的诉讼请求。

广东省高级人民法院二审维持一审判决定罪量刑，判令五被告人连带赔偿上诉人申某良、于某物质损失人民币39.5万元。2022年11月12日，最高人民法院经复核，核准广东省高级人民法院维持第一审对张某、周某以拐卖儿童罪判处死刑的刑事附带民事判决。2023年4月27日，遵照最高人民法院下达的执行死刑命令，广东省广州市中级人民法院对罪犯执行死刑。

---

[1] 本书"典型案例"中引用的法律法规均为案件裁判当时有效，下文对此不再提示。
[2] 《广东省高院发布未成年人司法保护典型案例》，载广东省高级人民法院微信公众号，https://mp.weixin.qq.com/s/podc6DTKTATmI7xuhNZenA，2024年9月29日访问。

◎ **典型意义**

本案中，被告人拐卖儿童多名，致使1名被害人父亲身亡，并采取入户暴力控制母亲、强抢弱小婴儿等作案手法，导致申某与家庭离散15年，情节十分恶劣。并且，申某父母在寻子期间花费了大量金钱、精力和时间多方寻找，给家庭生活带来了较大负担。本案二审开庭期间，申某父母向法院提起刑事附带民事诉讼，要求被告人赔偿其夫妇寻子期间的相关开销、误工费和精神抚慰金等，最终诉讼请求得到法院部分支持。该案依法判处两名被告人死刑，彰显人民法院严惩侵害未成年人犯罪的鲜明态度，并且率先支持了被拐卖儿童亲属的刑事附带民事赔偿诉讼请求，在类案处理中起到标杆作用。

2. 吴某1拐骗儿童、吴某2包庇案①

◎ **基本案情**

被告人吴某1于2007年10月9日、12月28日在深圳市南山区先后拐走被害人孙某、符某某，并将二人带至被告人吴某2的住处藏匿。随后，吴某1将被害人分别交由其同乡或亲属抚养。2021年9月27日，公安机关询问吴某2时，吴某2对于本案有重要关系的情节故意作虚假证明，意图包庇吴某1。

◎ **裁判要点**

法院认为，被告人吴某1拐骗不满14周岁的未成年人，脱离家庭或监护人，其行为已构成拐骗儿童罪。被告人吴某2明知吴某1犯罪行为而为其作假证包庇，其行为已构成包庇罪。

根据两被告人的犯罪事实、性质、情节和认罪表现，2023年10月13日，深圳市南山区人民法院依法对被告人吴某1拐骗儿童、吴某2包庇一案作出一审公开宣判，以拐骗儿童罪判处吴某1有期徒刑五年，以包庇罪判处吴某2有期徒刑二年。同时判令吴某1赔偿孙某飞、彭某英损失42万元，赔偿符某、彭某某损失42万元。

---

① 《南山法院公开宣判一起拐骗儿童案》，载深圳市南山区人民法院网站，http://gw.nscourt.gov.cn/article/detail/2023/10/id/7575267.shtml，2024年9月29日访问。

◎ **典型意义**

本案中，孙某父母在诉讼中提起刑事附带民事诉讼，请求法院判令犯罪嫌疑人吴某1向其赔偿共计580万元损失。最终，孙某父母这一诉讼请求得到深圳市南山区人民法院部分支持。本案同样彰显了我国人民法院坚决打击侵害未成年人犯罪、弥补受害家庭的坚决态度。

第二条　非法侵害监护状态精神损害赔偿

> 非法使被监护人脱离监护，导致父母子女关系或者其他近亲属关系受到严重损害的，应当认定为民法典第一千一百八十三条第一款规定的严重精神损害。

❈ **要点提示**

本条解释是对非法侵害监护状态精神损害赔偿的规定。非法致使被监护人脱离监护状态，往往会使得受害家庭承受巨大的精神痛苦。我国《民法典》第34条第2款规定，监护人依法履行监护职责产生的权利，受法律保护。《民法典》第1183条第1款规定了侵害人身权益的精神损害赔偿责任，侵害自然人人身权益造成严重精神损害的，被侵权人有权请求精神损害赔偿。非法侵害监护人依法履行监护职责产生的权利，造成其严重精神损害的，其精神损害赔偿请求权应得到支持。在我国过去颁布的司法解释曾对非法侵害监护状态的精神损害赔偿责任作出规定。《最高人民法院关于确定民事侵权精神损害赔偿责任若干问题的解释》（以下简称《精神损害赔偿解释》）第2条规定："非法使被监护人脱离监护，导致亲子关系或者近亲属间的亲属关系遭受严重损害，监护人向人民法院起诉请求赔偿精神损害的，人民法院应当依法予以受理。"

司法实践中，精神损害赔偿有扩大适用的风险，因此需要进行一定程度的限制。在《民法典》第1183条第1款及《精神损害赔偿解释》规定的基础上，本条解释对非法侵害监护状态的精神损害赔偿责任作出如下限定：（1）精神损害赔偿的请求权主体仅限于父母或其他近亲属。一方面，在我国民法上可担任监护人的主体较为广泛，既包括近亲属和其他愿意担任监护人的个人等自然人，也包括民政部门、居民委员会和村民委员会等组织。当监护人为民政部门、居民委员会和村民委员会等非自然人时，便不存在精神损害赔偿问题。另一方面，在自然人担任监护人的情况下，若其并非被监护人的近亲属，非法使被监护人脱离监护状态的行为也不会造成其精神损害。(2) 侵害须达到严重损害的程度。判断"父母子女关系或者其他近亲属关系"是否受到严重损害时，应结合被监护人的年龄、监护人的类型、脱离监护的时间长短以及行为人的行为类型、行为方式和主观过错等因素综合考量。①

❈ 关联规定

1.《宪法》（2018 年 3 月 11 日）

　　第四十九条　婚姻、家庭、母亲和儿童受国家的保护。

　　夫妻双方有实行计划生育的义务。

　　父母有抚养教育未成年子女的义务，成年子女有赡养扶助父母的义务。

　　禁止破坏婚姻自由，禁止虐待老人、妇女和儿童。

2.《民法典》（2020 年 5 月 28 日）

　　第二十六条　父母对未成年子女负有抚养、教育和保护的义务。

　　成年子女对父母负有赡养、扶助和保护的义务。

　　第二十七条　父母是未成年子女的监护人。

　　未成年人的父母已经死亡或者没有监护能力的，由下列有监护能力的人按顺序担任监护人：

　　（一）祖父母、外祖父母；

　　（二）兄、姐；

　　（三）其他愿意担任监护人的个人或者组织，但是须经未成年人住所

---

① 程啸：《论侵害监护权的损害赔偿责任》，载《现代法学》2024 年第 4 期。

地的居民委员会、村民委员会或者民政部门同意。

第二十八条 无民事行为能力或者限制民事行为能力的成年人，由下列有监护能力的人按顺序担任监护人：

（一）配偶；

（二）父母、子女；

（三）其他近亲属；

（四）其他愿意担任监护人的个人或者组织，但是须经被监护人住所地的居民委员会、村民委员会或者民政部门同意。

第二十九条 被监护人的父母担任监护人的，可以通过遗嘱指定监护人。

第三十条 依法具有监护资格的人之间可以协议确定监护人。协议确定监护人应当尊重被监护人的真实意愿。

第三十一条 对监护人的确定有争议的，由被监护人住所地的居民委员会、村民委员会或者民政部门指定监护人，有关当事人对指定不服的，可以向人民法院申请指定监护人；有关当事人也可以直接向人民法院申请指定监护人。

居民委员会、村民委员会、民政部门或者人民法院应当尊重被监护人的真实意愿，按照最有利于被监护人的原则在依法具有监护资格的人中指定监护人。

依据本条第一款规定指定监护人前，被监护人的人身权利、财产权利以及其他合法权益处于无人保护状态的，由被监护人住所地的居民委员会、村民委员会、法律规定的有关组织或者民政部门担任临时监护人。

监护人被指定后，不得擅自变更；擅自变更的，不免除被指定的监护人的责任。

第三十二条 没有依法具有监护资格的人的，监护人由民政部门担任，也可以由具备履行监护职责条件的被监护人住所地的居民委员会、村民委员会担任。

第三十三条 具有完全民事行为能力的成年人，可以与其近亲属、其他愿意担任监护人的个人或者组织事先协商，以书面形式确定自己的监护人，在自己丧失或者部分丧失民事行为能力时，由该监护人履行监护职责。

第三十四条 监护人的职责是代理被监护人实施民事法律行为，保护被监护人的人身权利、财产权利以及其他合法权益等。

监护人依法履行监护职责产生的权利，受法律保护。

监护人不履行监护职责或者侵害被监护人合法权益的，应当承担法律责任。

因发生突发事件等紧急情况，监护人暂时无法履行监护职责，被监护人的生活处于无人照料状态的，被监护人住所地的居民委员会、村民委员会或者民政部门应当为被监护人安排必要的临时生活照料措施。

第一百一十二条 自然人因婚姻家庭关系等产生的人身权利受法律保护。

第一千零一条 对自然人因婚姻家庭关系等产生的身份权利的保护，适用本法第一编、第五编和其他法律的相关规定；没有规定的，可以根据其性质参照适用本编人格权保护的有关规定。

第一千一百六十四条 本编调整因侵害民事权益产生的民事关系。

第一千一百六十五条 行为人因过错侵害他人民事权益造成损害的，应当承担侵权责任。

依照法律规定推定行为人有过错，其不能证明自己没有过错的，应当承担侵权责任。

第一千一百七十九条 侵害他人造成人身损害的，应当赔偿医疗费、护理费、交通费、营养费、住院伙食补助费等为治疗和康复支出的合理费用，以及因误工减少的收入。造成残疾的，还应当赔偿辅助器具费和残疾赔偿金；造成死亡的，还应当赔偿丧葬费和死亡赔偿金。

第一千一百八十二条 侵害他人人身权益造成财产损失的，按照被侵权人因此受到的损失或者侵权人因此获得的利益赔偿；被侵权人因此受到的损失以及侵权人因此获得的利益难以确定，被侵权人和侵权人就赔偿数额协商不一致，向人民法院提起诉讼的，由人民法院根据实际情况确定赔偿数额。

第一千一百八十三条 侵害自然人人身权益造成严重精神损害的,被侵权人有权请求精神损害赔偿。

因故意或者重大过失侵害自然人具有人身意义的特定物造成严重精神损害的,被侵权人有权请求精神损害赔偿。

第一千一百八十四条 侵害他人财产的,财产损失按照损失发生时的市场价格或者其他合理方式计算。

3.《刑法》(2023 年 12 月 29 日)

第二百四十条 拐卖妇女、儿童的,处五年以上十年以下有期徒刑,并处罚金;有下列情形之一的,处十年以上有期徒刑或者无期徒刑,并处罚金或者没收财产;情节特别严重的,处死刑,并处没收财产:

(一)拐卖妇女、儿童集团的首要分子;

(二)拐卖妇女、儿童三人以上的;

(三)奸淫被拐卖的妇女的;

(四)诱骗、强迫被拐卖的妇女卖淫或者将被拐卖的妇女卖给他人迫使其卖淫的;

(五)以出卖为目的,使用暴力、胁迫或者麻醉方法绑架妇女、儿童的;

(六)以出卖为目的,偷盗婴幼儿的;

(七)造成被拐卖的妇女、儿童或者其亲属重伤、死亡或者其他严重后果的;

(八)将妇女、儿童卖往境外的。

拐卖妇女、儿童是指以出卖为目的,有拐骗、绑架、收买、贩卖、接送、中转妇女、儿童的行为之一的。

第二百四十一条 收买被拐卖的妇女、儿童的,处三年以下有期徒刑、拘役或者管制。

收买被拐卖的妇女,强行与其发生性关系的,依照本法第二百三十六条的规定定罪处罚。

收买被拐卖的妇女、儿童,非法剥夺、限制其人身自由或者有伤害、侮辱等犯罪行为的，依照本法的有关规定定罪处罚。

收买被拐卖的妇女、儿童，并有第二款、第三款规定的犯罪行为的，依照数罪并罚的规定处罚。

收买被拐卖的妇女、儿童又出卖的，依照本法第二百四十条的规定定罪处罚。

收买被拐卖的妇女、儿童，对被买儿童没有虐待行为，不阻碍对其进行解救的，可以从轻处罚；按照被买妇女的意愿，不阻碍其返回原居住地的，可以从轻或者减轻处罚。

4.《未成年人保护法》（2024年4月26日）

第五十四条 禁止拐卖、绑架、虐待、非法收养未成年人，禁止对未成年人实施性侵害、性骚扰。

禁止胁迫、引诱、教唆未成年人参加黑社会性质组织或者从事违法犯罪活动。

禁止胁迫、诱骗、利用未成年人乞讨。

5.《刑事诉讼法》（2018年10月26日）

第一百零一条 被害人由于被告人的犯罪行为而遭受物质损失的，在刑事诉讼过程中，有权提起附带民事诉讼。被害人死亡或者丧失行为能力的，被害人的法定代理人、近亲属有权提起附带民事诉讼。

如果是国家财产、集体财产遭受损失的，人民检察院在提起公诉的时候，可以提起附带民事诉讼。

第一百零二条 人民法院在必要的时候，可以采取保全措施，查封、扣押或者冻结被告人的财产。附带民事诉讼原告人或者人民检察院可以申请人民法院采取保全措施。人民法院采取保全措施，适用民事诉讼法的有关规定。

第一百零三条 人民法院审理附带民事诉讼案件，可以进行调解，或者根据物质损失情况作出判决、裁定。

第一百零四条 附带民事诉讼应当同刑事案件一并审判，只有为了防止刑事案件审判的过分迟延，才可以在刑事案件审判后，由同一审判组织继续审理附带民事诉讼。

6.《最高人民法院关于审理人身损害赔偿案件适用法律若干问题的解释》
（2022年2月15日）

第一条 因生命、身体、健康遭受侵害，赔偿权利人起诉请求赔偿义务人赔偿物质损害和精神损害的，人民法院应予受理。

本条所称"赔偿权利人"，是指因侵权行为或者其他致害原因直接遭受人身损害的受害人以及死亡受害人的近亲属。

本条所称"赔偿义务人"，是指因自己或者他人的侵权行为以及其他致害原因依法应当承担民事责任的自然人、法人或者非法人组织。

第二条 赔偿权利人起诉部分共同侵权人的，人民法院应当追加其他共同侵权人作为共同被告。赔偿权利人在诉讼中放弃对部分共同侵权人的诉讼请求的，其他共同侵权人对被放弃诉讼请求的被告应当承担的赔偿份额不承担连带责任。责任范围难以确定的，推定各共同侵权人承担同等责任。

人民法院应当将放弃诉讼请求的法律后果告知赔偿权利人，并将放弃诉讼请求的情况在法律文书中叙明。

7.《最高人民法院关于确定民事侵权精神损害赔偿责任若干问题的解释》
（2020年12月23日）

第一条 因人身权益或者具有人身意义的特定物受到侵害，自然人或者其近亲属向人民法院提起诉讼请求精神损害赔偿的，人民法院应当依法予以受理。

第二条 非法使被监护人脱离监护，导致亲子关系或者近亲属间的亲属关系遭受严重损害，监护人向人民法院起诉请求赔偿精神损害的，人民法院应当依法予以受理。

第五条 精神损害的赔偿数额根据以下因素确定：

（一）侵权人的过错程度，但是法律另有规定的除外；

（二）侵权行为的目的、方式、场合等具体情节；
（三）侵权行为所造成的后果；
（四）侵权人的获利情况；
（五）侵权人承担责任的经济能力；
（六）受理诉讼法院所在地的平均生活水平。

8.《最高人民法院关于审理拐卖妇女儿童犯罪案件具体应用法律若干问题的解释》（2016年12月21日）

第一条 对婴幼儿采取欺骗、利诱等手段使其脱离监护人或者看护人的，视为刑法第二百四十条第一款第（六）项规定的"偷盗婴幼儿"。

第二条 医疗机构、社会福利机构等单位的工作人员以非法获利为目的，将所诊疗、护理、抚养的儿童出卖给他人的，以拐卖儿童罪论处。

第九条 刑法第二百四十条、第二百四十一条规定的儿童，是指不满十四周岁的人。其中，不满一周岁的为婴儿，一周岁以上不满六周岁的为幼儿。

9.《最高人民法院关于适用〈中华人民共和国刑事诉讼法〉的解释》（2021年1月26日）

第一百七十五条 被害人因人身权利受到犯罪侵犯或者财物被犯罪分子毁坏而遭受物质损失的，有权在刑事诉讼过程中提起附带民事诉讼；被害人死亡或者丧失行为能力的，其法定代理人、近亲属有权提起附带民事诉讼。

因受到犯罪侵犯，提起附带民事诉讼或者单独提起民事诉讼要求赔偿精神损失的，人民法院一般不予受理。

第一百七十八条 人民法院受理刑事案件后，对符合刑事诉讼法第一百零一条和本解释第一百七十五条第一款规定的，可以告知被害人或者其法定代理人、近亲属有权提起附带民事诉讼。

有权提起附带民事诉讼的人放弃诉讼权利的，应当准许，并记录在案。

第一百八十条 附带民事诉讼中依法负有赔偿责任的人包括：

（一）刑事被告人以及未被追究刑事责任的其他共同侵害人；

（二）刑事被告人的监护人；

（三）死刑罪犯的遗产继承人；

（四）共同犯罪案件中，案件审结前死亡的被告人的遗产继承人；

（五）对被害人的物质损失依法应当承担赔偿责任的其他单位和个人。

附带民事诉讼被告人的亲友自愿代为赔偿的，可以准许。

第一百八十一条 被害人或者其法定代理人、近亲属仅对部分共同侵害人提起附带民事诉讼的，人民法院应当告知其可以对其他共同侵害人，包括没有被追究刑事责任的共同侵害人，一并提起附带民事诉讼，但共同犯罪案件中同案犯在逃的除外。

被害人或者其法定代理人、近亲属放弃对其他共同侵害人的诉讼权利的，人民法院应当告知其相应法律后果，并在裁判文书中说明其放弃诉讼请求的情况。

第一百八十二条 附带民事诉讼的起诉条件是：

（一）起诉人符合法定条件；

（二）有明确的被告人；

（三）有请求赔偿的具体要求和事实、理由；

（四）属于人民法院受理附带民事诉讼的范围。

第一百八十四条 附带民事诉讼应当在刑事案件立案后及时提起。

提起附带民事诉讼应当提交附带民事起诉状。

第一百八十五条 侦查、审查起诉期间，有权提起附带民事诉讼的人提出赔偿要求，经公安机关、人民检察院调解，当事人双方已经达成协议并全部履行，被害人或者其法定代理人、近亲属又提起附带民事诉讼的，人民法院不予受理，但有证据证明调解违反自愿、合法原则的除外。

第一百八十六条 被害人或者其法定代理人、近亲属提起附带民事诉讼的，人民法院应当在七日以内决定是否受理。符合刑事诉讼法第一百零一条以及本解释有关规定的，应当受理；不符合的，裁定不予受理。

第一百八十八条 附带民事诉讼当事人对自己提出的主张，有责任提供证据。

第一百九十二条 对附带民事诉讼作出判决，应当根据犯罪行为造成的物质损失，结合案件具体情况，确定被告人应当赔偿的数额。

犯罪行为造成被害人人身损害的，应当赔偿医疗费、护理费、交通费等为治疗和康复支付的合理费用，以及因误工减少的收入。造成被害人残疾的，还应当赔偿残疾生活辅助器具费等费用；造成被害人死亡的，还应当赔偿丧葬费等费用。

驾驶机动车致人伤亡或者造成公私财产重大损失，构成犯罪的，依照《中华人民共和国道路交通安全法》第七十六条的规定确定赔偿责任。

附带民事诉讼当事人就民事赔偿问题达成调解、和解协议的，赔偿范围、数额不受第二款、第三款规定的限制。

第一百九十四条 审理刑事附带民事诉讼案件，人民法院应当结合被告人赔偿被害人物质损失的情况认定其悔罪表现，并在量刑时予以考虑。

◎ 典型案例

1. 缪某某、钟某某侵权责任纠纷案[①]

◎ 基本案情

1987年9月，缪某某、钟某某经他人介绍认识并共同居住，同年12月钟某某怀孕，二人共同居住时未达法定婚龄。1988年7月，双方生育女孩缪某。后钟某某从深圳返回某农场，途经东莞市时将缪某送他人抚养，无法查找。钟某某于1988年11月离开缪某某至今。缪某某以钟某某在其不知情的情况下未经法定程序将缪某送他人抚养，侵害了缪某某对缪某的身份权、监护权，其精神受到损害为由，向一审法院提起诉讼，引发本案纠纷。另查明，广东省湛江市中级人民法院作出民事判决书，判决解除了缪某某与钟某某的共同居住关系，该判决书已发生法律效力。

[①] （2023）粤08民终4689号，载中国裁判文书网，2024年11月7日访问，下文对此不再提示。

◎ 裁判要点

一审法院认为，本案属侵权责任纠纷。行为人因过错侵害他人民事权益，应当承担侵权责任。亲权是父母对于未成年子女的身心抚养教育、监护权利，是基于父母子女的身份关系而产生的权利和义务，未成年人父母是未成年子女的监护人。根据《最高人民法院关于确定民事侵权精神损害赔偿责任若干问题的解释》第2条之规定，非法使被监护人脱离监护，导致亲子关系或者近亲属间的亲属关系遭受严重损害，监护人向人民法院起诉请求赔偿精神损害的，人民法院应当依法予以受理。钟某某从深圳返回某农场途经东莞市时未经缪某某同意将女孩缪某送他人抚养，致使非婚生女儿缪某脱离缪某某的监护，导致亲子关系遭受严重损害，缪某某长期无法与女儿相见，钟某某存在过错，因此对缪某某请求精神损害赔偿的主张，一审法院予以支持。关于缪某某遭受精神损害的程度及精神损害抚慰金的数额。亲权，是一种义务，亦是一种权利，因为孩子对于父亲而言，是一种赐予，是无上的幸福。缪某某作为一名父亲，本应该享受教育、抚养、保护好自己的女儿的权利，却因为钟某某将女孩送他人抚养而被完全剥夺。钟某某未经缪某某同意将孩子送他人抚养，导致缪某某与缪某多年未得相见，其中的苦痛与绝望，是每一个做父亲的人都无法接受的，缪某某所受的精神打击可想而知。钟某某的行为使得缪某某遭受了严重的精神损害，结合钟某某的过错程度、侵权行为所造成的后果等因素，一审法院酌定精神损害抚慰金为20000元，缪某某主张精神损害抚慰金为100000元，对超出20000元的部分，一审法院不予支持。钟某某经一审法院合法传唤，无正当理由拒不到庭参加诉讼，并不影响本案审理，一审法院依法对本案作出判决。

二审期间，各方当事人均未提交新的证据。二审法院对一审法院查明的事实予以确认。

二审法院认为，本案系侵权责任纠纷，关于精神损害抚慰金：本案中，缪某某与钟某某经他人介绍后认识并同居，生育了女儿缪某，后钟某某将缪某送给他人抚养，至今无法找寻。钟某某未经过缪某某的同意，擅自将两人的非婚生子女送给他人抚养，致使缪某脱离其亲生父亲缪某某的监护，使缪某某无法与其非婚生子女缪某相见，钟某某的行为损害了缪某某的合法权益，亦剥夺了缪某某的抚养权，根据《最高人民法院关于确定民事侵权精神损害赔偿责任若干问题的解释》第 2 条"非法使被监护人脱离监护，导致亲子关系或者近亲属间的亲属关系遭受严重损害，监护人向人民法院起诉请求赔偿精神损害的，人民法院应当依法予以受理"的规定，钟某某的行为对缪某某造成了严重的精神损害，应赔偿缪某某精神损害抚慰金。缪某某在钟某某未达法定婚龄时与钟某某非法同居，在钟某某离开后亦与他人结婚并生育了孩子，原审判决结合钟某某的过错程度及缪某某的实际情况，酌情支持缪某某精神损害抚慰金20000元合理，本院予以维持。缪某某提出应支持其精神损害抚慰金100000元的主张，本院不予支持。

2. 王某、张某诉某医院监护权纠纷案[①]

◎ **基本案情**

王某因足月妊娠于 1988 年 11 月 26 日入住某医院，次日分娩一女婴。女婴因羊水污染、Ⅲ度窒息，转小儿科抢救治疗。王某因产褥热亦住院治疗，于 1988 年 12 月 19 日出院。王某住院期间，其夫张某在国外。故王某的住院、出院手续均由张某之父张甲办理。在王某之女抢救治疗期间，张甲要求某医院放弃治疗，并表示不要女婴，交某医院处理。某医院在对王某之女的治疗结束后，将孩子转送他人抚养。1989 年 7 月 19 日，张甲与某医院签署《关于王某分娩中有关问题的协商意见》，某医院承认对王某之女Ⅲ度窒息存在一定医疗缺陷，补偿王某2000元。同时确认在王某之女抢救治疗过程中，某医院如实告知了家属可能会有后遗症，家属提出放弃治疗。家属为了不再给王某造成刺激，一直告诉王某婴儿已死亡。

1993 年 10 月 16 日，王某委托律师调查得知，张甲因担心王某之女留有

---

① 中华人民共和国最高人民法院民事审判第一庭主编：《民事审判指导与参考》（总第41集），法律出版社2010年版，第205~209页。

后遗症，提出放弃女婴的要求后，医院将女婴送与他人抚养。2005年11月30日，王某、张某向法院起诉，请求判令：（1）某医院赔礼道歉；（2）某医院交还孩子；（3）赔偿财产损失28万元；（4）赔偿精神损害抚慰金122万元。本案诉讼费由某医院承担。

◎ 裁判要点

一审法院经审理认为，本案系亲权纠纷，依据《民法通则》以及《婚姻法》的有关规定，亲权基于血亲关系或者是拟制血亲关系取得，父母对未成年子女依法享有亲权，亲权非法定事由不得被剥夺。但本案中王某之女被送养他人，导致亲权丧失并非基于法定事由，而系张某的父亲张甲擅自决定放弃对王某之女的抚养，某医院在未取得女婴的父母张某、王某同意的情况下将孩子送他人抚养所导致。王某、张某关于某医院侵犯其亲权的主张成立。张甲与某医院系共同侵权，从共同侵权行为的发生及过程分析，张甲的作用及影响显然较某医院更大，应承担主要责任，某医院应承担次要责任。因王某、张某未就所诉请的物质性损害28万元提交相应的证据加以证实，故对其主张不予支持。关于其提出索要122万元精神损害赔偿的诉讼请求，因某医院未经王某、张某同意即将其女儿送他人抚养，由此给王某、张某造成了巨大的精神痛苦，王某、张某要求某医院承担精神损害赔偿责任的理由充分，但请求122万元精神损害赔偿数额明显过高，故对该项请求，亦不予认定。依据王某、张某提交的证据，王某、张某在1993年即知悉某医院将其女儿送他人抚养的侵权事实，但直到2005年才向法院起诉。鉴于王某、张某在长达几十年的时间不积极主张权利，依据《民法通则》第135条关于向人民法院请求保护民事权利的诉讼时效期间为两年的规定，王某、张某的诉讼请求显然已超过诉讼时效期间，已丧失胜诉权。据此判决驳回了王某、张某的诉讼请求。

二审法院经审理认为，王某之女出生后，某医院没有将王某之女的病情如实告诉王某、张某，而是与案外人张甲签订协议，约定隐瞒王某之女没有死亡的事实，且未经王某、张某同意，将王某之女交给宋氏夫妇抚养。某医院与张甲的上述行为侵犯了王某、张某对其女的保护抚养之权利，依法应承担共同侵权责任。在承担责任比例上，张甲作为王某、张某的近亲属应承担主要责任，某医院承担次要责任。关于王某、张某主张权利是否超过诉讼时效问题。王某之女至2006年11月27日才满18周岁，在此之前，其与王某、张某之间的亲权关系没有消灭。某医院自1989年初将王某之女送给他人，致王某之女脱离父、母的监护，侵权状态一直持续，故王某、张某于2005年11月30日起诉，没有超过诉讼时效。关于精神损害赔偿的问题，某医院未经王某、张某同意将其女交给他人抚养，使其脱离监护人的监护，导致亲子关系遭受严重损害，王某、张某向人民法院起诉主张精神损害赔偿，依法应予支持，根据两审法院查明的侵权事实及侵权行为所造成的后果，二审法院依法酌定精神损害赔偿数额为15万元。鉴于王某、张某放弃对张甲的诉讼请求，某医院应支付王某、张某精神损害赔偿金6万元。王某、张某主张的其他损害赔偿的数额及方式，不予支持。据此判决，某医院于判决生效后10日内向王某、张某支付精神损害赔偿金6万元。

3. 李某某、孙某某诉某医院错给所生孩子致使其抚养他人孩子达20余年要求找回亲子和赔偿案[①]

◎ **基本案情**

原告李某某于1981年10月29日在被告某医院分娩一男婴，由医护人员在婴儿室看护，3日后由被告交予李某某一同出院。该男婴取名孙某，由孙某某、李某某夫妇抚养至今。2002年2月5日，经辽宁省公安厅进行DNA亲子鉴定，结论为：孙某与孙某某、李某某无血缘关系，孙某系宫某夫妇的亲生儿子。这一后果是被告疏于管理所致。孙某某、李某某寻子期间花费各项费用共8600元。

2002年6月，孙某某、李某某向通化市东昌区人民法院提起诉讼。诉称：二原告系合法夫妻关系。1981年10月29日，原告李某某在被告妇产

[①] 最高人民法院中国应用法学研究所编：《人民法院案例选》（总第46辑），人民法院出版社2004年版，第93~106页。

科分娩一男孩，分娩后按医院规定将新生儿留在婴儿室护理。3天后，被告将一男婴交与二原告抱回，取名孙某。当时与原告李某某同住一产房的官某同日也分娩一男孩，3日后，被告亦交给官某一男婴抱回家。2001年10月，官某找到二原告，说当年在医院可能将孩子抱错，要求认回自己的孩子孙某。2002年2月5日，经辽宁省公安厅做DNA亲子鉴定，结论为：二原告所抚养的男孩孙某系官某夫妇的亲生子；官某夫妇抚养的男孩与其及二原告无亲缘关系。要求被告为二原告找回亲生子；赔偿二原告22年抚养非亲生子的抚育费18.5万元；赔偿二原告精神损害抚慰金120万元；承担寻找亲子过程的全部费用；向原告赔礼道歉。

被告某医院答辩称：对原告陈述的事实无异议。但即使医院存在过错，原告的请求应符合法律规定。原告要求医院寻找亲子，因需要时间，故申请本案终止审理。原告要求的精神损害抚慰金过高，不符合法律规定，请法院依法判决。原告要求给付抚养费18.5万元的请求于法无据。原告要求医院向其赔礼道歉，待法庭确定权利、义务后，院方可做出合理答复。对原告的寻子费用，合理部分医院同意承担。

◎ **裁判要点**

一审法院经审理认为，被告对原告提出的寻子费用8600元无异议，并已给付；双方对案件事实本身没有异议。该院认为：本案被告严重侵害了二原告对自己亲生子的监护权，致使二原告至今没有找到亲生子，被告对自己的违法行为应承担民事责任，并有义务协助二原告寻找亲生子。由于被告的过错，二原告在不知情的情况下把非亲生子抚养了22年，并为其支出了所有费用，现孙某被确认为官某夫妇的亲生子，因而二原告抚养孙某所发生的费用，被告应予补偿。但二原告就要求赔偿的数额没有向本院提供有效证据加以证明，故对给付抚养费18.5万元的诉讼请求，本院无法支持。鉴于二原告在抚养孙某过程中，实际支出了费用，结合本案具体情况，并参考本地区人均生活水平，本院确定被告应给付二原告抚养孙某补偿费35457.98元。由于被告的过错致使二原告抚养他人孩子20余年，而且亲生子至今下落不明，给二原告带来了巨大的精神痛苦，后果极其严重。2001年《最高人民法院关于确定民事侵权精神损害赔偿责任若干问题的解释》第8条第2款规定，因侵权致人精神损害，造成严重后果的，人民法院除判令侵权人承担停止侵害、恢复名誉、消除影响、赔礼道歉等民事责任外，可以根据受害人一方的请求判令其赔偿相应的精神损害抚慰金。原告要求被告赔偿精神抚慰金的请求符合法律规定，本院予以支持。二原告提出的赔偿精神抚慰金120万元的请求于法无据，并脱离本地实际情况，故本院无法支持。根据2001年《最高人民法院关于确定民事侵权精神损害赔偿责任若干问题的解释》第10条第1款规定，结合本案的具体情况，充分考虑二原告精神上所受的极大痛苦以及没有找回亲生子的严重后果，被告应赔偿二原告精神抚慰金各10万元。由于本案被告的过错，造成二原告亲子至今下落不明的严重后果，被告作为侵权人有义务向二原告公开赔礼道歉，故对二原告这一请求，本院予以支持。

二审法院经审理认为，某医院主张本案侵权事实发生在1981年10月29日，而孙某某、李某某向法院主张权利的时间是2002年6月。因此，孙某某、李某某主张权利时已超过20年，且不属于人民法院可以延长诉讼时效的特殊情况。孙某某、李某某其权利从受侵害到主张权利时虽然已超过20年，但属于人民法院可以延长诉讼时效的特殊情况。对此，本院认为，双方当事人对侵害事实发生至主张权利时超过20年没有异议。但本案的关键问题是诉讼时效期间是否适用诉讼时效延长的法律规定。《民法通则》第137条规定，从权利被侵害之日起超过20年的，人民法院不予保护。有特殊情况的，人民法院可以延长诉讼时效期间。《最高人民法院关于贯彻执行〈中华人民共和国民法通则〉若干问题的意见（试行）》第169条规定，权利人由于客观的障碍在法定诉讼时效期间不能行使请求权的，属于民法通则第一百三十七条规定的特殊情况。本案中，孙某某、李某某夫妇不知受到侵害和不能主张权利的情形属于客观障碍，因此本案可以延长诉讼时效期间。孙某某、李某某的诉讼请求应受法律保护。

某医院主张其在一审已经付清了孙某某、李某某寻找亲生子所花的费用，且其主张已过诉讼时效，因此不应承担孙某某、李某某继续寻找亲生子的费用。孙某某、李某某主张由于某医院的过错，导致串子事件发生，因此应由某医院负责将亲生子找回。法院认为，由于某医院的过错，致使串子事件发生，某医院应承担孙某某、李某某寻找亲生子的费用。在一审时某医院已经付清了寻子费用，但孙某某、李某某请求某医院承担继续寻子的费用没有实际发生，其诉讼请求数额不明确，不予支持。且原审法院判决某医院协助孙某某、李某某寻找亲生子，作为判决主文，在内涵和外延上不具有确定性，无法实际履行。因此，原审法院的这一判项属适用法律不当，应予撤销。

某医院主张孙某某、李某某与孙某之间形成了事实收养关系，对孙某的抚养教育是其法定义务，因此孙某某、李某某要求其承担抚育孙某的费用缺少事实和法律根据。孙某某、李某某主张由于某医院的过错行为，造成了孙某某、李某某无故抚养孙某至今，所发生的费用，应由过错方承担赔偿责任。本院认为，孙某某、李某某与孙某之间虽然已形成了事实上的收养关系，但该收养关系是基于某医院的过错所形成的，在孙某找到亲生父母时，即自然恢复了亲生父母与亲生子女之间的自然血亲关系，孙某某、李某某与孙某之间的事实收养关系，自然解除。但某医院应承担因其过错致使收养关系存续期间孙某某、李某某夫妇为孙某所支付的抚育费。孙某某、李某某上诉时提出一审判决赔偿数额过低，但没有提出应当增加赔偿数额的证据。一审判决对这一请求的裁判适当。

孙某某、李某某主张由于某医院的过错，致使其抚育了20余年的孙某最后被确认为别人的亲生子，而自己的亲生子至今无法找到，不仅过去遭受巨大的精神痛苦，而且这种痛苦可能会持续一生，因此一审判决赔偿的精神损害抚慰金数额过低。某医院主张本案已过诉讼时效，对孙某某、李某某这一主张不应保护。本院认为，李某某在某医院生产，新生儿由院方看护，由于疏于管理导致串子，致使其亲生子脱离了监护，严重侵犯了孙某某、李某某对亲生子的监护权，造成了极大的精神痛苦。根据《最高人民法院关于确定侵权精神损害责任若干问题的解释》第8条第2款"因侵权致人精神损害的，造成严重后果的，人民法院除判令侵权人承担停止侵害、恢复名誉、消除影响、赔礼道歉等民事责任外，可以根据受害人一方的请求判令其赔偿相应的精神损害抚慰金"的规定，孙某某、李某某要求某医院给付精神损害赔偿的诉讼请求，应予支持。一审法院判决确定应赔偿孙某某、李某某精神损害抚慰金各10万元，并无不当。

4. 阿某、艾某诉某医院丢失婴儿损害赔偿案[①]

◎ **基本案情**

2001年3月27日，原告阿某因临产住进被告某医院住院部三楼一病房，当日下午6时顺利产下一男婴。同年3月28日，某医院按照有关产后24小时内给婴儿洗澡的规定，通知二原告将其婴儿抱到产房洗澡。次日上午，某医院无人通知二原告给婴儿洗澡，也无人派护士去抱原告的婴儿洗澡。至11时许，原告艾某问医院其婴儿被人抱走去洗澡，现在还没见送回。某医院当即向公安机关报案，请求查找婴儿的下落。当天下午，在公安人员的组织下，集中当班的医护人员，让二原告辨认其中是否有抱走其婴儿的人。二原告经过辨认，未发现被集中的人中有抱走其婴儿的人。后公安机关立案侦查，至二原告起诉时仍无婴儿下落的结果。

阿某、艾某诉称：2001年3月27日，原告阿某因临近分娩入住被告某医院，当日下午3时许产下一男婴。同年3月29日上午11时许，被告某医院的一名护士到病房对我们说"给婴儿洗澡"，即将我们的婴儿抱出病房。过了好久，未见护士将婴儿送回，我们急忙询问、查找，也不知婴儿下落。后我们向公安机关报案，仍无结果。由于被告某医院的过错，致使我们刚出生的男婴丢失，给我们造成经济损失和精神损害，故要求某医院赔偿住院医疗费4289.80元和精神损害赔偿金50000元，合计赔偿人民币54289.80元。

某医院辩称，阿某因要分娩住进医院，于2001年3月27日下午6时许产下一男婴。在母、婴均为正常的情况下，医院妇产科医生将其转入母婴室，由阿某和其丈夫艾某陪护。2001年3月29日早上，医院助产士既

[①] 最高人民法院中国应用法学研究所编：《人民法院案例选》（总第48辑），人民法院出版社2005年版，第89~94页。

没有通知原告给婴儿洗澡，也没有派人去原告那里抱婴儿洗澡。同日上午10时许，艾某向医院报告其新生婴儿被他人抱走，至现在还没见送回。医院即把正在当班的护士集中起来，让二原告辨认其中是否有抱走婴儿的人。二原告经辨认后说在集中的人中没有发现有抱走婴儿的人。医院认为，婴儿是从二原告身边抱走的，医院对此不应承担责任。

◎ 裁判要点

一审法院经审理认为，原告阿某在被告某医院住院产下一男婴，某医院对该男婴不仅有义务护理好，也有义务保护其安全。但由于某医院没有尽到保护安全的义务，致使该男婴被不明身份的人抱走，对此被告某医院应承担民事责任。原告因婴儿丢失造成经济损失，要求被告赔偿医疗费，对其合理部分应予以支持；原告因丢失婴儿造成精神损害，要求赔偿精神损害赔偿金，可给予适当的支持。被告对自己的婴儿有法定的监护责任，其婴儿在住院期间丢失，与其没有尽到监护责任有一定的关系，因此其对此后果也应承担一定的责任。该院依照《民法通则》第106条第2款、第16条第1款、第18条第1款和第131条之规定，于2002年3月11日判决如下：

一、某医院给阿某赔偿住院期间的医疗费518.30元；

二、某医院给阿某、艾某赔偿精神损害赔偿金15000元；

三、驳回阿某、艾某的其他诉讼请求。

阿某、艾某不服判决，上诉称：从原审判决的理由和结果看，原审将婴儿丢失的主要责任归于我们，这是不公平的。我们认为，婴儿在某医院被他人抱走，是某医院管理不严造成的，主要责任在某医院。因此，我们要求增加赔偿数额，赔偿精神损害赔偿金50000元。

某医院也不服判决，上诉称：按照要求，在医院期间，母、婴不能分离。阿某所生的男婴在其怀抱中丢失，医院没有任何责任。因此，请求二审法院判决撤销原审判决，驳回阿某、艾某的诉讼请求。

二审法院除确认一审法院所确认的事实外，还确认阿某与其所生婴儿单居一室，且当时有丈夫艾某在身边侍候。

二审法院经审理认为，上诉人阿某与其所生的男婴单住一室，且当时有丈夫即上诉人艾某在身边，应当看护好婴儿。但由于二上诉人没有看护好，致使婴儿丢失，原审认为其对此应负主要责任并无不当。上诉人阿某、艾某的婴儿在上诉人某医院丢失，说明某医院保护母、婴制度不严，管理上有疏漏，对所发生的损害后果有一定的过错，应承担相应的赔偿责任。原审分清是非、确定责任恰当，处理正确，应予以维持；双方的上诉理由均不能成立，均予以驳回。

第三条　非法脱离监护期间被监护人死亡时近亲属监护人的请求权

> 非法使被监护人脱离监护，被监护人在脱离监护期间死亡，作为近亲属的监护人既请求赔偿人身损害，又请求赔偿监护关系受侵害产生的损失的，人民法院依法予以支持。

❖ 要点提示

本条解释规定了非法脱离监护期间被监护人死亡时近亲属监护人的请求权。在有些情形下，行为人实施了多个侵害行为，既非法侵害了监护人依法履行监护职责产生的权利，也侵害了被监护人的生命权、身体权或健康权，造成其死亡的后果。此时，行为人应承担两种性质不同的侵权责任：第一，是非法致使被监护人脱离监护状态的损害赔偿责任；第二，是侵害被监护人生命权、身体权或健康权的损害赔偿责任。根据《民法典》第1181条第1款的规定，被侵权人死亡的，其近亲属有权请求侵权人承担侵权责任。当监护人为近亲属时，其既享有对行为人非法侵害其监护状态的损害赔偿请求权，也享有对行为人侵害被监护人生命权、身体权或健康权的损害赔偿请求权。

在适用本条解释时，还应注意损害赔偿的计算问题。主张本条解释规定的损害赔偿，实际上涉及两方面的内容。其一，是行为人非法侵害监护人监护状态所造成的损害，即监护人"为恢复监护状态而支出的合理费用"。其包括但不限于为恢复监护状态而支出的交通费、住宿费、印刷费、通讯费、调查费、取证费、律师费、鉴定费等合理费用。其二，是行为人侵害被监护人生命权、身体权或健康权，导致其死亡的结果所造成的损害。《民法典》第1179条规定，侵害他人造成人身损害的，应当赔偿医疗费、护理费、交通费、营养费、住院伙食补助费等为治疗和康复支出的合理费用，以及因误工减少的收入。造成残疾的，还应当赔偿辅助器具费和残疾赔偿金；造成死亡的，还应当赔偿丧葬费和死亡赔偿金。

❋ 关联规定

1.《宪法》（2018年3月11日）

第四十九条　婚姻、家庭、母亲和儿童受国家的保护。

夫妻双方有实行计划生育的义务。

父母有抚养教育未成年子女的义务，成年子女有赡养扶助父母的义务。

禁止破坏婚姻自由，禁止虐待老人、妇女和儿童。

2.《民法典》（2020年5月28日）

第二十六条　父母对未成年子女负有抚养、教育和保护的义务。

成年子女对父母负有赡养、扶助和保护的义务。

第二十七条　父母是未成年子女的监护人。

未成年人的父母已经死亡或者没有监护能力的，由下列有监护能力的人按顺序担任监护人：

（一）祖父母、外祖父母；

（二）兄、姐；

（三）其他愿意担任监护人的个人或者组织，但是须经未成年人住所地的居民委员会、村民委员会或者民政部门同意。

第二十八条　无民事行为能力或者限制民事行为能力的成年人，由下列有监护能力的人按顺序担任监护人：

（一）配偶；

（二）父母、子女；

（三）其他近亲属；

（四）其他愿意担任监护人的个人或者组织，但是须经被监护人住所地的居民委员会、村民委员会或者民政部门同意。

第二十九条 被监护人的父母担任监护人的，可以通过遗嘱指定监护人。

第三十条 依法具有监护资格的人之间可以协议确定监护人。协议确定监护人应当尊重被监护人的真实意愿。

第三十一条 对监护人的确定有争议的，由被监护人住所地的居民委员会、村民委员会或者民政部门指定监护人，有关当事人对指定不服的，可以向人民法院申请指定监护人；有关当事人也可以直接向人民法院申请指定监护人。

居民委员会、村民委员会、民政部门或者人民法院应当尊重被监护人的真实意愿，按照最有利于被监护人的原则在依法具有监护资格的人中指定监护人。

依据本条第一款规定指定监护人前，被监护人的人身权利、财产权利以及其他合法权益处于无人保护状态的，由被监护人住所地的居民委员会、村民委员会、法律规定的有关组织或者民政部门担任临时监护人。

监护人被指定后，不得擅自变更；擅自变更的，不免除被指定的监护人的责任。

第三十二条 没有依法具有监护资格的人的，监护人由民政部门担任，也可以由具备履行监护职责条件的被监护人住所地的居民委员会、村民委员会担任。

第三十三条 具有完全民事行为能力的成年人，可以与其近亲属、其他愿意担任监护人的个人或者组织事先协商，以书面形式确定自己的监护人，在自己丧失或者部分丧失民事行为能力时，由该监护人履行监护职责。

第三十四条 监护人的职责是代理被监护人实施民事法律行为，保护被监护人的人身权利、财产权利以及其他合法权益等。

监护人依法履行监护职责产生的权利，受法律保护。

监护人不履行监护职责或者侵害被监护人合法权益的，应当承担法律责任。

因发生突发事件等紧急情况，监护人暂时无法履行监护职责，被监护人的生活处于无人照料状态的，被监护人住所地的居民委员会、村民委员会或者民政部门应当为被监护人安排必要的临时生活照料措施。

第一百一十二条　自然人因婚姻家庭关系等产生的人身权利受法律保护。

第一千零一条　对自然人因婚姻家庭关系等产生的身份权利的保护，适用本法第一编、第五编和其他法律的相关规定；没有规定的，可以根据其性质参照适用本编人格权保护的有关规定。

第一千一百六十四条　本编调整因侵害民事权益产生的民事关系。

第一千一百六十五条　行为人因过错侵害他人民事权益造成损害的，应当承担侵权责任。

依照法律规定推定行为人有过错，其不能证明自己没有过错的，应当承担侵权责任。

第一千一百七十九条　侵害他人造成人身损害的，应当赔偿医疗费、护理费、交通费、营养费、住院伙食补助费等为治疗和康复支出的合理费用，以及因误工减少的收入。造成残疾的，还应当赔偿辅助器具费和残疾赔偿金；造成死亡的，还应当赔偿丧葬费和死亡赔偿金。

第一千一百八十条　因同一侵权行为造成多人死亡的，可以以相同数额确定死亡赔偿金。

第一千一百八十一条　被侵权人死亡的，其近亲属有权请求侵权人承担侵权责任。被侵权人为组织，该组织分立、合并的，承继权利的组织有权请求侵权人承担侵权责任。

被侵权人死亡的，支付被侵权人医疗费、丧葬费等合理费用的人有权请求侵权人赔偿费用，但是侵权人已经支付该费用的除外。

第一千一百八十二条　侵害他人人身权益造成财产损失的，按照被侵权人因此受到的损失或者侵权人因此获得的利益赔偿；被侵权人因此受到的损失以及侵权人因此获得的利益难以确定，被侵权人和侵权人就赔偿数额协商不一致，向人民法院提起诉讼的，由人民法院根据实际情况确定赔偿数额。

第一千一百八十三条 侵害自然人人身权益造成严重精神损害的，被侵权人有权请求精神损害赔偿。

因故意或者重大过失侵害自然人具有人身意义的特定物造成严重精神损害的，被侵权人有权请求精神损害赔偿。

3.《刑法》（2023年12月29日）

第二百四十条 拐卖妇女、儿童的，处五年以上十年以下有期徒刑，并处罚金；有下列情形之一的，处十年以上有期徒刑或者无期徒刑，并处罚金或者没收财产；情节特别严重的，处死刑，并处没收财产：

（一）拐卖妇女、儿童集团的首要分子；

（二）拐卖妇女、儿童三人以上的；

（三）奸淫被拐卖的妇女的；

（四）诱骗、强迫被拐卖的妇女卖淫或者将被拐卖的妇女卖给他人迫使其卖淫的；

（五）以出卖为目的，使用暴力、胁迫或者麻醉方法绑架妇女、儿童的；

（六）以出卖为目的，偷盗婴幼儿的；

（七）造成被拐卖的妇女、儿童或者其亲属重伤、死亡或者其他严重后果的；

（八）将妇女、儿童卖往境外的。

拐卖妇女、儿童是指以出卖为目的，有拐骗、绑架、收买、贩卖、接送、中转妇女、儿童的行为之一的。

第二百四十一条 收买被拐卖的妇女、儿童的，处三年以下有期徒刑、拘役或者管制。

收买被拐卖的妇女，强行与其发生性关系的，依照本法第二百三十六条的规定定罪处罚。

收买被拐卖的妇女、儿童，非法剥夺、限制其人身自由或者有伤害、侮辱等犯罪行为的，依照本法的有关规定定罪处罚。

收买被拐卖的妇女、儿童，并有第二款、第三款规定的犯罪行为的，依照数罪并罚的规定处罚。

收买被拐卖的妇女、儿童又出卖的，依照本法第二百四十条的规定定罪处罚。

收买被拐卖的妇女、儿童，对被买儿童没有虐待行为，不阻碍对其进行解救的，可以从轻处罚；按照被买妇女的意愿，不阻碍其返回原居住地的，可以从轻或者减轻处罚。

4.《未成年人保护法》（2024年4月26日）

第五十四条 禁止拐卖、绑架、虐待、非法收养未成年人，禁止对未成年人实施性侵害、性骚扰。

禁止胁迫、引诱、教唆未成年人参加黑社会性质组织或者从事违法犯罪活动。

禁止胁迫、诱骗、利用未成年人乞讨。

5.《刑事诉讼法》（2018年10月26日）

第一百零一条 被害人由于被告人的犯罪行为而遭受物质损失的，在刑事诉讼过程中，有权提起附带民事诉讼。被害人死亡或者丧失行为能力的，被害人的法定代理人、近亲属有权提起附带民事诉讼。

如果是国家财产、集体财产遭受损失的，人民检察院在提起公诉的时候，可以提起附带民事诉讼。

第一百零二条 人民法院在必要的时候，可以采取保全措施，查封、扣押或者冻结被告人的财产。附带民事诉讼原告人或者人民检察院可以申请人民法院采取保全措施。人民法院采取保全措施，适用民事诉讼法的有关规定。

第一百零三条 人民法院审理附带民事诉讼案件，可以进行调解，或者根据物质损失情况作出判决、裁定。

第一百零四条 附带民事诉讼应当同刑事案件一并审判，只有为了防止刑事案件审判的过分迟延，才可以在刑事案件审判后，由同一审判组织继续审理附带民事诉讼。

6.《最高人民法院关于审理人身损害赔偿案件适用法律若干问题的解释》
（2022年2月15日）

第一条 因生命、身体、健康遭受侵害，赔偿权利人起诉请求赔偿义务人赔偿物质损害和精神损害的，人民法院应予受理。

本条所称"赔偿权利人"，是指因侵权行为或者其他致害原因直接遭受人身损害的受害人以及死亡受害人的近亲属。

本条所称"赔偿义务人"，是指因自己或者他人的侵权行为以及其他致害原因依法应当承担民事责任的自然人、法人或者非法人组织。

第二条 赔偿权利人起诉部分共同侵权人的，人民法院应当追加其他共同侵权人作为共同被告。赔偿权利人在诉讼中放弃对部分共同侵权人的诉讼请求的，其他共同侵权人对被放弃诉讼请求的被告应当承担的赔偿份额不承担连带责任。责任范围难以确定的，推定各共同侵权人承担同等责任。

人民法院应当将放弃诉讼请求的法律后果告知赔偿权利人，并将放弃诉讼请求的情况在法律文书中叙明。

第六条 医疗费根据医疗机构出具的医药费、住院费等收款凭证，结合病历和诊断证明等相关证据确定。赔偿义务人对治疗的必要性和合理性有异议的，应当承担相应的举证责任。

医疗费的赔偿数额，按照一审法庭辩论终结前实际发生的数额确定。器官功能恢复训练所必要的康复费、适当的整容费以及其他后续治疗费，赔偿权利人可以待实际发生后另行起诉。但根据医疗证明或者鉴定结论确定必然发生的费用，可以与已经发生的医疗费一并予以赔偿。

第八条 护理费根据护理人员的收入状况和护理人数、护理期限确定。

护理人员有收入的，参照误工费的规定计算；护理人员没有收入或者雇佣护工的，参照当地护工从事同等级别护理的劳务报酬标准计算。护理人员原则上为一人，但医疗机构或者鉴定机构有明确意见的，可以参照确定护理人员人数。

护理期限应计算至受害人恢复生活自理能力时止。受害人因残疾不能恢复生活自理能力的，可以根据其年龄、健康状况等因素确定合理的护理期限，但最长不超过二十年。

受害人定残后的护理，应当根据其护理依赖程度并结合配制残疾辅助器具的情况确定护理级别。

第九条 交通费根据受害人及其必要的陪护人员因就医或者转院治疗实际发生的费用计算。交通费应当以正式票据为凭；有关凭据应当与就医地点、时间、人数、次数相符合。

第十条 住院伙食补助费可以参照当地国家机关一般工作人员的出差伙食补助标准予以确定。

受害人确有必要到外地治疗，因客观原因不能住院，受害人本人及其陪护人员实际发生的住宿费和伙食费，其合理部分应予赔偿。

第十一条 营养费根据受害人伤残情况参照医疗机构的意见确定。

第十二条 残疾赔偿金根据受害人丧失劳动能力程度或者伤残等级，按照受诉法院所在地上一年度城镇居民人均可支配收入标准，自定残之日起按二十年计算。但六十周岁以上的，年龄每增加一岁减少一年；七十五周岁以上的，按五年计算。

受害人因伤致残但实际收入没有减少，或者伤残等级较轻但造成职业妨害严重影响其劳动就业的，可以对残疾赔偿金作相应调整。

第十三条 残疾辅助器具费按照普通适用器具的合理费用标准计算。伤情有特殊需要的，可以参照辅助器具配制机构的意见确定相应的合理费用标准。

辅助器具的更换周期和赔偿期限参照配制机构的意见确定。

第十四条 丧葬费按照受诉法院所在地上一年度职工月平均工资标准，以六个月总额计算。

第十五条 死亡赔偿金按照受诉法院所在地上一年度城镇居民人均可支配收入标准，按二十年计算。但六十周岁以上的，年龄每增加一岁减少一年；七十五周岁以上的，按五年计算。

第二十二条 本解释所称"城镇居民人均可支配收入""城镇居民人均消费支出""职工平均工资"，按照政府统计部门公布的各省、自治区、直辖市以及经济特区和计划单列市上一年度相关统计数据确定。

"上一年度"，是指一审法庭辩论终结时的上一统计年度。

7.《最高人民法院关于确定民事侵权精神损害赔偿责任若干问题的解释》
（2020年12月23日）

第一条 因人身权益或者具有人身意义的特定物受到侵害，自然人或者其近亲属向人民法院提起诉讼请求精神损害赔偿的，人民法院应当依法予以受理。

第二条 非法使被监护人脱离监护，导致亲子关系或者近亲属间的亲属关系遭受严重损害，监护人向人民法院起诉请求赔偿精神损害的，人民法院应当依法予以受理。

第五条 精神损害的赔偿数额根据以下因素确定：

（一）侵权人的过错程度，但是法律另有规定的除外；

（二）侵权行为的目的、方式、场合等具体情节；

（三）侵权行为所造成的后果；

（四）侵权人的获利情况；

（五）侵权人承担责任的经济能力；

（六）受理诉讼法院所在地的平均生活水平。

8.《最高人民法院关于审理拐卖妇女儿童犯罪案件具体应用法律若干问题的解释》（2016年12月21日）

第一条 对婴幼儿采取欺骗、利诱等手段使其脱离监护人或者看护人的，视为刑法第二百四十条第一款第（六）项规定的"偷盗婴幼儿"。

第二条 医疗机构、社会福利机构等单位的工作人员以非法获利为目的，将所诊疗、护理、抚养的儿童出卖给他人的，以拐卖儿童罪论处。

第九条 刑法第二百四十条、第二百四十一条规定的儿童，是指不满十四周岁的人。其中，不满一周岁的为婴儿，一周岁以上不满六周岁的为幼儿。

9.《最高人民法院关于适用〈中华人民共和国刑事诉讼法〉的解释》
（2021年1月26日）

第一百七十五条 被害人因人身权利受到犯罪侵犯或者财物被犯罪分子毁坏而遭受物质损失的，有权在刑事诉讼过程中提起附带民事诉讼；被害人死亡或者丧失行为能力的，其法定代理人、近亲属有权提起附带民事诉讼。

因受到犯罪侵犯，提起附带民事诉讼或者单独提起民事诉讼要求赔偿精神损失的，人民法院一般不予受理。

第一百七十八条 人民法院受理刑事案件后，对符合刑事诉讼法第一百零一条和本解释第一百七十五条第一款规定的，可以告知被害人或者其法定代理人、近亲属有权提起附带民事诉讼。

有权提起附带民事诉讼的人放弃诉讼权利的，应当准许，并记录在案。

第一百八十条 附带民事诉讼中依法负有赔偿责任的人包括：

（一）刑事被告人以及未被追究刑事责任的其他共同侵害人；

（二）刑事被告人的监护人；

（三）死刑罪犯的遗产继承人；

（四）共同犯罪案件中，案件审结前死亡的被告人的遗产继承人；

（五）对被害人的物质损失依法应当承担赔偿责任的其他单位和个人。

附带民事诉讼被告人的亲友自愿代为赔偿的，可以准许。

第一百八十一条 被害人或者其法定代理人、近亲属仅对部分共同侵害人提起附带民事诉讼的，人民法院应当告知其可以对其他共同侵害人，包括没有被追究刑事责任的共同侵害人，一并提起附带民事诉讼，但共同犯罪案件中同案犯在逃的除外。

被害人或者其法定代理人、近亲属放弃对其他共同侵害人的诉讼权利的，人民法院应当告知其相应法律后果，并在裁判文书中说明其放弃诉讼请求的情况。

第一百八十二条　附带民事诉讼的起诉条件是：

（一）起诉人符合法定条件；

（二）有明确的被告人；

（三）有请求赔偿的具体要求和事实、理由；

（四）属于人民法院受理附带民事诉讼的范围。

第一百八十四条　附带民事诉讼应当在刑事案件立案后及时提起。

提起附带民事诉讼应当提交附带民事起诉状。

第一百八十五条　侦查、审查起诉期间，有权提起附带民事诉讼的人提出赔偿要求，经公安机关、人民检察院调解，当事人双方已经达成协议并全部履行，被害人或者其法定代理人、近亲属又提起附带民事诉讼的，人民法院不予受理，但有证据证明调解违反自愿、合法原则的除外。

第一百八十六条　被害人或者其法定代理人、近亲属提起附带民事诉讼的，人民法院应当在七日以内决定是否受理。符合刑事诉讼法第一百零一条以及本解释有关规定的，应当受理；不符合的，裁定不予受理。

第一百八十八条　附带民事诉讼当事人对自己提出的主张，有责任提供证据。

第一百九十二条　对附带民事诉讼作出判决，应当根据犯罪行为造成的物质损失，结合案件具体情况，确定被告人应当赔偿的数额。

犯罪行为造成被害人人身损害的，应当赔偿医疗费、护理费、交通费等为治疗和康复支付的合理费用，以及因误工减少的收入。造成被害人残疾的，还应当赔偿残疾生活辅助器具费等费用；造成被害人死亡的，还应当赔偿丧葬费等费用。

驾驶机动车致人伤亡或者造成公私财产重大损失，构成犯罪的，依照《中华人民共和国道路交通安全法》第七十六条的规定确定赔偿责任。

附带民事诉讼当事人就民事赔偿问题达成调解、和解协议的，赔偿范围、数额不受第二款、第三款规定的限制。

第一百九十四条　审理刑事附带民事诉讼案件，人民法院应当结合被告人赔偿被害人物质损失的情况认定其悔罪表现，并在量刑时予以考虑。

🏵 典型案例

马某拐卖儿童案①

◎ 基本案情

2006年至2008年，被告人马某伙同被告人宋某、宋某1、宋某2（均已判刑）等人，以出卖为目的，向侯某、侯某1、师某、师某某（均另案处理，已判刑）等人从云南省等地收买儿童，贩卖至江苏省、山东省等地。其中马某作案27起，参与拐卖儿童37人，其中1名女婴在从云南到连云港的运输途中死亡。马某与宋某、宋某1、宋某2共同实施部分犯罪，在其中起组织、指挥等主要作用。案发后，公安机关追回马某等人的犯罪所得22.6万元。

◎ 裁判要点

人民法院经审理认为，马某以出卖为目的拐卖儿童，其行为已构成拐卖儿童罪。马某参与拐卖儿童37人，犯罪情节特别严重，且系主犯，应依法惩处。据此，依照刑法有关规定，以拐卖儿童罪判处被告人马某死刑，剥夺政治权利终身，并处没收个人全部财产。宣判后，马某提出上诉。江苏省高级人民法院经依法审理，裁定驳回上诉，维持原判。最高人民法院经依法复核，核准马某死刑。罪犯马某已被依法执行死刑。

◎ 典型意义

本案是一起由拐卖犯罪团伙实施的特大贩婴案件。本案犯罪时间跨度长，被拐儿童人数多达37人，且均是婴儿。在收买、贩卖、运输、出卖婴儿的诸多环节，"人贩子"视婴儿为商品，缺少必要的关爱、照料；有的采取给婴儿灌服安眠药、用塑料袋、行李箱盛装运输等恶劣手段，极易导致婴儿窒息伤残或者死亡，本案中即有1名婴儿在被贩运途中死亡。实践中，不法分子在贩运途中遗弃病婴的情形亦有发生。人民法院综合考虑

---

① 《最高人民法院发布惩治拐卖儿童犯罪典型案例》，载最高人民法院微信公众号，https://mp.weixin.qq.com/s/lF0H3rYtEZZTlNm641b02w，2024年9月29日访问。

马某拐卖儿童的犯罪事实、性质、情节和危害后果,对其依法判处死刑,符合罪责刑相一致原则。

第四条 无民事行为能力人、限制民事行为能力人致人损害时诉讼主体的确定

> 无民事行为能力人、限制民事行为能力人造成他人损害,被侵权人请求监护人承担侵权责任,或者合并请求监护人和受托履行监护职责的人承担侵权责任的,人民法院应当将无民事行为能力人、限制民事行为能力人列为共同被告。

❖ 要点提示

本条明确了无民事行为能力人、限制民事行为能力人致人损害时,诉讼主体如何确定的问题。对无民事行为能力人、限制民事行为能力人侵权的诉讼主体的确定,可以从以下三个方面把握:

第一,《民法典》侵权责任编第1188条、第1189条是确定无民事行为能力人、限制民事行为能力人、监护人或代为履行监护职责的受托人作为共同被告的实体法基础。第1188条规定了责任能力和监护人承担监护责任的问题。无民事行为能力人和限制民事行为能力人造成他人损害的,由监护人承担民事责任,这是由监护人的职责所决定的。在具体承担赔偿责任时,如果被监护人有财产,那么应当首先从被监护人的财产中支付赔偿费用,不足的部分再由监护人承担赔偿责任。第1189条规定了委托监护,即监护人委托他人代行监护的职责。根据该条规定,无民事行为能力人造成他人损害,监护人将监护职责委托给他人的,监护人应当承担侵权责任,这意味着法律实行监护人责任首负原则。除监护人外,受托人有过错的,也要承担相应的责任。[①] 因此,在是否承担责任的问题上,监护人

---

① 最高人民法院民法典贯彻实施工作领导小组主编:《中华人民共和国民法典侵权责任编解与适用》,人民法院出版社2020年版,第218~225页。

或代为履行监护职责的受托人和被监护人作为共同被告,利益方向是一致的。

第二,鉴于无民事行为能力人、限制民事行为能力人的诉讼地位,其可以作为被告。民事权利能力和行为能力,是民事主体行使权利和进行民事活动的能力。诉讼权利能力和诉讼行为能力,是诉讼主体维护自己的民事权利而进行诉讼活动的能力。对于无民事行为能力人、限制民事行为能力人而言,享有民事权利能力和诉讼权利能力,因为没有或者不能完全进行民事活动且无诉讼行为能力,为保护其实体性和程序性合法权益,法律设立了监护人制度和法定代理人制度。无民事行为能力人、限制民事行为能力人享有诉讼权利能力,完全有资格成为诉讼当事人。

第三,无民事行为能力人、限制民事行为能力人及其监护人或代为履行监护职责的受托人作为共同被告有利于审判、执行工作的开展。从案件审理来看,将无民事行为能力人、限制民事行为能力人列为被告,对于人民法院查清案件事实、分清责任而言无疑具有重要意义。从执行事务来看,如果没有将无民事行为能力人、限制民事行为能力人列为诉讼当事人,法院仅裁判监护人承担侵权责任,当事人主张以无民事行为能力人、限制民事行为能力人的财产支付赔偿费用时,由于欠缺执行的法律依据,法院也无法追加无民事行为能力人、限制民事行为能力人为被执行人,当事人只能另行起诉,导致一个纠纷要经过两次程序,既不利于权利人利益的保护,也浪费了司法资源。[1] 在审判实践中,将无民事行为能力人、限制民事行为能力人列为共同被告,可以方便查明侵权行为是否成立以及如何承担侵权责任的问题。

❀ 关联规定

1.《民法典》(2020 年 5 月 28 日)

第十九条 八周岁以上的未成年人为限制民事行为能力人,实施民事

---

[1] 杜万华主编:《最高人民法院民事诉讼法司法解释实务指南》,中国法制出版社 2015 年版,第 105~107 页。

法律行为由其法定代理人代理或者经其法定代理人同意、追认；但是，可以独立实施纯获利益的民事法律行为或者与其年龄、智力相适应的民事法律行为。

第二十条 不满八周岁的未成年人为无民事行为能力人，由其法定代理人代理实施民事法律行为。

第二十一条 不能辨认自己行为的成年人为无民事行为能力人，由其法定代理人代理实施民事法律行为。

八周岁以上的未成年人不能辨认自己行为的，适用前款规定。

第二十二条 不能完全辨认自己行为的成年人为限制民事行为能力人，实施民事法律行为由其法定代理人代理或者经其法定代理人同意、追认；但是，可以独立实施纯获利益的民事法律行为或者与其智力、精神健康状况相适应的民事法律行为。

第二十三条 无民事行为能力人、限制民事行为能力人的监护人是其法定代理人。

第一千一百八十八条 无民事行为能力人、限制民事行为能力人造成他人损害的，由监护人承担侵权责任。监护人尽到监护职责的，可以减轻其侵权责任。

有财产的无民事行为能力人、限制民事行为能力人造成他人损害的，从本人财产中支付赔偿费用；不足部分，由监护人赔偿。

第一千一百八十九条 无民事行为能力人、限制民事行为能力人造成他人损害，监护人将监护职责委托给他人的，监护人应当承担侵权责任；受托人有过错的，承担相应的责任。

2.《民事诉讼法》（2023年9月1日）

第六十条 无诉讼行为能力人由他的监护人作为法定代理人代为诉讼。法定代理人之间互相推诿代理责任的，由人民法院指定其中一人代为诉讼。

3.《最高人民法院关于适用〈中华人民共和国民事诉讼法〉的解释》
（2022年4月1日）

第六十七条 无民事行为能力人、限制民事行为能力人造成他人损害的，无民事行为能力人、限制民事行为能力人和其监护人为共同被告。

第八十三条 在诉讼中，无民事行为能力人、限制民事行为能力人的监护人是他的法定代理人。事先没有确定监护人的，可以由有监护资格的人协商确定；协商不成的，由人民法院在他们之中指定诉讼中的法定代理人。当事人没有民法典第二十七条、第二十八条规定的监护人的，可以指定民法典第三十二条规定的有关组织担任诉讼中的法定代理人。

典型案例

1. 丁某某诉季某某等教育机构责任纠纷案[1]

◎ **基本案情**

被告某舞蹈中心系经教育局批准成立的民办非企业单位，业务范围为：青少年舞蹈艺术培训。被告季某某、原告丁某某分别于2017年2月、2017年5月到某舞蹈中心学习少儿中国舞蹈。2018年12月15日下午4时50分，丁某某与季某某在该舞蹈中心上舞蹈课，课程内容为中国舞的基本功练习。根据某舞蹈中心规定，学员在教室上课时，家长不得进入教室，可在等待区域通过监控视频查看教室内孩子练习情况。事故发生当天，学员为19人（年龄在5周岁左右），分为三排站立，教室地板为强化木地板，每名学员均站在瑜伽垫上练习，由一名专业舞蹈老师徐某（中国舞蹈家协会的注册舞蹈教师）上课。丁某某、季某某站在第三排，季某某站在丁某某右侧。到下半节课时，老师认为除其中三名学员（含季某某）没有达到下腰基本功能力水平，可以不练习下腰外，要求其他16名学员练习下腰动作，当老师要求学员下腰起身时，包括丁某某在内有部分学员未能及时起身，当站在旁边看着同学下腰的季某某发现丁某某未能及时起身时，走到丁某某身前，将丁某某撑在地上的双臂拉起，致丁某某后背背着

---

[1] 参见《最高人民法院公报》2023年第12期。

地，跌坐在地上，丁某某随即表现出不适，其时老师正在第二排帮助未能及时起身的学员，背对着丁某某、季某某，并未察觉上述情况。在学员练习下腰动作后不久，舞蹈课下课，当丁某某母亲走进教室，帮丁某某穿衣服时，丁某某哭泣。当晚，丁某某感觉下肢疼痛，家长立即送其至某1医院、某2医院进行检查，次日至某3医院住院治疗，住院时间为2018年12月16日至2018年12月21日，出院诊断为胸腰部脊髓损伤；2018年12月21日，丁某某转至某4医院进行康复治疗，住院时间为2018年12月21日至2019年2月26日，出院诊断为胸腰部脊髓损伤；2019年2月25日，丁某某转至康复医院，住院时间为2019年2月25日至2020年3月9日，出院诊断为：（1）脊髓损伤，（2）截瘫，（3）神经源性膀胱，（4）神经源性肠。其间某舞蹈中心还陪同丁某某至其他医院就诊，先后给付丁某某526205元。

2020年4月3日，经原告丁某某申请，法院委托某司法鉴定所对丁某某损伤后的伤残程度、误工期、护理期、营养期、护理依赖及护理人数进行法医学鉴定。2020年6月7日，该机构出具司法鉴定意见书，鉴定意见为：（1）被鉴定人丁某某因外伤致胸腰部脊髓损伤导致截瘫（双下肢肌力1级）伴重度排便功能障碍与重度排尿功能障碍已构成人体损伤一级伤残；（2）被鉴定人已完全丧失劳动能力，故无须评价其误工期，护理期建议为长期护理，护理人数建议为1人，营养期建议为450天；（3）被鉴定人的护理程度为大部分依赖护理。

◎ **裁判要点**

一审法院经审理认为，公民的健康权受法律保护。无民事行为能力人在幼儿园、学校或者其他教育机构学习、生活期间受到人身损害的，幼儿园、学校或者其他教育机构未尽到教育、管理职责的，应当承担责任。

被告某舞蹈中心系民办，经营范围为青少年舞蹈艺术培训，其所承担的责任应当等同于侵权责任法中的教育机构责任。原告丁某某在事发时系无民事行为能力人，某舞蹈中心作为舞蹈教育管理者，在丁某某到某舞蹈中心学习舞蹈期间，对丁某某负有教育、管理、保护职责，特别是某舞蹈中心为便于管理，不允许学生家长进入教室，这更加重了某舞蹈中心的保护职责。从法院查明的情况看，虽然丁某某、被告季某某所在的舞蹈班学员大都经过一年多时间的专业培训，但学员毕竟均为无民事行为能力人，下腰作为危险的舞蹈训练动作，在完成该动作时应有成年人在旁看护和扶助，但事发时，某舞蹈中心对19名幼儿仅配备1名专业舞蹈老师，以致不能保证所有幼儿均在老师可控范围之内，当季某某拉起丁某某撑在地上的双臂，致丁某某背部着地时，舞蹈老师未能及时发现及制止，导致事故发生，故某舞蹈中心未能尽到完全的安全防护义务，对本案事件的发生具有明显过错，应承担相应的赔偿责任。

被告季某某虽然属于无民事行为能力人，缺乏对危险的基本认知能力，但是其拉起原告丁某某撑在地上双臂的行为直接导致丁某某的损伤后果，因丁某某系无民事行为能力人，相应的民事赔偿责任由季某某的监护人被告季某甲、王某承担。

原告丁某某自身对其受伤主观上并无过错或者过失，且在事故发生前，丁某某一直正常参加舞蹈培训，被告某舞蹈中心未能提交证据证明丁某某"隐性脊柱裂"与损害后果的发生存在因果关系，故丁某某依法不应当承担责任。

综合各方过错程度，认定被告季某某、季某甲、王某对原告丁某某的损伤应承担10%的责任，被告某舞蹈中心对丁某某的损伤应承担90%的责任。丁某某损失认定为2114847.21元，由季某甲、王某赔偿2114847.21元×10%＝211484.7元，由某舞蹈中心赔偿2114847.21元×90%＝1903362.5元，扣减某舞蹈中心已垫付的526205元，还需给付1377157.5元。

二审中，上诉人季某甲、王某自愿承诺补偿被上诉人丁某某50000元。二审法院经审理认为，本案二审争议焦点为：（1）承担赔偿责任的主体是谁；（2）后期护理费是一次性支付还是分段支付。

关于争议焦点（1）承担赔偿责任的主体问题。

上诉人某舞蹈中心系经依法注册的青少年舞蹈培训机构，上诉人季某某和被上诉人丁某某同在某舞蹈中心处接受舞蹈技能培训，两人均为无民事行为能力人，因此，某舞蹈中心对上课期间正在进行舞蹈培训的季某某和丁某某应负有完全的监督、管理、保护职责。本案中，在事发当天，某舞蹈中心对于19名无民事行为能力的学员仅配备了1名专业舞蹈老师，在丁某某进行下腰这一危险舞蹈动作训练时，舞蹈老师未提供护腰保护，季某某上前拉起丁某某双臂的行为亦未能及时被发现、制止，某舞蹈中心未能尽到教育、管理和保护职责，依法应对丁某某的人身损害承担赔偿责任。

《侵权责任法》第6条第1款规定，行为人因过错侵害他人民事权益，应当承担侵权责任。本案中，在上诉人某舞蹈中心一审提交的"新生入学告知书"中载明"除公开课外，上课期间未经老师许可，家长不得进入教室，以免使学员分心影响教学效果"，该规定使得所有未成年学员家长在上课期间的监护责任无法实际履行，上诉人季某某、被上诉人丁某某实际均处于某舞蹈中心的监督管理之下。季某某作为丁某某舞蹈班的同学，在丁某某下腰起身困难时，出于帮助同学的善意，自发前去帮助丁某某，该行为不具有违法性，作为无民事行为能力人，季某某主观上没有伤害丁某某的故意，客观上也不具备能够预见其行为可能导致同学丁某某损害的认知能力，故季某某对于丁某某的损害依法不应承担赔偿责任。一审法院认定季某某及其监护人承担赔偿责任，于法相悖，予以纠正。

上诉人季某某的监护人季某甲、王某，出于对被上诉人丁某某受伤的深切同情，在二审中自愿补偿丁某某50000元。

综上，上诉人某舞蹈中心应对被上诉人丁某某的人身损害承担赔偿责任。丁某某的损失为2114847.21元，扣减某舞蹈中心已垫付的526205元，某舞蹈中心还需给付1588642.21元。

关于争议焦点（2）后期护理费是一次性支付还是分段支付问题。

后期护理费用以一次性支付为原则，若一次性支付确有困难，在提供相应担保的情况下也是可以而非应当分期支付，本案中，上诉人某舞蹈中心未提供证据证明一次性支付确有困难，亦未提供相应的担保，一审法院综合本案相关情况后判决一次性支付，符合法律规定。

◎ **典型意义**

因教育培训机构教学需要，无民事行为能力人的监护人无法实际履行监护职责，在此期间，教育培训机构应对该无民事行为能力人承担监督、管理和保护职责。教育培训机构因自身原因未履行上述职责，导致无民事行为能力人在教育培训机构学习、生活期间，对他人实施帮助行为致人损害，且无民事行为能力人主观上没有伤害故意，客观上不具备预见帮助行为可能导致损害的认知能力的，教育培训机构依法应当承担侵权责任。

2. 王某1、王某2诉王某、夏某监护人责任纠纷案①

◎ **基本案情**

原告王某1、王某2之女王某与被告王某、夏某之子王某某系恋爱关系。2013年8月19日17时许，王某某来到某超市找在此打工的被害人王某，两人在交谈过程中发生争执，被害人王某欲回超市被王某某阻止，王某某用随身携带的匕首刺伤王某导致其大出血死亡。后王某某亦用匕首刺伤自己颈部致大出血死亡。两原告以两被告之子王某某未满18周岁造成被害人王某死亡的严重后果，应由其监护人即本案两被告承担侵权责任为由提起诉讼，要求两被告赔偿其死亡赔偿金515100元、丧葬费12877.50元、精神损害抚慰金10000元。两被告当庭辩称，他们对其子王某某尽到了监护责任，对于以上辩称其没有提供相应的证据予以证实。两被告还辩称王某某本人无个人财产。

◎ **裁判要点**

人民法院经审理认为，涉诉侵权行为发生时，两被告之子王某某尚不满18周岁，系限制民事行为能力人，王某某持匕首将被害人王某杀害，依法应由其监护人即两被告王某、夏某承担侵权责任。两被告虽辩称已经尽到监护责任，却未提供任何证据证实其已谨慎、合理地注意到了未成年

---

① 《最高人民法院发布未成年人审判工作典型案例98例》，载最高人民法院网站，https://www.court.gov.cn/zixun-xiangqing-13447.html，2024年1月24日访问。

人王某某的情感动向及困扰，并积极履行了监护职责以尽可能防止损害发生，其要求减轻其侵权责任依据不足，法院不予支持。两被告之子王某某将两原告之女王某杀害，致使两原告中年丧女，精神上受到严重损害，王某某将被害人王某杀害后当场身亡，已无法依照刑事法律追究其刑事责任，两原告精神上亦不能因王某某受到刑事追究而得到慰藉，因此两原告提起的各项民事赔偿要求并无不妥。据此，依法判决被告王某、夏某赔偿原告王某1、王某2死亡赔偿金515100元、丧葬费12877.50元和精神损害抚慰金10000元。济南市中级人民法院二审维持原判。

◎ **典型意义**

本案的裁判结果意在警醒身负监护责任的父母谨慎监管、教育未成年子女，即便他们已经具有一定的社会交往和认知能力，但仍不能疏于监护。尤其对10周岁以上的未成年人，他们身处青春期，虽对个人及社会有一定认知，但行为自控和解决问题的能力尚不成熟，父母疏于监护轻则影响学业，重则毁人毁己。致害人父母看似为之所累，却是疏于监护所致。

3. 周某与肖某、肖某某、某中学健康权纠纷案[①]

◎ **基本案情**

周某与肖某均系某中学附小六年级的学生。2011年11月29日15时许，学生在学校球场上体育课，老师安排学生分组打篮球，周某与肖某分别被分在两个组参加篮球对抗赛。在打篮球过程中，两人在抢球时撞在一起，致原告摔倒在地，造成其左桡骨远端骨折伴下尺桡关节脱位。经鉴定损伤为十级伤残。

◎ **裁判要点**

人民法院经审理认为，周某因本案医疗费、残疾赔偿金等各类经济损

[①] 《最高人民法院发布未成年人审判工作典型案例98例》，载最高人民法院网站，https://www.court.gov.cn/zixun-xiangqing-13447.html，2024年1月24日访问。

失达5万多元；原告对其经济损失应自行承担50%，即27502.76元；被告肖某某（系被告肖某之父）对原告周某的经济损失应承担30%，即16501.65元；被告某中学对原告周某的经济损失承担20%，即11001.10元。

◎ **典型意义**

这是一起发生在校园里的典型意外伤害案件。学校按教学大纲实施教学无过错，学生按照老师的安排进行比赛活动，亦无过错。二人在进行篮球赛活动中相互抢球发生相撞，当属常理。本案根据实际情况，由双方分担损失。综合全案，考虑原、被告父母工作情况和家庭收入情况，对因本案造成的损失，原告应自行承担50%，某中学应补偿原告20%的损失，被告肖某应补偿原告30%的损失，被告肖某系无民事行为能力人，故其应承担的补偿损失部分由监护人即被告肖某某承担。学校的行为虽无过错，但其组织之行为与受害人的受伤之损害后果之间存在一定的事实联系，具有关联度，让其分担损失也具有合理性，平衡了双方当事人利益。

4. 厉某某诉盛某、盛某某、王某某、某小学教育机构责任纠纷案[①]

◎ **基本案情**

厉某某于2012年11月20日下午课间休息期间，与同班同学盛某玩耍时，因其脚不慎绊倒盛某，双方发生轻微厮打。上课后，其回到座位，但盛某走上前将其脸部划伤。原告诉至法院，要求被告赔偿原告医疗费、营养费、护理费、交通费、鉴定费、精神损害抚慰金等合计20000元，其中由盛某及其法定代理人盛某某、王某某承担赔偿总额的80%，被告某小学承担赔偿总额的20%。

◎ **裁判结果**

人民法院经审理认为，本案中，事发之时原、被告均为无民事行为能力人，被告某小学应当对其强化安全教育，并进行适当的管理和保护，但

[①] 《最高人民法院发布未成年人审判工作典型案例98例》，载最高人民法院网站，https://www.court.gov.cn/zixun-xiangqing-13447.html，2024年1月24日访问。

未能尽到教育、管理、保护的职责,对原告的损害后果负有责任。判决被告某小学赔偿原告厉某某1743.40元;被告盛某以其个人财产赔偿原告厉某某1307.55元,不足部分,由被告盛某某、王某某赔偿。

◎ **典型意义**

学生在教育教学、体育锻炼过程中因同学而受到人身损害的案件,在教育机构责任纠纷案件中占到很大比例。在处理时,如何合理判定各方的责任,是该类案件的难点。本案结合加害人的因素,对学校的责任承担分别实行过错推定及过错责任原则,合理地处理了纠纷,保护了未成年人的利益。

第五条 监护人对不具备完全民事行为能力人的监护责任

> 无民事行为能力人、限制民事行为能力人造成他人损害,被侵权人请求监护人承担侵权人应承担的全部责任的,人民法院应予支持,并在判决中明确,赔偿费用可以先从被监护人财产中支付,不足部分由监护人支付。
>
> 监护人抗辩主张承担补充责任,或者被侵权人、监护人主张人民法院判令有财产的无民事行为能力人、限制民事行为能力人承担赔偿责任的,人民法院不予支持。
>
> 从被监护人财产中支付赔偿费用的,应当保留被监护人所必需的生活费和完成义务教育所必需的费用。

❋ **要点提示**

监护人对不具备完全民事行为能力人的监护责任是法定责任,且适用无过错责任原则。无民事行为能力人、限制民事行为能力人有无财产,不影响监护人的责任承担形态,仅影响其责任承担方式。如被监护人有财产,可先由被监护人财产进行赔偿,不足部分由监护人支付。但是,这并非意味着被监护人拥有财产可以成为其承担责任或者监护人减免自己责任的理由，监护人、被监护人以此为由主张改变责任承担形态的，不应获得诉讼上的支持。而且，从被监护人财产中支付赔偿费用时，也需注意考虑为其保留未来成长、学习所需的必要费用。

❖ 关联规定

1.《民法典》（2020 年 5 月 28 日）

第二十七条　父母是未成年子女的监护人。

未成年人的父母已经死亡或者没有监护能力的，由下列有监护能力的人按顺序担任监护人：

（一）祖父母、外祖父母；

（二）兄、姐；

（三）其他愿意担任监护人的个人或者组织，但是须经未成年人住所地的居民委员会、村民委员会或者民政部门同意。

第二十八条　无民事行为能力或者限制民事行为能力的成年人，由下列有监护能力的人按顺序担任监护人：

（一）配偶；

（二）父母、子女；

（三）其他近亲属；

（四）其他愿意担任监护人的个人或者组织，但是须经被监护人住所地的居民委员会、村民委员会或者民政部门同意。

第三十一条　对监护人的确定有争议的，由被监护人住所地的居民委员会、村民委员会或者民政部门指定监护人，有关当事人对指定不服的，可以向人民法院申请指定监护人；有关当事人也可以直接向人民法院申请指定监护人。

居民委员会、村民委员会、民政部门或者人民法院应当尊重被监护人的真实意愿，按照最有利于被监护人的原则在依法具有监护资格的人中指定监护人。

依据本条第一款规定指定监护人前，被监护人的人身权利、财产权利以及其他合法权益处于无人保护状态的，由被监护人住所地的居民委员会、村民委员会、法律规定的有关组织或者民政部门担任临时监护人。

监护人被指定后，不得擅自变更；擅自变更的，不免除被指定的监护人的责任。

第三十四条 监护人的职责是代理被监护人实施民事法律行为，保护被监护人的人身权利、财产权利以及其他合法权益等。

监护人依法履行监护职责产生的权利，受法律保护。

监护人不履行监护职责或者侵害被监护人合法权益的，应当承担法律责任。

因发生突发事件等紧急情况，监护人暂时无法履行监护职责，被监护人的生活处于无人照料状态的，被监护人住所地的居民委员会、村民委员会或者民政部门应当为被监护人安排必要的临时生活照料措施。

第三十五条 监护人应当按照最有利于被监护人的原则履行监护职责。监护人除为维护被监护人利益外，不得处分被监护人的财产。

未成年人的监护人履行监护职责，在作出与被监护人利益有关的决定时，应当根据被监护人的年龄和智力状况，尊重被监护人的真实意愿。

成年人的监护人履行监护职责，应当最大程度地尊重被监护人的真实意愿，保障并协助被监护人实施与其智力、精神健康状况相适应的民事法律行为。对被监护人有能力独立处理的事务，监护人不得干涉。

第一千一百八十八条 无民事行为能力人、限制民事行为能力人造成他人损害的，由监护人承担侵权责任。监护人尽到监护职责的，可以减轻其侵权责任。

有财产的无民事行为能力人、限制民事行为能力人造成他人损害的，从本人财产中支付赔偿费用；不足部分，由监护人赔偿。

第一千一百八十九条 无民事行为能力人、限制民事行为能力人造成他人损害，监护人将监护职责委托给他人的，监护人应当承担侵权责任；受托人有过错的，承担相应的责任。

2.《精神卫生法》(2018年4月27日)

第七十九条 医疗机构出具的诊断结论表明精神障碍患者应当住院治疗而其监护人拒绝，致使患者造成他人人身、财产损害的，或者患者有其他造成他人人身、财产损害情形的，其监护人依法承担民事责任。

3.《最高人民法院关于适用〈中华人民共和国民法典〉总则编若干问题的解释》(2022年2月24日)

第六条 人民法院认定自然人的监护能力，应当根据其年龄、身心健康状况、经济条件等因素确定；认定有关组织的监护能力，应当根据其资质、信用、财产状况等因素确定。

第七条 担任监护人的被监护人父母通过遗嘱指定监护人，遗嘱生效时被指定的人不同意担任监护人的，人民法院应当适用民法典第二十七条、第二十八条的规定确定监护人。

未成年人由父母担任监护人，父母中的一方通过遗嘱指定监护人，另一方在遗嘱生效时有监护能力，有关当事人对监护人的确定有争议的，人民法院应当适用民法典第二十七条第一款的规定确定监护人。

第八条 未成年人的父母与其他依法具有监护资格的人订立协议，约定免除具有监护能力的父母的监护职责的，人民法院不予支持。协议约定在未成年人的父母丧失监护能力时由该具有监护资格的人担任监护人的，人民法院依法予以支持。

依法具有监护资格的人之间依据民法典第三十条的规定，约定由民法典第二十七条第二款、第二十八条规定的不同顺序的人共同担任监护人，或者由顺序在后的人担任监护人的，人民法院依法予以支持。

第九条 人民法院依据民法典第三十一条第二款、第三十六条第一款的规定指定监护人时，应当尊重被监护人的真实意愿，按照最有利于被监护人的原则指定，具体参考以下因素：

（一）与被监护人生活、情感联系的密切程度；

（二）依法具有监护资格的人的监护顺序；

（三）是否有不利于履行监护职责的违法犯罪等情形；

（四）依法具有监护资格的人的监护能力、意愿、品行等。

人民法院依法指定的监护人一般应当是一人，由数人共同担任监护人更有利于保护被监护人利益的，也可以是数人。

第十条 有关当事人不服居民委员会、村民委员会或者民政部门的指定，在接到指定通知之日起三十日内向人民法院申请指定监护人的，人民法院经审理认为指定并无不当，依法裁定驳回申请；认为指定不当，依法判决撤销指定并另行指定监护人。

有关当事人在接到指定通知之日起三十日后提出申请的，人民法院应当按照变更监护关系处理。

第十一条 具有完全民事行为能力的成年人与他人依据民法典第三十三条的规定订立书面协议事先确定自己的监护人后，协议的任何一方在该成年人丧失或者部分丧失民事行为能力前请求解除协议的，人民法院依法予以支持。该成年人丧失或者部分丧失民事行为能力后，协议确定的监护人无正当理由请求解除协议的，人民法院不予支持。

该成年人丧失或者部分丧失民事行为能力后，协议确定的监护人有民法典第三十六条第一款规定的情形之一，该条第二款规定的有关个人、组织申请撤销其监护人资格的，人民法院依法予以支持。

第十二条 监护人、其他依法具有监护资格的人之间就监护人是否有民法典第三十九条第一款第二项、第四项规定的应当终止监护关系的情形发生争议，申请变更监护人的，人民法院应当依法受理。经审理认为理由成立的，人民法院依法予以支持。

被依法指定的监护人与其他具有监护资格的人之间协议变更监护人的，人民法院应当尊重被监护人的真实意愿，按照最有利于被监护人的原则作出裁判。

第十三条 监护人因患病、外出务工等原因在一定期限内不能完全履行监护职责，将全部或者部分监护职责委托给他人，当事人主张受托人因此成为监护人的，人民法院不予支持。

典型案例

1. 刘某1、刘某2等生命权、健康权、身体权纠纷案[1]

◎ 基本案情

原告刘某1（系2013年3月出生）与被告刘某2（系2013年2月出生）系同班同学，事发时就读于被告某小学一年级。2019年10月31日13时25分左右（该时间段为中午放学学生自行回家后、下午学生返校上课前，非学校上课时间，当时事发教室仅有原告刘某1、被告刘某2以及案外人李某、赵某等五六名学生），当时原告正在写作业，被告刘某2干扰原告致其无法写作业，后原告刘某1起身与被告刘某2相互追逐跑动。在此过程中，原告刘某1触碰桌椅后摔倒，致其受伤。在原告受伤后当天即被送往某医院住院治疗，经诊断为：（1）肱骨髁上骨折（左）；（2）尺神经损伤（左）。

◎ 裁判要点

人民法院经审理认为，被告刘某2承担50%的责任。同时，依据《侵权责任法》第32条"无民事行为能力人、限制民事行为能力人造成他人损害的，由监护人承担侵权责任。监护人尽到监护责任的，可以减轻其侵权责任。有财产的无民事行为能力人、限制民事行为能力人造成他人损害的，从本人财产中支付赔偿费用。不足部分，由监护人赔偿"的规定，被告滕某陈述被告刘某2无财产，同时被告滕某也并未提供证据证明其尽到了监护责任，故被告滕某应当向原告承担赔偿责任。原告的损失医疗费58172元（其中含护理费201.48元，且上述票据以及原告未在本案中主张的两笔费用中医保共支付15191.34元，原告均同意返还）、住院伙食补助费为1400元、护理费11798.52元、营养费3862.8元、伤残赔偿金104920.32元、交通费500元、精神损害抚慰金3500元，该损失由原告自行承担30%、被告滕某承担50%、被告某小学承担20%。

---

[1] （2020）苏0391民初2025号，载中国裁判文书网。

◎ **典型意义**

本案中无民事行为能力人、限制民事行为能力人造成他人损害，被侵权人请求监护人承担侵权人应承担的全部责任的，法院应予支持，而刘某的监护人在校期间并无过错，尽到了监护责任，故在滕某无过错的情况下，其作为刘某的监护人承担了50%的无过错责任，而其余的责任则分别由学校以及原告自己承担。

2. 赵某等与陈某某等侵权责任纠纷案[①]

◎ **基本案情**

某老年公寓于2016年1月26日成立，系民办非企业单位，经营范围为养老服务。2019年10月18日，某老年公寓（甲方）与陈某某（乙方，入住公寓老人）、陈某（丙方，入住公寓老人担保人）签订了入住服务协议。陈某在该协议注明病情及所服用药物，部分记载"小脑萎缩、耳聋、眼花"。同日，陈某作为陈某某家属签署《某老年公寓意外风险告知书》及《入住须知》，托付某老年公寓照顾陈某某。

根据《入住老年人生活自理能力评估表》，陈某某得分为75分，评估结论为半自理。

2019年10月30日，某老年公寓在发现陈某某言行异常后，通知陈某带陈某某前往某精神病医院治疗，该医院门诊病历显示，病史：失眠，有时话乱，半夜不睡觉，小鼓捣，兴奋。间断有时冲动，砸玻璃。处理意见：头CT：双侧丘脑、左侧基底节软化灶，脑萎缩。诊断：睡眠障碍，脑梗死后遗症，兴奋状态。医院为其出具处方药后，陈某将陈某某送回某老年公寓。

2019年11月1日，某老年公寓（甲方）与赵某某（乙方，入住公寓老人）、赵某（丙方，入住公寓老人担保人）签订了入住服务协议、《某老年公寓意外风险告知书》及《入住须知》。同日，赵某某与另一老人杜某某入住某老年公寓，二人与陈某某同住某楼一层2号房间。

---

① （2020）京0117民初4309号，载中国裁判文书网。

2019年11月6日凌晨2时左右，陈某某持拐杖将赵某某、杜某某打伤。同日4时34分，赵某某被送到某医院急诊治疗，经诊断为：双侧颞顶枕硬膜下血肿、蛛网膜下腔出血、颅骨骨折、头皮裂伤、右侧头部皮下血肿、脊柱侧弯畸形、上唇皮裂伤。赵某某经过手术及ICU监护治疗抢救无效，于当日死亡。赵某某在抢救期间共支出医疗费38522.62元，其中某老年公寓垫付医疗费1922.72元。同日，某派出所受理陈某某涉嫌故意伤害案，后将该案移交某市公安局某分局刑事侦查支队处理。

2019年11月25日，某司法鉴定中心在进行尸检后，出具鉴定意见通知书，鉴定意见为赵某某符合被他人用钝性物体多次打击头面部、躯干部、双上肢，伤及颅骨、脑组织，致颅脑损伤死亡。

2020年5月8日，某司法鉴定中心出具精神病司法鉴定意见书，陈某某被诊断为器质性精神障碍，受精神疾病影响，实施违法行为时辨认及控制能力丧失，评为无刑事责任能力。同日，某市公安局某分局作出撤销案件决定书，该决定书记载："我局办理的陈某某涉嫌故意伤害案，因根据刑法规定不负刑事责任，根据《中华人民共和国刑事诉讼法》第一百六十三条之规定，决定撤销此案。"

2020年7月2日，人民法院作出强制医疗决定书，决定对陈某某予以强制医疗。

2020年11月14日，陈某某因病死亡。

陈某某与妻子薛某2生育有陈某1、陈某2、陈某3三个子女，陈某某的父母及薛某2均已于数年前死亡。陈某1、陈某2、陈某3称陈某某没有遗产，如果法院认为三人需要作为监护人承担责任，则由三人按比例分担赔偿责任。

◎ 裁判要点

人民法院经审理认为，自然人享有生命权。自然人的生命安全和生命尊严受法律保护，任何组织或个人不得侵害他人的生命权。被侵权人死亡的，其近亲属有权请求侵权人承担侵权责任。本案中，陈某某持拐杖多次打击赵某某的头面部及身体其他部位，导致赵某某死亡，侵害了赵某某的生命权，给赵某某的近亲属造成严重伤害。三原告作为赵某某的近亲属，有权要求陈某某一方承担赔偿责任，并依法要求其他责任主体承担赔偿责任。

本案的争议焦点有二：第一，陈某1、陈某2、陈某3是否应当作为陈某某的监护人承担责任；第二，某老年公寓对于本次侵害行为是否有过错，以及需承担何种责任。

第一，关于陈某1、陈某2、陈某3是否应当作为陈某某的监护人承担责任的问题。案发前，陈某某经某精神病医院诊断患有脑萎缩、脑梗后遗症，已表现出明显的老年痴呆症状，入住某老年公寓后明显不适，夜眠差，言行反常，时自语，说胡话，行为动作反常，如反复叠被子，说床上有火、泼水。案发时，陈某某无故持拐棍将与其没有任何纠葛、正在睡觉的赵某某、杜某某打死，打伤，行为反常，动机不明。归案后，陈某某无法交流，对提问不理解，言语简单，答非所问，对违法行为无印象、无压力、无悔意表示，在夜间呈现持续发作性的精神异常，发作时行为冲动、易激惹，存在明显的感知觉障碍及意识障碍，发作后无印象与记忆。综合陈某某的以上表现以及精神病司法鉴定意见书，虽然陈某某未经司法程序确定为无民事行为能力人，仍应认定陈某某受精神疾病影响，在实施侵权行为时辨认及控制能力丧失，不具备民事行为能力。依照法律规定，在陈某某不具有民事行为能力的情况下，陈某1、陈某2、陈某3作为陈某某的子女，应为陈某某的监护人。

依照法律规定，无民事行为能力人、限制民事行为能力人造成他人损害的，由监护人承担侵权责任。监护人尽到监护责任的，可以减轻其侵权责任。有财产的无民事行为能力人、限制民事行为能力人造成他人损害的，从本人财产中支付赔偿费用。不足部分，由监护人赔偿。可见，监护人对不具备完全民事行为能力人的监护责任是法定责任，且适用无过错责任原则。陈某某在实施侵权行为时，不具有民事行为能力，故应由其监护人，即陈某1、陈某2、陈某3对陈某某的侵权行为承担赔偿责任。

陈某1、陈某2、陈某3作为陈某某的监护人，并非不履行监护职责，其将陈某某送到某老年公寓,将主要监护职责委托给某老年公寓,此后客观上不具有充分行使监护职责、制止陈某某实施侵权行为的条件,应认定陈某1、陈某2、陈某3已尽到监护职责,因此可以减轻他们的赔偿责任。综合陈某某的行为表现、陈某1等人已尽的监护职责,以及其对陈某某可能实施侵权行为的预判能力,本院酌情确定陈某1、陈某2、陈某3按60%的比例承担赔偿责任。

陈某某如有财产,应首先用其本人财产承担赔偿责任,因陈某某已死亡,陈某1、陈某2、陈某3作为陈某某的第一顺序继承人,应首先用继承的陈某某遗产进行支付。虽然陈某1、陈某2、陈某3称陈某某没有遗产,但不宜因此认定陈某某没有遗产,如陈某某有遗产,陈某1、陈某2、陈某3仍应首先用继承的陈某某遗产进行支付,不足部分再由陈某1、陈某2、陈某3承担。

第二,关于某老年公寓对于本次侵害行为是否有过错,以及需承担何种责任的问题。

首先,某老年公寓在签订服务协议时,在协议中承诺做好各项管理和服务工作,保障老人在入住期间的安全。在赵某某、陈某某入住某老年公寓后,某老年公寓作为收取服务费用的养老服务经营单位,不仅应当依照约定提供居住、餐饮、护理、清洁等养老服务,还应加强管理、采取措施保障赵某某等老人入住期间的人身安全。

其次,通过前述分析,陈某某在实施侵权行为时不具有民事行为能力。陈某1将丧失劳动能力、生活不能完全自理的陈某某送入某老年公寓代为照管,将主要的监护职责委托给某老年公寓,双方已形成委托监护关系,某老年公寓对陈某某具有一定程度的控制能力,承担了对陈某某的监督义务,应当依照协议完成对陈某某的监护以及对他人的注意义务。

陈某某在案发前,经某精神病医院诊断患有脑萎缩、脑梗后遗症,入住养老院后晚上不睡觉,白天说胡话,乱扔东西,说床上着火,往床上泼水,言行反常。陈某某的上述异常表现,表明其已出现比较严重的精神问题,作为养老服务机构,应当认识到陈某某可能存在伤害自己或他人的可能性，并采取合理措施，确保陈某某以及其他入住老人的安全。然而，某老年公寓在发现陈某某言行异常后，未采取合理应对措施，仍安排其与具有智力障碍、不能说话的赵某某同住一屋，产生了安全隐患，其该项过错与损害后果的发生具有一定因果关系，某老年公寓应当依照其过错程度承担相应的赔偿责任。应当肯定，某老年公寓已安排夜间巡视，较为及时发现伤害事件，积极将伤者送医抢救，垫付费用，并及时通知家属及报警，已履行了职责。综合陈某某已有的行为表现、某老年公寓的管控能力、养老服务收费标准、某老年公寓的管理措施以及在事发后的表现，本院酌情确定某老年公寓按20%的比例承担赔偿责任。

陈某1、陈某2、陈某3在本案中承担赔偿责任，系基于身份关系产生的监护责任，某老年公寓并非陈某某的监护人，其承担赔偿责任系基于养老服务合同义务，两者是不同的法律关系，三原告要求陈某1、陈某2、陈某3与某老年公寓承担连带赔偿责任，没有事实和法律依据，本院不予支持。

赵某某在受伤后抢救期间，实际支出医疗费38522.62元（含某老年公寓垫付的1922.72元），三原告主张的医疗费数额有误，本院予以纠正。赵某某系某村农民，三原告称赵某某入住某老年公寓前一直在城镇生活，但未就此提供证据加以证明，且被告方对此均不认可，故应按农村居民标准计算死亡赔偿金。陈某某殴打赵某某，导致赵某某经抢救无效死亡，势必给三原告造成较大精神伤害，且陈某某因不具有刑事责任能力未被追究刑事责任，三原告要求精神损害抚慰金合理，但主张数额偏高，本院结合赵某某的实际情况、相关当事人的过错程度酌情确定为5万元。三原告主张的丧葬费，未超过法定标准，本院予以支持。经本院核实确认，三原告合理的损失有：医疗费38522.62元（含某老年公寓垫付的1922.72元）、死亡赔偿金376064元、丧葬费47130元、精神损害抚慰金50000元，共计511716.62元。

3. 郑某与游某2、李某生命权、健康权、身体权纠纷案[1]

◎ **基本案情**

2017年11月18日，游某1（未成年人，2009年3月8日出生）在某幢楼下玩耍，游某1将玩具飞机砸到正在路过的郑某右眼部。随后，郑某先后三次进入某医院接受治疗，经过治疗后出院。2019年6月13日，郑某委托某司法鉴定中心对其伤残程度及误工、护理、营养时限进行司法鉴定，鉴定意见为：（1）郑某因外伤致右眼视网膜脱离，现右眼视力盲目四级，评定为八级伤残；（2）郑某因外伤致右眼视网膜脱离，误工根据临床治疗情况确定，护理为180日，营养为90日，郑某实际支付鉴定费1800元。

事后郑某以游某1以及游某1的父母游某2和李某为共同被告，向福建省南平市延平区人民法院提出诉讼请求：（1）判决游某2、李某赔偿郑某医疗费25863.64元，鉴定费1800元，护理费39600元，误工费18000元，营养费4500元，住院伙食补助费1200元，残疾赔偿金273720元，精神抚慰金20000元（以上合计：384683.64元）；（2）由三被告承担案件受理费。

◎ **裁判要点**

人民法院经审理认为，相关责任人应予以赔偿。在本案中，郑某因游某1踢起的玩具飞机砸到右眼，经司法鉴定机构认定郑某右眼视网膜脱离与2017年11月18日泡沫飞机撞击脸部存在因果关系，外力参与度为30%。游某1、游某2、李某认为郑某本身存在过错，应承担其中50%责任，法院认为，郑某当时目的是回家，其行走路线是正常路线，对意外风险没有可预见性，故郑某不存在过错。故根据鉴定机构认定的外力参与度为30%，游某1应承担30%的责任。游某1事发时为限制民事行为能力人，游某2、李某作为其监护人应当共同承担赔偿金额为：317349.83元×30%＝95204.95元。

---

[1] （2021）闽07民终43号，载中国裁判文书网。

第六条　监护人责任的范围及内容

行为人在侵权行为发生时不满十八周岁，被诉时已满十八周岁的，被侵权人请求原监护人承担侵权人应承担的全部责任的，人民法院应予支持，并在判决中明确，赔偿费用可以先从被监护人财产中支付，不足部分由监护人支付。

前款规定情形，被侵权人仅起诉行为人的，人民法院应当向原告释明申请追加原监护人为共同被告。

要点提示

针对行为人在侵权行为发生时不满十八周岁，被诉时已满十八周岁的情况，本条进一步明确了监护人责任的范围及内容；该条调整了既往裁判标准，明确仍由原监护人承担侵权责任，并协调规定了赔偿费用支付问题。该条适用情形与适用要点如下。

第一，明确监护人责任属于全部赔偿责任，而非补充责任。该条明确，即使侵权行为人"被诉时已满十八周岁"，但行为发生时未满十八周岁的，监护人承担侵权人应承担的全部侵权责任，而非补充责任，从而解决了实务中监护人责任属性的混淆问题。

第二，明确区分标准为"十八周岁"的时间节点，而非完全民事行为能力的获取节点。对于十六周岁至十八周岁的完全民事行为能力人，监护人仍应承担全部责任。《民法典》第18条第2款规定，十六周岁以上未成年人，以自己的劳动收入为主要来源的，视为完全民事行为能力人。这是为了保护以自己的劳动收入为主要生活来源的未成年人，使他们参与的正常民事法律关系处于稳定状态，该规定一般适用于民事法律行为领域，不适用于侵权责任领域。如果规定这部分未成年人还要承担侵权责任，与立法保护未成年人的精神不符[1]。

---

[1]《最高法民一庭负责人就民法典侵权责任编司法解释（一）答记者问》，载最高人民法院网站，https://www.court.gov.cn/zixun/xiangqing/443901.html，2024年9月30日访问。

第三，本条明确了财产查明责任由审判阶段转移至执行阶段。《民法典》第 1188 条第 2 款规定，有财产的无民事行为能力人、限制民事行为能力人造成他人损害的，从本人财产中支付赔偿费用。将被监护人是否有财产的查明责任赋予了审判法官；基于审判效率、执行效率的优化提升，执行法官能够更好履行财产查明任务。因此，该款允许审判法官在判决书中列明"赔偿费用可以先从被监护人财产中支付"，有利于节约审判资源，提高执行效率。

关联规定

1.《民法典》（2020 年 5 月 28 日）

第十七条　十八周岁以上的自然人为成年人。不满十八周岁的自然人为未成年人。

第十九条　八周岁以上的未成年人为限制民事行为能力人，实施民事法律行为由其法定代理人代理或者经其法定代理人同意、追认；但是，可以独立实施纯获利益的民事法律行为或者与其年龄、智力相适应的民事法律行为。

第二十六条　父母对未成年子女负有抚养、教育和保护的义务。

成年子女对父母负有赡养、扶助和保护的义务。

第二十七条　父母是未成年子女的监护人。

未成年人的父母已经死亡或者没有监护能力的，由下列有监护能力的人按顺序担任监护人：

（一）祖父母、外祖父母；

（二）兄、姐；

（三）其他愿意担任监护人的个人或者组织，但是须经未成年人住所地的居民委员会、村民委员会或者民政部门同意。

第三十四条　监护人的职责是代理被监护人实施民事法律行为，保护被监护人的人身权利、财产权利以及其他合法权益等。

监护人依法履行监护职责产生的权利，受法律保护。

监护人不履行监护职责或者侵害被监护人合法权益的，应当承担法律责任。

因发生突发事件等紧急情况，监护人暂时无法履行监护职责，被监护人的生活处于无人照料状态的，被监护人住所地的居民委员会、村民委员会或者民政部门应当为被监护人安排必要的临时生活照料措施。

第一千零六十八条 父母有教育、保护未成年子女的权利和义务。未成年子女造成他人损害的，父母应当依法承担民事责任。

第一千一百六十五条 行为人因过错侵害他人民事权益造成损害的，应当承担侵权责任。

依照法律规定推定行为人有过错，其不能证明自己没有过错的，应当承担侵权责任。

第一千一百六十九条 教唆、帮助他人实施侵权行为的，应当与行为人承担连带责任。

教唆、帮助无民事行为能力人、限制民事行为能力人实施侵权行为的，应当承担侵权责任；该无民事行为能力人、限制民事行为能力人的监护人未尽到监护职责的，应当承担相应的责任。

第一千一百八十八条 无民事行为能力人、限制民事行为能力人造成他人损害的，由监护人承担侵权责任。监护人尽到监护职责的，可以减轻其侵权责任。

有财产的无民事行为能力人、限制民事行为能力人造成他人损害的，从本人财产中支付赔偿费用；不足部分，由监护人赔偿。

2.《刑法》（2023年12月29日）

第十七条 已满十六周岁的人犯罪，应当负刑事责任。

已满十四周岁不满十六周岁的人，犯故意杀人、故意伤害致人重伤或者死亡、强奸、抢劫、贩卖毒品、放火、爆炸、投放危险物质罪的，应当负刑事责任。

已满十二周岁不满十四周岁的人，犯故意杀人、故意伤害罪，致人死亡或者以特别残忍手段致人重伤造成严重残疾，情节恶劣，经最高人民检察院核准追诉的，应当负刑事责任。

对依照前三款规定追究刑事责任的不满十八周岁的人，应当从轻或者减轻处罚。

因不满十六周岁不予刑事处罚的，责令其父母或者其他监护人加以管教；在必要的时候，依法进行专门矫治教育。

3.《未成年人保护法》（2024年4月26日）

第七条 未成年人的父母或者其他监护人依法对未成年人承担监护职责。

国家采取措施指导、支持、帮助和监督未成年人的父母或者其他监护人履行监护职责。

第十六条 未成年人的父母或者其他监护人应当履行下列监护职责：

（一）为未成年人提供生活、健康、安全等方面的保障；

（二）关注未成年人的生理、心理状况和情感需求；

（三）教育和引导未成年人遵纪守法、勤俭节约，养成良好的思想品德和行为习惯；

（四）对未成年人进行安全教育，提高未成年人的自我保护意识和能力；

（五）尊重未成年人受教育的权利，保障适龄未成年人依法接受并完成义务教育；

（六）保障未成年人休息、娱乐和体育锻炼的时间，引导未成年人进行有益身心健康的活动；

（七）妥善管理和保护未成年人的财产；

（八）依法代理未成年人实施民事法律行为；

（九）预防和制止未成年人的不良行为和违法犯罪行为，并进行合理管教；

（十）其他应当履行的监护职责。

4.《预防未成年人犯罪法》（2020年12月26日）

第二十二条 教育行政部门、学校应当通过举办讲座、座谈、培训等活动，介绍科学合理的教育方法，指导教职员工、未成年学生的父母或者其他监护人有效预防未成年人犯罪。

学校应当将预防犯罪教育计划告知未成年学生的父母或者其他监护人。未成年学生的父母或者其他监护人应当配合学校对未成年学生进行有针对性的预防犯罪教育。

典型案例

1. 刘某诉陈某等身体权纠纷案[1]

◎ 基本案情

刘某（时年16岁）与陈某（时年17岁）均系某中学学生。2013年6月5日上午8时许，刘某与陈某在该校教室内嬉闹玩耍。其间，刘某站在讲台桌附近，四处张望，未注意到陈某撞袭。被撞后，刘某身体向后倾倒，后腰撞击讲台桌角致伤，当日中午，被家长送往医院治疗。伤经鉴定为八级伤残。刘某的父亲邹某与陈某的父亲陈某某在某中学的主持下签订《协议书》一份，约定陈某家长一次性支付刘某家长医药费17000元，双方家长不再互相追究其他责任，并已实际支付。2013年9月26日，刘某诉至福建省泉州市泉港区人民法院，要求各被告共同承担损害赔偿责任，后补充要求撤销该协议。

◎ 裁判结果

人民法院经审理认为，该协议内容显失公平，原告请求撤销，于法有据。陈某对事故的发生存在主要过错，应承担主要责任。陈某某、沈某系陈某的父母即监护人，依法应承担本应由陈某承担的侵权行为致人损害的民事赔偿责任。刘某安全意识淡薄，疏忽大意，对事故发生具有一定过错，应承担次要责任。该起事故发生于校园内及正常工作时间，刘某和陈某均系未成年学生，某中学对其校园内的活动存在教育、管理疏漏，对事故的发生也具有一定过错，亦应承担次要责任。陈某某、沈某与某中学分别承担70%和15%的赔偿责任，原告自负15%的责任。根据案件实际，判决撤销协议书，陈某某、沈某与某中学分别赔偿刘某损失人民币126681.32元和30917.43元。

---

[1]《最高人民法院2014年11月24日发布未成年人审判工作典型案例98例》，载最高人民法院网站，https://www.court.gov.cn/zixun/xiangqing/13447.html，2024年1月27日访问。

◎ 案例评析

本案是一起典型的限制民事行为能力的未成年学生校园伤害事故，涉及受害方、致害方与学校的责任认定。未成年学生，具有一定的辨别和认知能力，对危险行为也有一定认识。玩耍中刘某受到的伤害确系陈某的撞击行为所致，故陈某对事故发生负有主要过错，其监护人应承担主要责任。刘某本应预见该项危险活动可能伤害自身或他人，其疏忽大意的主观状态应受批评，负次要责任。某中学未及时发现学生进行危险活动，并施予必要管理和制止，未尽到足够谨慎的安全注意义务，存在过错，也应承担相应责任。

2. 罗某、刘某诉罗某某、刘某某生命权、健康权、身体权纠纷案[①]

◎ 基本案情

2010年春节后，被告刘某某非法持有一把以火药为发射动力的自制火药手枪及子弹4发，并将其中1发子弹装进枪膛内。2010年7月13日，被告刘某某将该手枪及子弹存放在其租住房屋的床头柜内。7月16日上午，被告刘某某的表弟罗某某带朋友林某某（两人均为在校学生）至刘某某租住处玩。当日9时30分许，罗某某将床头柜内的手枪拿出来，误认为枪内没有子弹，拿枪朝受害人林某某头部扣动扳机两下。在其第二次扣动扳机后，枪内子弹击中林某某头部。随后，罗某某打"120"急救电话将林某某送至医院抢救。经过5个多月的治疗，受害人林某某因头部枪击伤，心肺功能衰竭死亡。受害人林某某在医院住院治疗期间共花费医药费296346.7元，此间罗某某亲属支付238300元赔偿款。

◎ 裁判结果

人民法院经审理认为，两被告的侵权行为造成受害人林某某死亡的后果。被告罗某某的法定代理人罗某1、刘某2对赔偿款承担侵权赔偿责任，被告刘某某对赔偿款承担连带赔偿责任。

---

① 《最高人民法院2014年11月24日发布未成年人审判工作典型案例98例》，载最高人民法院网，https://www.court.gov.cn/zixun/xiangqing/13447.html，2024年1月27日访问。

◎ **案例评析**

这是一起使用高度危险物枪支，造成他人死亡的伤害案件。被告罗某某使用属于高度危险物的枪支，造成林某某死亡，应对林某某死亡所造成的损害后果承担侵权赔偿责任。被告刘某某明知枪支系高度危险物，足以导致人身伤亡，但其仍然非法持有，该枪支导致了林某某死亡，亦应对林某某死亡所造成的损害后果承担侵权赔偿责任。被告罗某某使用枪支的行为，与被告刘某某非法持有枪支的行为不存在共同的意识联络，但两被告的行为相互结合，造成林某某死亡事实的发生，属损害结果同一不可分割的侵权行为，两被告应对林某某死亡的损害后果承担连带赔偿责任。

3. 陈某某、王某某等机动车交通事故责任纠纷案[①]

◎ **基本案情**

2022年3月4日14时许，陈某驾驶电动自行车沿某路由南向北行驶至事故地点，与前方顺行的王某1驾驶的自行车发生道路交通事故，造成两车部分损坏，致陈某、王某1受伤。事故发生后，新泰市交通警察大队作出道路交通事故认定书，认定陈某承担事故全部责任，王某1无责任。事故发生后，王某1到某医院住院治疗9日，共计支出医疗费5653.78元。本案诉前调解阶段，经三被告申请，双方共同委托鉴定，某司法鉴定所作出司法鉴定意见书，鉴定意见为：被鉴定人王某1护理期评定为45日，护理人数建议1人，营养期评定为45日为宜。陈某某、陈某、王某某为本次鉴定支出鉴定费780元。王某1、陈某某、陈某、王某某对本次鉴定结论无异议。另查明，陈某事故发生时未年满18周岁，陈某某系陈某父亲、王某某系陈某母亲，至原告起诉时，陈某无个人财产、无独立经济收入。

◎ **裁判结果**

人民法院经审理认为，第一，陈某某、王某某作为本案被告是否恰

[①]（2023）鲁09民终464号，载中国裁判文书网。

当。《民法典》第1068条规定："……未成年子女造成他人损害的，父母应当依法承担民事责任"；第1188条规定："无民事行为能力人、限制民事行为能力人造成他人损害的，由监护人承担侵权责任……有财产的无民事行为能力人、限制民事行为能力人造成他人损害的，从本人财产中支付赔偿费用；不足部分，由监护人赔偿"。涉案事故发生时陈某未满18周岁，二审中两上诉人亦认可陈某无个人财产。根据前述规定，两上诉人作为陈某的父母及监护人，应依法承担相应侵权责任。

4. 李某、王某某等机动车交通事故责任纠纷案[1]

◎ **基本案情**

2020年4月14日20时39分许，李某某未取得机动车驾驶证驾驶未依法登记的二轮摩托车驮带李某1，在二轮摩托车禁止通行的区域内，沿某路由北向南方向第一条机动车道行驶至某小区门前向东左转弯时，遇王某某驾驶的电动自行车，沿天山南路由南向北方向因机非混行车道被占用而借用第一条机动车道行驶至此，李某某车辆前部右侧与王某某车辆前部左侧接触，造成王某某、李某某受伤及两车损坏的交通事故。经交通管理部门认定：李某某承担事故全部责任；王某某不承担事故责任；李某1不承担事故责任。事故发生后，王某某前往某医院治疗，其伤情被诊断为：踝关节骨折（右）。其前期医疗费已经另一民事判决书确认。后王某某因需再次前往某医院等医疗机构治疗并于某医院住院治疗共计11天，本次治疗所产生的医疗费总额为106777.81元。

另查明，李某某在涉案交通事故发生时尚未年满18周岁，本案诉讼时李某某已年满18周岁。诉讼中，李某某、李某、朱某均未提供李某某有经济能力的相关证据。

二审经审理查明的其他事实与一审法院查明的事实一致，本院对一审查明的事实予以确认。

---

[1] （2022）津03民终7119号，载中国裁判文书网。

◎ 裁判结果

人民法院经审理认为，本案的争议焦点在于李某应否承担赔偿义务。李某对王某某因事故受损并产生案涉各项费用并无异议，仅主张李某某在本案诉讼中已年满18周岁，应独立承担赔偿责任。但案涉侵权行为发生时李某某未成年，王某某因该侵权行为而产生本案诉争事项，现李某某虽已成年，但无独立经济能力，亦无经济赔偿能力，一审法院认定由李某某原法定监护人李某、朱某对李某某的侵权行为造成损失承担赔偿责任，并无不当，本院依法予以维持。

5. 张某1与孟某等侵权责任纠纷案①

◎ 基本案情

2021年9月12日下午，张某1、孟某1、张某3在一起玩，张某1奶奶和张某3母亲在场陪同，孟某1无家长陪同。一段时间后，两大人随三个孩子一起来到一圆形公园，三个孩子开始玩砖头游戏。张某3在圆外找砖头，孟某1和张某1在圆内，玩耍过程中孟某1不慎致张某1右手中指受伤。张某1奶奶、张某3母亲均未看到张某1手指具体如何受伤。随后，张某3母亲陪同张某1奶奶等人一起到医院就医，后张某1陆续到某1医院、某2医院等处多次就医。其中，2021年9月12日至9月18日，张某1在某1医院住院治疗，花费医疗费等相关费用。某1医院出具的出院诊断证明记载：出院诊断为右手中指末节不全离断伤、右手中指指甲床破裂、右手中指末节指骨开放骨折伴缺损、右手中指尺侧指动脉、指神经断裂；损伤原因，两小孩玩耍时被另一小孩用砖块砸伤。因就相关损失协商未果，原告诉至本院。

◎ 裁判结果

法院经审理认为，不满8周岁的未成年人为无民事行为能力人；无民事行为能力人、限制民事行为能力人造成他人损害的，由监护人承担侵权责任；监护人尽到监护职责的，可以减轻其侵权责任；有财产的无民事行

---

① （2022）京0116民初1547号，载中国裁判文书网。

为能力人、限制民事行为能力人造成他人损害的，从本人财产中支付赔偿费用，不足部分，由监护人赔偿；被侵权人对同一损害的发生或者扩大有过错的，可以减轻侵权人的责任。本案中，张某1、孟某1、张某3均系无民事行为能力人。孟某1致张某1手指受伤，孟某1的监护人孟某2、李某应对张某1的损害承担侵权赔偿责任。虽事发时张某1有家长在场陪同，但在不足8周岁的孩子们玩砖头有关的具有一定危险性游戏时，家长未注意到可能存在的风险，未及时观察玩耍情况，对于损害的发生亦存在一定过错，应减轻侵权人的责任，具体比例本院结合本案实际情况酌情确定。张某3非直接侵权人，不承担相关责任，张某3家长垫付的相关费用可与原告方另行解决。需要指出的是：三个孩子年龄均较小，平时经常一起玩耍，是好朋友好伙伴，事发过程突然，对此事的发生，涉事家长均不宜将其扩大化，今后注意吸取此事教训；张某3家长在出事后第一时间陪同就医并垫付费用，本院对此予以肯定。关于原告主张的各项费用：医疗费18934元，有相应证据，予以支持；营养费600元、交通费500元，予以支持；要求的护理费12000元过高，本院结合张某1年龄、伤情、就医等因素酌情支持8580元。上述费用共计28614元，由孟某1、孟某2、李某承担20029.8元。

第七条　未成年子女造成他人损害，父母依法承担民事责任

> 未成年子女造成他人损害，被侵权人请求父母共同承担侵权责任的，人民法院依照民法典第二十七条第一款、第一千零六十八条以及第一千一百八十八条的规定予以支持。

❋ 要点提示

父母双方共同行使亲权，是现代亲权制度的基本原则，这是男女平等精神的体现。具体至我国，体现为父母双方都是未成年子女的法定监护人，对子女有监护职责。监护职责要求父母应对未成年子女进行教育，预防和制止其对他人造成侵害，因此在未成年子女对他人造成损害时，父母有依法承担民事责任的义务。

✹ 关联规定

1.《宪法》（2018年3月11日）

第四十九条 婚姻、家庭、母亲和儿童受国家的保护。

夫妻双方有实行计划生育的义务。

父母有抚养教育未成年子女的义务，成年子女有赡养扶助父母的义务。

禁止破坏婚姻自由，禁止虐待老人、妇女和儿童。

2.《民法典》（2020年5月28日）

第二十六条 父母对未成年子女负有抚养、教育和保护的义务。

成年子女对父母负有赡养、扶助和保护的义务。

第三十四条 监护人的职责是代理被监护人实施民事法律行为，保护被监护人的人身权利、财产权利以及其他合法权益等。

监护人依法履行监护职责产生的权利，受法律保护。

监护人不履行监护职责或者侵害被监护人合法权益的，应当承担法律责任。

因发生突发事件等紧急情况，监护人暂时无法履行监护职责，被监护人的生活处于无人照料状态的，被监护人住所地的居民委员会、村民委员会或者民政部门应当为被监护人安排必要的临时生活照料措施。

第一千零六十八条 父母有教育、保护未成年子女的权利和义务。未成年子女造成他人损害的，父母应当依法承担民事责任。

第一千一百八十八条 无民事行为能力人、限制民事行为能力人造成他人损害的，由监护人承担侵权责任。监护人尽到监护职责的，可以减轻其侵权责任。

有财产的无民事行为能力人、限制民事行为能力人造成他人损害的，从本人财产中支付赔偿费用；不足部分，由监护人赔偿。

3.《妇女权益保障法》（2022年10月30日）

第七十条 父母双方对未成年子女享有平等的监护权。

父亲死亡、无监护能力或者有其他情形不能担任未成年子女的监护人的，母亲的监护权任何组织和个人不得干涉。

4.《家庭教育促进法》（2021年10月23日）

第四条　未成年人的父母或者其他监护人负责实施家庭教育。

国家和社会为家庭教育提供指导、支持和服务。

国家工作人员应当带头树立良好家风，履行家庭教育责任。

第十四条　父母或者其他监护人应当树立家庭是第一个课堂、家长是第一任老师的责任意识，承担对未成年人实施家庭教育的主体责任，用正确思想、方法和行为教育未成年人养成良好思想、品行和习惯。

共同生活的具有完全民事行为能力的其他家庭成员应当协助和配合未成年人的父母或者其他监护人实施家庭教育。

5.《教育法》（2021年4月29日）

第五十条　未成年人的父母或者其他监护人应当为其未成年子女或者其他被监护人受教育提供必要条件。

未成年人的父母或者其他监护人应当配合学校及其他教育机构，对其未成年子女或者其他被监护人进行教育。

学校、教师可以对学生家长提供家庭教育指导。

6.《预防未成年人犯罪法》（2020年12月26日）

第十六条　未成年人的父母或者其他监护人对未成年人的预防犯罪教育负有直接责任，应当依法履行监护职责，树立优良家风，培养未成年人良好品行；发现未成年人心理或者行为异常的，应当及时了解情况并进行教育、引导和劝诫，不得拒绝或者怠于履行监护职责。

第二十九条　未成年人的父母或者其他监护人发现未成年人有不良行为的，应当及时制止并加强管教。

7. 《未成年人保护法》（2024 年 4 月 26 日）

第七条　未成年人的父母或者其他监护人依法对未成年人承担监护职责。

国家采取措施指导、支持、帮助和监督未成年人的父母或者其他监护人履行监护职责。

第十五条　未成年人的父母或者其他监护人应当学习家庭教育知识，接受家庭教育指导，创造良好、和睦、文明的家庭环境。

共同生活的其他成年家庭成员应当协助未成年人的父母或者其他监护人抚养、教育和保护未成年人。

第十六条　未成年人的父母或者其他监护人应当履行下列监护职责：

（一）为未成年人提供生活、健康、安全等方面的保障；

（二）关注未成年人的生理、心理状况和情感需求；

（三）教育和引导未成年人遵纪守法、勤俭节约，养成良好的思想品德和行为习惯；

（四）对未成年人进行安全教育，提高未成年人的自我保护意识和能力；

（五）尊重未成年人受教育的权利，保障适龄未成年人依法接受并完成义务教育；

（六）保障未成年人休息、娱乐和体育锻炼的时间，引导未成年人进行有益身心健康的活动；

（七）妥善管理和保护未成年人的财产；

（八）依法代理未成年人实施民事法律行为；

（九）预防和制止未成年人的不良行为和违法犯罪行为，并进行合理管教；

（十）其他应当履行的监护职责。

第十七条　未成年人的父母或者其他监护人不得实施下列行为：

（一）虐待、遗弃、非法送养未成年人或者对未成年人实施家庭暴力；

（二）放任、教唆或者利用未成年人实施违法犯罪行为；

（三）放任、唆使未成年人参与邪教、迷信活动或者接受恐怖主义、分裂主义、极端主义等侵害；

（四）放任、唆使未成年人吸烟（含电子烟，下同）、饮酒、赌博、流浪乞讨或者欺凌他人；

（五）放任或者迫使应当接受义务教育的未成年人失学、辍学；

（六）放任未成年人沉迷网络，接触危害或者可能影响其身心健康的图书、报刊、电影、广播电视节目、音像制品、电子出版物和网络信息等；

（七）放任未成年人进入营业性娱乐场所、酒吧、互联网上网服务营业场所等不适宜未成年人活动的场所；

（八）允许或者迫使未成年人从事国家规定以外的劳动；

（九）允许、迫使未成年人结婚或者为未成年人订立婚约；

（十）违法处分、侵吞未成年人的财产或者利用未成年人牟取不正当利益；

（十一）其他侵犯未成年人身心健康、财产权益或者不依法履行未成年人保护义务的行为。

典型案例

1. 刘某、史某等健康权纠纷案[1]

◎ 基本案情

原告刘某与被告史某系同班同学，共同就读于某中学×年级×班。2020年11月13日下午放学后，史某邀约刘某一起外出玩耍，然后由王某（史某母亲）驾车将刘某与史某送至某广场二楼的儿童游乐场，二人在该游乐场玩耍过程中，史某将刘某推倒摔伤。伤后，刘某入滕州市中心人民医院住院治疗。原告请求判令被告史某、史某某（史某之父）、王某赔偿医疗费、护理费、住院伙食补助费、残疾赔偿金、精神损害抚慰金、鉴定费、营养费、配置残疾辅助器具费、误学损失、交通费。

---

[1] （2023）鲁0481民初6512号，载中国裁判文书网。

◎ 裁判要点

人民法院经审理认为，根据《民法典》第1188条第1款规定，无民事行为能力人、限制民事行为能力人造成他人损害的，由监护人承担侵权责任。第27条第1款规定，父母是未成年子女的监护人。第1068条规定，父母有教育、保护未成年子女的权利和义务。未成年子女造成他人损害的，父母应当依法承担民事责任。被告史某系未成年人，被告史某某、王某系史某的监护人，史某侵害他人造成损害，其监护人史某某、王某应承担赔偿责任。《民法典》第1179条规定，侵害他人造成人身损害的，应当赔偿医疗费、护理费、交通费、营养费、住院伙食补助费等为治疗和康复支出的合理费用以及因误工减少的收入。本案中，史某、刘某二人均为未成年人，其二人的监护人均未尽到监护责任，在游乐场玩耍过程中，史某的行为致刘某受伤，原告刘某应承担一定的责任，被告史某应负主要责任，应赔偿原告刘某80%的各项损失。

2. 卜某、米某等机动车交通事故责任纠纷案[①]

◎ 基本案情

2021年8月30日，被告米某驾驶无牌二轮电动自行车由东向西行驶，17时37分许，行驶至某路路段时，因其操作不当，车辆失控，与前方同向行驶的原告卜某驾驶的二轮电动车发生碰撞，二轮电动车失控后又与前方行人田某发生碰撞，致两车受损，三人不同程度受伤，造成交通事故。事故发生当日原告被送往治疗。2021年9月28日，交通警察大队作出道路交通事故认定书，认定此次事故由被告米某承担全部责任，卜某、田某无责任。事故发生时，被告米某14岁，其驾驶的电动自行车未投购保险。之后原告向法院提出请求判令被告赔偿原告医疗费、住院伙食补助费、购买气床、拐杖、病历复印费、残疾赔偿金、精神损害抚慰金、鉴定费、照相费、误工费、营养费、护理费等共计221588.09元；增加请求被告赔偿原告2022年第三季度7月至9月，应发奖励工资5544元的诉讼请求。

[①] （2023）陕0826民初395号，载中国裁判文书网。

◎ **裁判要点**

人民法院经审理认为,《民法典》第1165条第1款规定,行为人因过错侵害他人民事权益造成损害的,应当承担侵权责任。本次交通事故中,被告米某驾驶电动自行车与原告卜某驾驶的两轮电动车发生交通事故致原告受伤,且承担全部责任,被告米某应当承担侵权责任和民事赔偿责任。但因被告米某系未成年人,被告米某某、雷某系其父母,根据《民法典》第27条第1款规定,父母是未成年子女的监护人。第1188条第1款规定,无民事行为能力人、限制民事行为能力人造成他人损害的,由监护人承担侵权责任。监护人尽到监护职责的,可以减轻其侵权责任。故该侵权责任应当由被告米某的父母被告米某某、雷某承担。发生交通事故时,被告米某未满16周岁,被告米某某、雷某让其骑电动自行车,可认定未尽到监护职责。因此,原告请求被告米某某、雷某在责任范围赔偿损失,本院予以支持。

3. 刘某某、陈某等财产损害赔偿纠纷案[①]

◎ **基本案情**

2021年9月10日1时许,被告李某1伙同李某某到原告刘某某的工地盗窃,共窃得两个智能大型千斤顶。在2021年9月10日12时许,两人将盗窃的两个智能大型千斤顶拉去某收废站卖,收取某收废站支付现金473元。2021年9月10日13时,被告李某2、陈某、黄某和倪某某四人到原告刘某某的工地盗窃,共窃得两个智能大型千斤顶和一些建筑材料。在四人返程途中,被村民发现并当场抓获。随后,四人供出被告李某1伙同李某某于2021年9月10日1时盗窃原告刘某某两个智能大型千斤顶的事实。最终,被告李某1和李某某将盗窃的已卖给某收废站的两个智能大型千斤顶赎回并拉回给原告刘某某。后来,原告刘某某发现被告李某1和李某某赎回并返还的两个智能大型千斤顶已损坏,无法使用。原告刘某某联系厂家对已损坏的千斤顶进行维修,共花费维修费用13500元。

---

① (2021)粤0902民初9475号,中国裁判文书网。

◎ **裁判要点**

人民法院经审理认为，本案民事责任承担主体是被告李某1和李某某。二人共同合作实施侵权行为，应该对原告刘某某的损害承担连带责任。鉴于原告刘某某不对李某某提起诉讼的情况，为减轻当事人诉累，法院将被告李某1和李某某内部责任划分为：每人承担50%责任。因此，被告李某1要承担支付原告刘某某财产损失6750元（13500元×50%＝6750元）的责任。

尽管被告李某1系限制民事行为能力人，法律规定可从其本人财产支付赔偿费用，根据未成年人的经济能力随着时间推进而发展的正常规律，未成年人在具备创造财产能力后亦应依法承担其赔偿责任的义务，即被告李某1承担本案赔偿责任也符合责任自负的侵权责任法原理，同时也有利于最大程度弥补原告刘某某的损失，并通过赔偿责任的承担来增强被告李某1的已渐淡薄的责任意识。被告李某3和被告陈某1系被告李某1的父母，根据《民法典》第27条"父母是未成年子女的监护人"之规定，被告李某3和被告陈某1亦作为被告李某1的监护人在本案中未举证证明其尽到了监护责任，故应在被告李某1财产不足赔偿的部分共同承担赔偿责任。

第八条　离异父母对未成年子女的监护义务

夫妻离婚后，未成年子女造成他人损害，被侵权人请求离异夫妻共同承担侵权责任的，人民法院依照民法典第一千零六十八条、第一千零八十四条以及第一千一百八十八条的规定予以支持。一方以未与该子女共同生活为由主张不承担或者少承担责任的，人民法院不予支持。

离异夫妻之间的责任份额，可以由双方协议确定；协议不成的，人民法院可以根据双方履行监护职责的约定和实际履行情况等确定。实际承担责任超过自己责任份额的一方向另一方追偿的，人民法院应予支持。

❖ 要点提示

对未成年子女的监护义务是父母双方的法定义务，并不会因婚姻关系的解除而终止。未成年子女致他人损害的，监护人承担替代责任。如果父母一方因不与未成年子女共同生活就可免于承担子女的侵权责任，无异于是对父母履行监护职责、与子女交往的负面激励，不利于增进亲情。当然，在父母内部的责任划分上，需要考虑双方对子女实施管教的不同情况。所以，父母离婚不应影响双方就未成年子女侵权行为的替代责任承担。当然，与子女共同生活的一方对子女的教育义务更大，可以根据各自履行监护职责的情况考虑确定。

❖ 关联规定

1.《宪法》（2018年3月11日）

第四十九条 婚姻、家庭、母亲和儿童受国家的保护。

夫妻双方有实行计划生育的义务。

父母有抚养教育未成年子女的义务，成年子女有赡养扶助父母的义务。

禁止破坏婚姻自由，禁止虐待老人、妇女和儿童。

2.《民法典》（2020年5月28日）

第二十六条 父母对未成年子女负有抚养、教育和保护的义务。

成年子女对父母负有赡养、扶助和保护的义务。

第三十四条 监护人的职责是代理被监护人实施民事法律行为，保护被监护人的人身权利、财产权利以及其他合法权益等。

监护人依法履行监护职责产生的权利，受法律保护。

监护人不履行监护职责或者侵害被监护人合法权益的，应当承担法律责任。

因发生突发事件等紧急情况，监护人暂时无法履行监护职责，被监护人的生活处于无人照料状态的，被监护人住所地的居民委员会、村民委员会或者民政部门应当为被监护人安排必要的临时生活照料措施。

第一千零六十八条 父母有教育、保护未成年子女的权利和义务。未成年子女造成他人损害的，父母应当依法承担民事责任。

第一千零八十四条 父母与子女间的关系，不因父母离婚而消除。离婚后，子女无论由父或者母直接抚养，仍是父母双方的子女。

离婚后，父母对于子女仍有抚养、教育、保护的权利和义务。

离婚后，不满两周岁的子女，以由母亲直接抚养为原则。已满两周岁的子女，父母双方对抚养问题协议不成的，由人民法院根据双方的具体情况，按照最有利于未成年子女的原则判决。子女已满八周岁的，应当尊重其真实意愿。

第一千一百八十八条 无民事行为能力人、限制民事行为能力人造成他人损害的，由监护人承担侵权责任。监护人尽到监护职责的，可以减轻其侵权责任。

有财产的无民事行为能力人、限制民事行为能力人造成他人损害的，从本人财产中支付赔偿费用；不足部分，由监护人赔偿。

3.《家庭教育促进法》（2021年10月23日）

第二十条 未成年人的父母分居或者离异的，应当相互配合履行家庭教育责任，任何一方不得拒绝或者怠于履行；除法律另有规定外，不得阻碍另一方实施家庭教育。

4.《未成年人保护法》（2024年4月26日）

第二十四条 未成年人的父母离婚时，应当妥善处理未成年子女的抚养、教育、探望、财产等事宜，听取有表达意愿能力未成年人的意见。不得以抢夺、藏匿未成年子女等方式争夺抚养权。

未成年人的父母离婚后，不直接抚养未成年子女的一方应当依照协议、人民法院判决或者调解确定的时间和方式，在不影响未成年人学习、生活的情况下探望未成年子女，直接抚养的一方应当配合，但被人民法院依法中止探望权的除外。

5.《最高人民法院关于审理人身损害赔偿案件适用法律若干问题的解释》
(2022年4月24日)

第二条 赔偿权利人起诉部分共同侵权人的，人民法院应当追加其他共同侵权人作为共同被告。赔偿权利人在诉讼中放弃对部分共同侵权人的诉讼请求的，其他共同侵权人对被放弃诉讼请求的被告应当承担的赔偿份额不承担连带责任。责任范围难以确定的，推定各共同侵权人承担同等责任。

人民法院应当将放弃诉讼请求的法律后果告知赔偿权利人，并将放弃诉讼请求的情况在法律文书中叙明。

❖ 典型案例

1. 刘某、曹某生命权、健康权、身体权纠纷案[①]

◎ **基本案情**

原告刘某与被告曹某系同班同学。2020年10月16日6时50分左右，在某广场前，齐某因为琐事指使赵某1、赵某2、朱某、刘某2、刘某、方某，结伙殴打曹某，后曹某使用壁纸刀将刘某脸划伤。原告刘某受伤后在医院接受治疗。经司法鉴定，刘某身体致残程度为十级。原告为此次鉴定花费鉴定费800元。

◎ **裁判要点**

人民法院经审理认为，公民依法享有生命健康权，行为人因过错侵害他人民事权益，应当承担侵权责任，原告要求被告承担赔偿责任的请求予以支持。被侵权人对同一损害的发生或者扩大有过错的，可以减轻侵权人的责任。本案原告刘某受他人指使殴打被告曹某，导致损害的发生，故原告对其损害的发生也有过错，对其经济损失亦应承担同等的责任。

原告各项合理损失共计77529元，由被告曹某赔偿50%，即人民币38764.50元。《民法典》第27条规定，父母是未成年子女的监护人。曹某

[①] （2021）辽1481民初1155号，载中国裁判文书网。

父母离婚，由母亲抚养。第 1084 条规定，父母与子女间的关系，不因父母离婚而消除。离婚后，子女无论由父或者母直接抚养，仍是父母双方的子女。离婚后，父母对于子女仍有抚养、教育、保护的权利和义务。第 1188 条规定，无民事行为能力人、限制民事行为能力人造成他人损害的，由监护人承担侵权责任。本案被告曹某系限制民事行为能力人，故应由其父母承担侵权责任。

2. 付某某、陈某某等机动车交通事故责任纠纷案[①]

◎ 基本案情

2021 年 5 月 28 日 16 时 20 分许，蔡某 1 驾驶无号牌电动两轮轻便摩托车（载曹某某）与陈某某驾驶的自行车发生碰撞，造成陈某某、蔡某 1、曹某某受伤及两车受损的道路交通事故，事故发生后，陈某某被送往医院治疗。2021 年 6 月 1 日，陈某某因救治无效死亡。该事故经交通管理大队道路交通事故认定书认定，蔡某 1 承担事故的全部责任，曹某某、陈某某无事故责任。付某某（陈某某之妻）、陈某 1、陈某 2（付某某与陈某某所生育长子、次子）三原告向法院请求蔡某 1、蔡某 2、穆某某、曹某、李某某赔偿原告医疗费、精神抚慰金、丧葬费、死亡赔偿金。

◎ 裁判要点

人民法院经审理认为，因蔡某 1 系限制民事行为能力人，不能驾驶机动车上道路行驶。蔡某 2、穆某某系蔡某 1 的父母，蔡某 2 和穆某某于 2018 年 6 月 27 日办理离婚登记，蔡某 1 由蔡某 2 抚养。但双方均系蔡某 1 监护人，对蔡某 1 未尽到监护职责，故蔡某 2、穆某某应承担赔偿责任。曹某、李某某作为曹某某的父、母，系其监护人，明知曹某某系未成年人，不能驾驶机动车，而将电动两轮轻便摩托车交由曹某某使用，对曹某某未尽到监护职责，对车辆未尽到妥善管理义务，导致曹某某将该车交由没有驾驶资格的蔡某 1 驾驶，对本次事故的发生具有一定的过错，同时未

[①] （2021）皖 0621 民初 4538 号，载中国裁判文书网。

对该机动车投保交强险，本院酌定曹某、李某某在蔡某2、穆某某应承担的责任范围内承担20%的赔偿责任。

3. 罗某与罗某1、罗某2生命权、健康权、身体权纠纷案[①]

◎ **基本案情**

被告罗某1因琐事在某奶茶店门前持管制刀具将原告捅伤，导致原告受伤住院治疗共29天。经鉴定，原告罗某所受损失为重伤二级。后于2019年7月15日被告罗某1到公安机关投案。人民法院作出刑事判决：被告人罗某1犯故意伤害罪，判处有期徒刑二年。2019年12月9日，某司法鉴定中心分别对原告的伤残程度、误工期、护理期及营养期进行鉴定，原告因本次损伤致残程度分别评定为：胃修补构成十级残疾、肠修补构成十级残疾、脾修补构成十级残疾、胰修补构成十级残疾、肾修补构成十级伤残；误工期、护理期及营养期分别是180日、60日、120日。原告认为，其遭受损失系被告罗某1的侵权行为所导致，被告应承担相应的民事赔偿责任。被告罗某2、覃某作为被告罗某1监护人没有尽到监护责任，依法应当承担连带赔偿责任。原告受伤至今，被告虽承担了部分医疗费用，但大部分赔偿义务仍未履行，原告为维护自身合法权益，遂诉至法院。

经查明，被告罗某2、覃某二人没有办理结婚登记，被告罗某1系二被告未婚生子，二人现已分开，被告罗某1随被告罗某2生活，由罗某2抚养；被告罗某1的法定代理人在原告住院治疗期间支付了46688.05元治疗费以及3000元生活费，其中被告覃某支付了30000元。

◎ **裁判要点**

人民法院经审理认为，公民享有生命健康权。行为人因过错侵害他人民事权益，应当承担侵权责任。本案中，被告罗某1未能冷静、正确处理与原告的矛盾，故意伤害原告身体，造成原告多处十级伤残，对原告造成

---

① （2020）桂0223民初307号，载中国裁判文书网。

的人身损害,被告罗某1应该承担赔偿责任。因被告罗某1系限制民事行为能力人,无民事行为能力人或限制民事行为能力人造成他人人身损害的,由其监护人承担侵权责任。有财产的无民事行为能力人、限制民事行为能力人造成他人损害的,从本人财产中支付赔偿费用。不足部分,由监护人赔偿。本案,无证据证明被告罗某1有财产可支付赔偿,故应由被告罗某1的监护人承担赔偿义务。根据《最高人民法院关于贯彻执行〈中华人民共和国民法通则〉若干问题的意见(试行)》第158条的规定,夫妻离异后,未成年子女侵害他人权益的,同该子女共同生活的一方应当承担民事责任;如果独立承担民事责任确有困难的,可以责令未与该子女共同生活的一方共同承担民事责任。被告罗某2、覃某系罗某1亲生父母,二人未办理结婚登记且现已分开,被告罗某1跟随父亲罗某2生活,因此原告因本次损害主张的损害赔偿应由被告罗某2承担,且被告覃某在原告住院期间已支付了部分治疗费,因此本案被告覃某不需要再承担赔偿。扣除在原告治疗期间支付的3000元生活费,被告罗某2应当赔偿给原告的各项损失为97255.8元。

4. 宋某与于某、王某某生命权、健康权、身体权纠纷案[①]

◎ **基本案情**

2017年5月19日6时30分许,于某驾驶自行车自北向南行驶至某交叉路口北50米左右公交车站牌处时碰撞行人宋某,造成宋某受伤。经公安交警部门认定及复核,均认定于某承担该交通事故的全部责任,宋某无责任。

◎ **裁判要点**

人民法院经审理认为,对于原告宋某在此次交通事故中所造成的各项损失,被告于某应该承担全部民事赔偿责任;但于某作为限制民事行为能力人,根据被告提供的现有证据,于某本人并无财产可供支付赔偿费用,

---

① (2017)豫1302民初3051号,载中国裁判文书网。

因此，于某作为限制民事行为能力人造成他人损害的，应由其监护人承担民事责任，于某在父母离异后随其父于某1生活，在法院调解过程中，被告方均提出家中经济困难，收入较低，根据《最高人民法院关于贯彻执行〈中华人民共和国民法通则〉若干问题的意见（试行）》第158条的规定，夫妻离婚后，未成年子女侵害他人权益的，同该子女共同生活的一方应当承担民事责任；如果独立承担民事责任确有困难的，可以责令未与该子女共同生活的一方共同承担民事责任。本案中，原告的损失应由于某的父母共同承担民事赔偿责任。

第九条　未成年子女的继父母侵权责任的承担

未成年子女造成他人损害的，依照民法典第一千零七十二条第二款的规定，未与该子女形成抚养教育关系的继父或者继母不承担监护人的侵权责任，由该子女的生父母依照本解释第八条的规定承担侵权责任。

❖ 要点提示

未成年子女与继父母间的抚养教育关系，是指继父母为未成年子女的生活和教育，提供物质上的支持和精神上的教育。认定是否形成抚养教育关系，通常需要考察以下要素：第一，在经济上，继父母是否承担了相应的抚养和教育费用；第二，继父母与继子女是否存在共同生活的事实；第三，继父母与继子女的主观意愿。上述要素并非具有绝对性，判断时需要综合考量这些要素进行动态判断。继父母和继子女的抚养教育关系的认定关系到遗产继承、赡养义务、侵权责任认定等法律关系的确定。

❖ 关联规定

1.《民法典》（2020年5月28日）

第一千零七十二条　继父母与继子女间，不得虐待或者歧视。

继父或者继母和受其抚养教育的继子女间的权利义务关系，适用本法关于父母子女关系的规定。

2.《最高人民法院关于适用〈中华人民共和国民法典〉婚姻家庭编的解释（一）》（2020年12月29日）

第五十四条　生父与继母离婚或者生母与继父离婚时，对曾受其抚养教育的继子女，继父或者继母不同意继续抚养的，仍应由生父或者生母抚养。

❈ 典型案例

卢某某、卢某1等与夏某等生命权、健康权、身体权纠纷案[①]

◎ 基本案情

2019年7月11日19时35分许，被告夏某驾驶被告夏某某所有的电动自行车与前方同向步行的凌某某发生碰撞，造成凌某某死亡，卢某某为凌某某丈夫，卢某1为凌某某之子。经某市公安局认定，被告夏某承担事故全部责任，凌某某无责任。经查，被告夏某系未成年人。三原告为维护自身的合法权益，就造成的损失特向法院提起诉讼。

◎ 裁判要点

人民法院经审理认为，被告夏某在事故发生时系限制民事行为能力人，故对三原告造成的损失，应由其监护人即被告王某承担民事责任。鉴于被告夏某目前已年满16周岁，若其有财产的，从本人财产中支付赔偿费用，没有财产的，由被告王某予以赔偿。本案的争议焦点在于：被告李某某作为被告夏某的继父，是否应作为监护人承担赔偿责任。法院认为，夏某父母离婚后夏某由其父亲夏某1负责抚养，父亲去世后夏某与其爷爷夏某2一起生活至今，偶尔去其母亲王某处居住。被告夏某未长期居住在王某与李某某家中，被告李某某未给予夏某生活或学习上的照料，偶尔的

[①] （2020）浙0481民初3167号，载中国裁判文书网。

零花钱也是王某给予，李某某未向夏某支出生活或教育上的费用，不能证明被告李某某与夏某形成了抚养与被抚养的关系。被告李某某无须作为监护人承担赔偿责任。

第十条　委托监护关系中的侵权责任承担

无民事行为能力人、限制民事行为能力人造成他人损害，被侵权人合并请求监护人和受托履行监护职责的人承担侵权责任的，依照民法典第一千一百八十九条的规定，监护人承担侵权人应承担的全部责任；受托人在过错范围内与监护人共同承担责任，但责任主体实际支付的赔偿费用总和不应超出被侵权人应受偿的损失数额。

监护人承担责任后向受托人追偿的，人民法院可以参照民法典第九百二十九条的规定处理。

仅有一般过失的无偿受托人承担责任后向监护人追偿的，人民法院应予支持。

要点提示

本条重点解释了《民法典》第1189条，并进一步明确委托监护关系中的侵权责任承担问题。其适用要点如下。

第一，明确区分监护人与受托人的责任形态。《民法典》第1189条规定了委托监护关系中的侵权责任，要求监护人承担侵权责任，受托人承担"相应责任"；在具体适用中，第1189条的主要争议为，委托监护关系中受托履行监护职责的人承担"与过错相应的责任"，应如何认定民事责任。本条则对该民事责任的裁判标准予以明确，要求监护人承担全部责任，受托人仅在过错范围内与监护人共同承担责任。监护人可以基于委托合同向有过错或故意、重大过失或超越权限的受托人追偿；仅有一般过失的无偿受托人也可以在承担赔偿责任后向监护人追偿，即委托监护情形中，最终责任由监护人全部承担。此外，责任主体实际支付的赔偿费用总和不应超出被侵权人应受偿的损失数额。

第二，关于受托人承担责任应否限定于有偿受托的问题，本条认为无偿受托人亦应承担侵权责任。在司法解释的制定过程中，有观点认为无偿看管孙辈的祖辈不应对被监护人的侵权行为承担责任。最高人民法院倾向认为，排除无偿受托人担责限缩了《民法典》第1189条规定的适用范围，不利于保障被侵权人充分受偿，也不符合强化监护职责履行的立法精神。为此，本条认为，无偿受托人亦应承担侵权责任。实践中，可综合过错情况，合理界定情谊行为与无偿受托的区别等来妥善认定无偿受托人的责任。关于受托人的过错认定问题。审判实践中应具体分析，综合被侵权人的人身财产权益，被监护人的年龄、性格和过往表现等自身特点，健康自由发展空间、教育义务履行情况、受托人履行成本等因素，对受托人过错作出认定[①]。

关联规定

1.《民法典》（2020年5月28日）

第二十三条　无民事行为能力人、限制民事行为能力人的监护人是其法定代理人。

第三十四条　监护人的职责是代理被监护人实施民事法律行为，保护被监护人的人身权利、财产权利以及其他合法权益等。

监护人依法履行监护职责产生的权利，受法律保护。

监护人不履行监护职责或者侵害被监护人合法权益的，应当承担法律责任。

因发生突发事件等紧急情况，监护人暂时无法履行监护职责，被监护人的生活处于无人照料状态的，被监护人住所地的居民委员会、村民委员会或者民政部门应当为被监护人安排必要的临时生活照料措施。

[①]《最高法民一庭负责人就民法典侵权责任编司法解释（一）答记者问》，载最高人民法院网站，https://www.court.gov.cn/zixun/xiangqing/443901.html，2024年9月30日访问。

第九百二十九条 有偿的委托合同，因受托人的过错造成委托人损失的，委托人可以请求赔偿损失。无偿的委托合同，因受托人的故意或者重大过失造成委托人损失的，委托人可以请求赔偿损失。

受托人超越权限造成委托人损失的，应当赔偿损失。

第一千一百六十五条 行为人因过错侵害他人民事权益造成损害的，应当承担侵权责任。

依照法律规定推定行为人有过错，其不能证明自己没有过错的，应当承担侵权责任。

第一千一百六十九条 教唆、帮助他人实施侵权行为的，应当与行为人承担连带责任。

教唆、帮助无民事行为能力人、限制民事行为能力人实施侵权行为的，应当承担侵权责任；该无民事行为能力人、限制民事行为能力人的监护人未尽到监护职责的，应当承担相应的责任。

第一千一百八十八条 无民事行为能力人、限制民事行为能力人造成他人损害的，由监护人承担侵权责任。监护人尽到监护职责的，可以减轻其侵权责任。

有财产的无民事行为能力人、限制民事行为能力人造成他人损害的，从本人财产中支付赔偿费用；不足部分，由监护人赔偿。

第一千一百八十九条 无民事行为能力人、限制民事行为能力人造成他人损害，监护人将监护职责委托给他人的，监护人应当承担侵权责任；受托人有过错的，承担相应的责任。

2.《未成年人保护法》（2024年4月26日）

第七条 未成年人的父母或者其他监护人依法对未成年人承担监护职责。

国家采取措施指导、支持、帮助和监督未成年人的父母或者其他监护人履行监护职责。

第十六条 未成年人的父母或者其他监护人应当履行下列监护职责：

（一）为未成年人提供生活、健康、安全等方面的保障；

（二）关注未成年人的生理、心理状况和情感需求；

（三）教育和引导未成年人遵纪守法、勤俭节约，养成良好的思想品德和行为习惯；

（四）对未成年人进行安全教育，提高未成年人的自我保护意识和能力；

（五）尊重未成年人受教育的权利，保障适龄未成年人依法接受并完成义务教育；

（六）保障未成年人休息、娱乐和体育锻炼的时间，引导未成年人进行有益身心健康的活动；

（七）妥善管理和保护未成年人的财产；

（八）依法代理未成年人实施民事法律行为；

（九）预防和制止未成年人的不良行为和违法犯罪行为，并进行合理管教；

（十）其他应当履行的监护职责。

第二十一条 未成年人的父母或者其他监护人不得使未满八周岁或者由于身体、心理原因需要特别照顾的未成年人处于无人看护状态，或者将其交由无民事行为能力、限制民事行为能力、患有严重传染性疾病或者其他不适宜的人员临时照护。

未成年人的父母或者其他监护人不得使未满十六周岁的未成年人脱离监护单独生活。

第二十二条 未成年人的父母或者其他监护人因外出务工等原因在一定期限内不能完全履行监护职责的，应当委托具有照护能力的完全民事行为能力人代为照护；无正当理由的，不得委托他人代为照护。

未成年人的父母或者其他监护人在确定被委托人时，应当综合考虑其道德品质、家庭状况、身心健康状况、与未成年人生活情感上的联系等情况，并听取有表达意愿能力未成年人的意见。

具有下列情形之一的，不得作为被委托人：

（一）曾实施性侵害、虐待、遗弃、拐卖、暴力伤害等违法犯罪行为；

（二）有吸毒、酗酒、赌博等恶习；

(三)曾拒不履行或者长期怠于履行监护、照护职责;

(四)其他不适宜担任被委托人的情形。

3.《预防未成年人犯罪法》(2020年12月26日)

第十六条 未成年人的父母或者其他监护人对未成年人的预防犯罪教育负有直接责任,应当依法履行监护职责,树立优良家风,培养未成年人良好品行;发现未成年人心理或者行为异常的,应当及时了解情况并进行教育、引导和劝诫,不得拒绝或者怠于履行监护职责。

4.《家庭教育促进法》(2021年10月23日)

第二十一条 未成年人的父母或者其他监护人依法委托他人代为照护未成年人的,应当与被委托人、未成年人保持联系,定期了解未成年人学习、生活情况和心理状况,与被委托人共同履行家庭教育责任。

第四十八条 未成年人住所地的居民委员会、村民委员会、妇女联合会,未成年人的父母或者其他监护人所在单位,以及中小学校、幼儿园等有关密切接触未成年人的单位,发现父母或者其他监护人拒绝、怠于履行家庭教育责任,或者非法阻碍其他监护人实施家庭教育的,应当予以批评教育、劝诫制止,必要时督促其接受家庭教育指导。

未成年人的父母或者其他监护人依法委托他人代为照护未成年人,有关单位发现被委托人不依法履行家庭教育责任的,适用前款规定。

5.《最高人民法院关于适用〈中华人民共和国民法典〉总则编若干问题的解释》(2022年2月24日)

第十三条 监护人因患病、外出务工等原因在一定期限内不能完全履行监护职责,将全部或者部分监护职责委托给他人,当事人主张受托人因此成为监护人的,人民法院不予支持。

6.《最高人民法院关于审理人身损害赔偿案件适用法律若干问题的解释》

（2022年4月24日）

第二条 赔偿权利人起诉部分共同侵权人的，人民法院应当追加其他共同侵权人作为共同被告。赔偿权利人在诉讼中放弃对部分共同侵权人的诉讼请求的，其他共同侵权人对被放弃诉讼请求的被告应当承担的赔偿份额不承担连带责任。责任范围难以确定的，推定各共同侵权人承担同等责任。

人民法院应当将放弃诉讼请求的法律后果告知赔偿权利人，并将放弃诉讼请求的情况在法律文书中叙明。

❖ 典型案例

1. 马某某与张某、岳某某生命权纠纷案[①]

◎ 基本案情

张某系马某某、岳某某的外甥。2015年12月17日，岳某某在其家中用铁斧击打马某1（同母异父的姐妹）头部，致使马某1因开放性颅脑损伤死亡。2016年1月4日，经某法医精神病司法鉴定所鉴定岳某某系精神分裂，作案时丧失实质性辨认能力和控制能力，故评定为无刑事责任能力，2016年7月4日某县人民法院出具强制医疗决定书，决定对岳某某实施强制医疗。另，岳某某为某村村民，因其父母均已去世，故某村村民委员会与马某某（同母异父）达成口头协议，由马某某作为岳某某的监护人，照顾、监管岳某某的生活。马某某因家庭原因，近几年一直在北京生活，岳某某与死者马某1一起生活，由马某1照顾岳某某的生活起居。岳某某为低保人员，每月生活费大概300元，扣除每月低保，其余费用由马某某承担，2015年11月，岳某某因患严重性缺铁性贫血疾病，马某某支付其医疗费600元。同时查明马某1为某县城镇居民，生于1958年9月9日。

◎ 裁判结果

人民法院经审理认为，本案马某某、马某1、岳某某系姐妹关系。马

[①]（2017）吉民申1916号，载中国裁判文书网。

某某系岳某某的监护人，其于2003年到北京帮助女儿照顾孩子后，岳某某与马某1一起生活，马某某虽远在北京，但每月会给付一定数额生活费，在岳某某生病时，亦会支付相应医疗费，故岳某某是由马某某、马某1共同监护。马某1明知岳某某有精神病而且以前已经对其本人实施过暴力伤害，应及时与马某某商量将岳某某送医，马某某、马某1未尽监护职责，对岳某某对他人造成的伤害应共同承担责任。鉴于马某1本人明知岳某某可能会再次发生暴力伤人的情况，应当及时采取防护措施而未采取，其对自己的死亡也有一定的过错；且岳某某尚年轻，被强制医疗结束后，仍要继续生活，其为精神病人，其亲人仍需对其进行监护。故本院认为，马某某对马某1的损失承担30%的赔偿责任为宜，即146284.32元（487614.4元×30%）。

综上，马某某的上诉请求部分成立，对成立的部分，吉林省通化市中级人民法院予以支持。原审认定事实清楚，但判决马某某承担赔偿责任的比例有失当之处，本院予以调整。依照《民事诉讼法》第170条第1款第2项之规定，判决如下：

一、撤销某县人民法院（2016）吉0524民初1211号民事判决；

二、马某某于本判决生效后立即给付张某其母亲马某1死亡赔偿金464356.40元、丧葬费23258元，共计487614.4元的30%，即146284.32元。

◎ 典型意义

本案中，岳某某为无民事行为能力人，马某某为监护人，马某1为代为履行监护职责的受托人。岳某某对马某1实施侵权行为，导致马某1死亡。本案中，受托人对无民事行为能力人的侵权行为存在过错的情形，即其"明知岳某某可能会再次发生暴力伤人的情况，应当及时采取防护措施而未采取，其对自己的死亡也有一定的过错"，故此，人民法院判决监护人承担30%的赔偿责任。本案提示我们，本条的适用情形可能亦包括被监护人向受托人实施侵权行为的情形，此时本条解释需要结合具体案情而适用。

2. 尚某某、王某某、王某等侵权责任纠纷案[①]

◎ **基本案情**

死者吴某某与尚某某均为某村养护中心的托养人，其二人在入住时，均为轻度失能二级，并且患有老年痴呆。吴某某的儿子刘某某于2020年5月22日作为委托代养人与某村养护中心签订了《某医院某村养护中心老人托养协议书》。尚某某的女儿王某1、儿子王某于2019年2月22日与某村养护中心签订了《某医院某村养护中心老人托养协议书》。合同主要约定，收费标准及费用支付，双方权利与义务，约定入住的房间类型为普通标间，乙方的生活护理等级为轻度失能二级，第10条免责条款载明："生老病死是生命的自然规律现象，任何人都不可违背，况且入住老人均是年老体弱、不可预测因素太多和复杂。因此，乙方在入住期间出现下述任意一种意外情形，甲方不承担任何责任……（三）乙方与他人因发生辱骂、打斗产生自伤、伤害他人，或者发生自伤（残、杀）行为引发的"。吴某某入院体检结果为患有阿尔茨海默症，尚某某为老年痴呆。此外，刘某某作为吴某某的委托代养人在风险告知书、认知障碍老人告知书、采取保护性约束措施告知书、疾病风险告知书、告知书、告入住老人及法定监护人、自带药品使用承诺书、询问笔录等签字确认。尚某某的委托代养人王某1、王某亦分别在风险告知书、认知障碍老人告知书、采取保护性约束措施告知书、疾病风险告知书、告知书、告入住老人及法定监护人、自带药品使用承诺书、询问笔录等签字确认。2020年6月4日，刘某某与某村养护中心达成《补充协议》，吴某某的护理级别由轻度失能二级调整为中度失能，并且费用调高。2020年1月9日，某村养护中心与王某1达成《补充协议》，尚某某护理级别由轻度失能二级调整为中度失能，费用调高。

尚某某与吴某某均同住在某村养护中心的后楼3楼，房间相距约30米。2020年6月9日中午12时15分，尚某某将从对面走来的吴某某突然抓住并推倒在地，吴某某倒下后，尚某某与另一老人随即又将吴某某搀扶起来让吴某某双手扶在栏杆上后便离开。某村养护中心的护工在12时22

[①] （2021）川14民终594号，载中国裁判文书网。

分从吴某某身旁走过时并未发现异样，吴某某老人也未向护工求救。来往的护工在捡午饭的餐具时也未见异常。12时24分，护工到吴某某身边给其喂药时亦未发现吴某某有异样；在12时51分之前，也有护工从吴某某身边走动，并且有护理人员上前询问吴某某，但吴某某未求救。在护理人坐在吴某某附近时，吴某某亦未呼救。在12时55分左右，吴某某双手逐渐从栏杆松开倒地躺下，随即护理人员将其扶起，通知医生到场采取了初步的救治措施后并送往某医院。13时21分，某村养护中心的医生对吴某某采取了初步的救治措施，之后被送往某医院骨五科住院治疗。某医院骨五科记录载明吴某某的入院时间为2020年6月9日17时38分，主诉：外伤致右髋部疼痛伴功能障碍约4小时，初步诊断为：（1）右股骨转子间骨折；（2）老年性骨质疏松伴有病理性骨折；（3）老年性痴呆。2020年6月13日19时28分修正诊断为：（1）细菌性肺炎；（2）胸腔积液；（3）Ⅱ呼吸衰竭；（4）右股骨转子间骨折；（5）老年性骨质疏松伴有病理性骨折；（6）老年性痴呆。2020年6月13日，吴某某被转入该院呼吸科ICU病房。在2020年6月15日，医生将患者接受医学治疗的重要性和必要性以及拒绝或者放弃治疗的风险及后果告知患者家属，并且解答了关于拒绝或者放弃治疗的相关问题。刘某某在《拒绝或放弃医学治疗告知书》中签名。

2020年6月16日，吴某某心率、氧饱进行性下降，呼之不应，家属拒绝任何抢救治疗，3时10分吴某某心率一直线，双侧瞳孔散大固定，对光反射消失，宣布临床死亡。病人死亡原因为呼吸循环衰竭，死后诊断：重症肺炎Ⅱ型呼吸衰竭慢阻肺，双侧胸腔积液右股骨转子间骨折老年性骨质疏松伴病理性骨折……患者骨折后卧床，继发肺部重症感染，合并老年痴呆，逐渐出现呼吸衰竭，简易气管插管，家属拒绝，故病情进一步加重恶化，经抢救无效于2020年6月16日3时死亡。吴某某住院天数共计7天。吴某某在住院期间花去医疗费12461.19元，其中医保统筹支付10039.94元，刘某2、刘某1、刘某某实际支付医疗费2421.25元。

另查，刘某1系吴某某之女，刘某某系吴某某之子，刘某2系吴某某丈夫。吴某某受伤后，尚某某子女于2020年6月14日支付了刘某2、刘某1、刘某某10000元医疗费。尚某某为退休职工，有退休工资。

◎ 裁判要点

人民法院经审理认为，本案的焦点：(1) 某村养护中心是否应当对吴某某被侵权产生的损失承担责任；(2) 如果某村养护中心需要承担责任，是承担直接责任还是补充责任；(3) 各方承担责任比例如何划分。

关于某村养护中心是否应当对因吴某某被侵权产生的损失承担责任的问题。法院认为，基于身份关系的监护权来自法律规定，非依法律规定、法定程序不能变更。但监护权更多的体现为监护职责，并非必须由监护人本人亲自行使不可，法律并未禁止监护人将监护职责通过委托等方式部分或全部由他人代为行使，现实生活中由他人代为行使监护职责的情形也较为常见，这有利于实现对被监护人更好的保护。本案中，王某某、王某、王某2、王某1作为委托人，通过与某村养护中心签订托养协议，将监护尚某某老人的职责委托给某村养护中心行使，作为受托人某村养护中心负有依照协议履行相应监护职责的义务。现被监护人尚某某老人实施侵权行为造成他人损害，依据《侵权责任法》第32条第1款"无民事行为能力人、限制民事行为能力人造成他人损害的，由监护人承担侵权责任。监护人尽到监护责任的，可以减轻其侵权责任"的规定，首先由尚某某的法定监护人王某某、王某、王某2、王某1承担侵权责任，但某村养护中心履行职责不力，作为委托人的王某某、王某、王某2、王某1可以基于托养协议向某村养护中心行使追偿权，虽该追偿权行使系合同关系，但涉及监护责任的合理划分，为利于确定责任、化解纠纷，本院在本案中一并处理。至于某村养护中心抗辩称双方已通过协议条款约定免除了其监护老人安全的责任，法院认为双方签订的托养协议书中关于免除监护安全责任的相关条款内容，因与某村养护中心的根本合同义务相冲突，有违合同法的公平原则，对双方不具有效力。综上，某村养护中心应对吴某某被侵权产生的损失承担责任。

关于某村养护中心是承担直接责任还是补充责任的问题。本院认为，补充责任是不真正连带责任，承担补充责任的一方可以向真正侵权人即终局责任人享有追偿权。本案中，实际实施侵权行为的并非某村养护中心外部的第三人，而是某村养护中心的监护对象尚某某老人，某村养护中心承担责任的基础是基于托养协议而代为行使对尚某某的监护职责而产生的赔偿责任，某村养护中心本身即是终局责任人，其并无真正侵权人可追偿，故某村养护中心应当承担直接责任，而非补充责任。一审法院认定不当，应予纠正。

关于各方承担责任比例如何划分的问题，一审认定受害人一方自行承担30%的责任，并无不当，刘某2、刘某1、刘某某也未上诉，本院予以确认。某村养护中心基于托养协议，代为行使对尚某某的监护职责，被监护人尚某某实施侵权行为侵害他人的赔偿责任，应根据双方签订的托养协议合理划分。本案中，作为受托人的某村养护中心对"失智"老人实施的是封闭式管理，对"失智"老人的监护职责实际只能由某村养护中心行使，作为支付了相应合同对价的委托人王某某、王某、王某2、王某1实际无法行使，故应当由某村养护中心承担被监护人实施侵权行为产生的主要赔偿责任，但鉴于"失智"老人群体监护风险的特殊性和事故发生的突发性、难以预测性，不应对养老机构监护职责过分苛责，因被监护人产生的侵权责任应当由其监护人予以合理分担。故，本院根据本案具体案件，综合考量养老产业的健康发展，酌定由某村养护中心承担40%的赔偿责任，王某某、王某、王某1、王某2承担30%的赔偿责任。各方对一审认定的受害人产生各项损失269484.5元无异议，某村养护中心承担40%的赔偿责任，即107793.8元；尚某某、王某某、王某、王某1、王某2承担30%的赔偿责任，即80845.35元，扣除已支付的10000元，尚某某、王某某、王某、王某1、王某2还应支付70845.35元。

3. 马某某与马某1、马某2、马某3、曹某某财产损害赔偿纠纷案[①]

◎ **基本案情**

2020年3月17日，马某某向某县森林公安局报警称马某1烧火烧到了他种植的樱花树。经公安机关调查查明，马某1于2020年3月7日、3月8日到新地冲的田中烧杂草进行农事用火两次，其行为构成森林防火期

[①] （2020）云23民终1718号，载中国裁判文书网。

内违规野外用火违法行为，遂依法作出林业行政处罚决定书，对马某1给予行政处罚。在公安机关调查询问过程中，马某1陈述，3月8日农事用火的火源扑灭了回家吃早点，吃完早点他家小孙女马某2跟着他去做农活处玩，没招呼好她就玩打火机，不小心把田埂上的杂草烧着，扑打不及就烧着马某某家的树，其他被调查的人员对马某某家的树被烧是谁引发的均无证实。2020年3月31日，马某某以马某1为被告提起财产损害赔偿的诉讼，4月14日又以被告错误为由提出撤诉，一审法院作出民事裁定书，准予马某某撤回起诉，诉讼费123元由马某某承担。2020年4月21日，马某某以马某1、马某2、马某3、曹某某为被告提起了本案诉讼。在诉讼过程中，马某1仍明确表示马某某的树被烧是由其孙女马某2的行为引发。由于双方对马某某家被火烧毁树木的损失价值争议较大，根据马某某的申请，一审法院依法委托某评估咨询有限公司对2020年3月8日马某某被火烧毁的树木损失进行评估鉴定，马某某向评估公司支付了评估鉴定费5000元。经评估，该评估公司出具了价格评估报告书，结论为：马某某2020年3月8日被烧毁的树木损失价值为12800元，其中，司法鉴定委托书已确认的被烧毁的7株樱花树、33株杂木树损失价值为11400元，现场勘验新增的被烧毁的2株桉树损失价值为1400元。另查明，马某2是马某3和曹某某之女，马某3、曹某某长期外出务工后，马某2由马某3之父马某1照管。

◎ 裁判要点

人民法院经审理认为，公民合法财产权益受法律保护。《民法总则》第26条规定，父母对未成年子女负有抚养、教育和保护的义务。第27条规定，父母是未成年子女的监护人。《侵权责任法》第32条规定，无民事行为能力人、限制民事行为能力人造成他人损害的，由监护人承担侵权责任。监护人尽到监护责任的，可以减轻其侵权责任。《最高人民法院关于贯彻执行〈中华人民共和国民法通则〉若干问题的意见（试行）》第22条规定，监护人可以将监护职责部分或者全部委托给他人。因被监护人的侵权行为需要承担民事责任的，应当由监护人承担，但另有约定的除外；

被委托人确有过错的，负连带责任。本案现有证据不能证实案涉林木被烧毁系何人行为所致，但马某1自认系其在看管孙女马某2的期间，马某2擅自拿打火机烧橘子过程中导致火灾事故的发生，因马某2系无民事行为能力人，故其行为产生的法律后果依法由其监护人马某3、曹某某承担。因马某3、曹某某系长期在外务工，将马某2交由其爷爷马某1照管，双方形成委托关系，马某1作为被委托人对马某2未尽到监护职责，导致本案事故的发生，故马某1依法应承担相应的责任。因马某1已认可火灾事故致马某某林木受损的客观事实，且根据一审法院制作的双方当事人均签字认可的现场勘查笔录以及某评估咨询有限公司针对受损林木出具的价格评估报告书，马某1依法应与马某3、曹某某对本案马某某受到的经济损失16400元承担连带赔偿责任。

第十一条　教唆、帮助无民事行为能力人、限制民事行为能力人实施侵权行为时教唆、帮助人担责主观要件

教唆、帮助无民事行为能力人、限制民事行为能力人实施侵权行为，教唆人、帮助人以其不知道且不应当知道行为人为无民事行为能力人、限制民事行为能力人为由，主张不承担侵权责任或者与行为人的监护人承担连带责任的，人民法院不予支持。

要点提示

本条是关于教唆、帮助无民事行为能力人、限制民事行为能力人实施侵权行为时教唆、帮助人担责主观要件的规定。本条从严格否定此类行为责任的立场，明确教唆、帮助者的承担责任不以其知道或者应当知道被教唆、帮助者欠缺行为能力的事实为前提。教唆、帮助者不得以此作为责任抗辩的理由，也不得以此为由要求被教唆、帮助人的监护人与其承担连带责任。需要特别指出的是，本条规定所指向的仅是教唆、帮助者对侵权行为人欠缺行为能力这一事实的主观状态。而作为教唆、帮助行为的应有之

义，教唆、帮助者对于行为人所实施的侵害他人民事权益行为的主观认识，仍然是其就侵权结果承担民事责任的基础构成要件。而此时，被教唆、帮助的无民事行为能力人、限制民事行为能力人的监护人是否应当承担侵权以及应在何种范围内承担责任，则应按照《民法典》第1169条和本司法解释第10条的具体规定处理。

关联规定

1.《民法典》（2020年5月28日）

第十九条　八周岁以上的未成年人为限制民事行为能力人，实施民事法律行为由其法定代理人代理或者经其法定代理人同意、追认；但是，可以独立实施纯获利益的民事法律行为或者与其年龄、智力相适应的民事法律行为。

第二十条　不满八周岁的未成年人为无民事行为能力人，由其法定代理人代理实施民事法律行为。

第二十一条　不能辨认自己行为的成年人为无民事行为能力人，由其法定代理人代理实施民事法律行为。

八周岁以上的未成年人不能辨认自己行为的，适用前款规定。

第二十二条　不能完全辨认自己行为的成年人为限制民事行为能力人，实施民事法律行为由其法定代理人代理或者经其法定代理人同意、追认；但是，可以独立实施纯获利益的民事法律行为或者与其智力、精神健康状况相适应的民事法律行为。

第一千一百六十九条　教唆、帮助他人实施侵权行为的，应当与行为人承担连带责任。

教唆、帮助无民事行为能力人、限制民事行为能力人实施侵权行为的，应当承担侵权责任；该无民事行为能力人、限制民事行为能力人的监护人未尽到监护职责的，应当承担相应的责任。

第一千一百八十八条　无民事行为能力人、限制民事行为能力人造成他人损害的，由监护人承担侵权责任。监护人尽到监护职责的，可以减轻其侵权责任。

有财产的无民事行为能力人、限制民事行为能力人造成他人损害的,从本人财产中支付赔偿费用;不足部分,由监护人赔偿。

第一千一百八十九条 无民事行为能力人、限制民事行为能力人造成他人损害,监护人将监护职责委托给他人的,监护人应当承担侵权责任;受托人有过错的,承担相应的责任。

2.《刑法》(2023年12月29日)

第二十九条 教唆他人犯罪的,应当按照他在共同犯罪中所起的作用处罚。教唆不满十八周岁的人犯罪的,应当从重处罚。

如果被教唆的人没有犯被教唆的罪,对于教唆犯,可以从轻或者减轻处罚。

第三百四十七条 走私、贩卖、运输、制造毒品,无论数量多少,都应当追究刑事责任,予以刑事处罚。

走私、贩卖、运输、制造毒品,有下列情形之一的,处十五年有期徒刑、无期徒刑或者死刑,并处没收财产:

(一)走私、贩卖、运输、制造鸦片一千克以上、海洛因或者甲基苯丙胺五十克以上或者其他毒品数量大的;

(二)走私、贩卖、运输、制造毒品集团的首要分子;

(三)武装掩护走私、贩卖、运输、制造毒品的;

(四)以暴力抗拒检查、拘留、逮捕,情节严重的;

(五)参与有组织的国际贩毒活动的。

走私、贩卖、运输、制造鸦片二百克以上不满一千克、海洛因或者甲基苯丙胺十克以上不满五十克或者其他毒品数量较大的,处七年以上有期徒刑,并处罚金。

走私、贩卖、运输、制造鸦片不满二百克、海洛因或者甲基苯丙胺不满十克或者其他少量毒品的,处三年以下有期徒刑、拘役或者管制,并处罚金;情节严重的,处三年以上七年以下有期徒刑,并处罚金。

单位犯第二款、第三款、第四款罪的,对单位判处罚金,并对其直接负责的主管人员和其他直接责任人员,依照各该款的规定处罚。

利用、教唆未成年人走私、贩卖、运输、制造毒品，或者向未成年人出售毒品的，从重处罚。

对多次走私、贩卖、运输、制造毒品，未经处理的，毒品数量累计计算。

3.《未成年人保护法》（2024年4月26日）

第五十四条 禁止拐卖、绑架、虐待、非法收养未成年人，禁止对未成年人实施性侵害、性骚扰。

禁止胁迫、引诱、教唆未成年人参加黑社会性质组织或者从事违法犯罪活动。

禁止胁迫、诱骗、利用未成年人乞讨。

第六十条 禁止向未成年人提供、销售管制刀具或者其他可能致人严重伤害的器具等物品。经营者难以判明购买者是否是未成年人的，应当要求其出示身份证件。

第七十六条 网络直播服务提供者不得为未满十六周岁的未成年人提供网络直播发布者账号注册服务；为年满十六周岁的未成年人提供网络直播发布者账号注册服务时，应当对其身份信息进行认证，并征得其父母或者其他监护人同意。

4.《预防未成年人犯罪法》（2020年12月26日）

第十条 任何组织或者个人不得教唆、胁迫、引诱未成年人实施不良行为或者严重不良行为，以及为未成年人实施上述行为提供条件。

第六十二条 学校及其教职员工违反本法规定，不履行预防未成年人犯罪工作职责，或者虐待、歧视相关未成年人的，由教育行政等部门责令改正，通报批评；情节严重的，对直接负责的主管人员和其他直接责任人员依法给予处分。构成违反治安管理行为的，由公安机关依法予以治安管理处罚。

教职员工教唆、胁迫、引诱未成年人实施不良行为或者严重不良行为，以及品行不良、影响恶劣的，教育行政部门、学校应当依法予以解聘或者辞退。

第六十五条 教唆、胁迫、引诱未成年人实施不良行为或者严重不良行为，构成违反治安管理行为的，由公安机关依法予以治安管理处罚。

5.《未成年人网络保护条例》（2023年10月16日）

第二十二条 任何组织和个人不得制作、复制、发布、传播含有宣扬淫秽、色情、暴力、邪教、迷信、赌博、引诱自残自杀、恐怖主义、分裂主义、极端主义等危害未成年人身心健康内容的网络信息。

任何组织和个人不得制作、复制、发布、传播或者持有有关未成年人的淫秽色情网络信息。

第二十三条 网络产品和服务中含有可能引发或者诱导未成年人模仿不安全行为、实施违反社会公德行为、产生极端情绪、养成不良嗜好等可能影响未成年人身心健康的信息的，制作、复制、发布、传播该信息的组织和个人应当在信息展示前予以显著提示。

国家网信部门会同国家新闻出版、电影部门和国务院教育、电信、公安、文化和旅游、广播电视等部门，在前款规定基础上确定可能影响未成年人身心健康的信息的具体种类、范围、判断标准和提示办法。

第二十七条 任何组织和个人不得通过网络以文字、图片、音视频等形式，组织、教唆、胁迫、引诱、欺骗、帮助未成年人实施违法犯罪行为。

6.《老年人权益保障法》（2018年12月29日）

第二十六条 具备完全民事行为能力的老年人，可以在近亲属或者其他与自己关系密切、愿意承担监护责任的个人、组织中协商确定自己的监护人。监护人在老年人丧失或者部分丧失民事行为能力时，依法承担监护责任。

老年人未事先确定监护人的，其丧失或者部分丧失民事行为能力时，依照有关法律的规定确定监护人。

7.《家庭教育促进法》(2021年10月23日)

第十四条 父母或者其他监护人应当树立家庭是第一个课堂、家长是第一任老师的责任意识,承担对未成年人实施家庭教育的主体责任,用正确思想、方法和行为教育未成年人养成良好思想、品行和习惯。

共同生活的具有完全民事行为能力的其他家庭成员应当协助和配合未成年人的父母或者其他监护人实施家庭教育。

第十六条 未成年人的父母或者其他监护人应当针对不同年龄段未成年人的身心发展特点,以下列内容为指引,开展家庭教育:

(一)教育未成年人爱党、爱国、爱人民、爱集体、爱社会主义,树立维护国家统一的观念,铸牢中华民族共同体意识,培养家国情怀;

(二)教育未成年人崇德向善、尊老爱幼、热爱家庭、勤俭节约、团结互助、诚信友爱、遵纪守法,培养其良好社会公德、家庭美德、个人品德意识和法治意识;

(三)帮助未成年人树立正确的成才观,引导其培养广泛兴趣爱好、健康审美追求和良好学习习惯,增强科学探索精神、创新意识和能力;

(四)保证未成年人营养均衡、科学运动、睡眠充足、身心愉悦,引导其养成良好生活习惯和行为习惯,促进其身心健康发展;

(五)关注未成年人心理健康,教导其珍爱生命,对其进行交通出行、健康上网和防欺凌、防溺水、防诈骗、防拐卖、防性侵等方面的安全知识教育,帮助其掌握安全知识和技能,增强其自我保护的意识和能力;

(六)帮助未成年人树立正确的劳动观念,参加力所能及的劳动,提高生活自理能力和独立生活能力,养成吃苦耐劳的优秀品格和热爱劳动的良好习惯。

8.《关于防治中小学生欺凌和暴力的指导意见》(2016年11月1日)

第九条 依法落实家长监护责任。管教孩子是家长的法定监护职责。引导广大家长要增强法治意识,掌握科学的家庭教育理念,尽量多安排时间与孩子相处交流,及时了解孩子的日常表现和思想状况,积极与学校沟通情况,自觉发挥榜样作用,切实加强对孩子的管教,特别要做好孩子离校后的监管看护教育工作，避免放任不管、缺教少护、教而不当。要落实监护人责任追究制度，根据《民法》等相关法律法规，未成年学生对他人的人身和财产造成损害的，依法追究其监护人的法律责任。

◈ 典型案例

1. 刘某某、马某某等健康权纠纷案①

◎ **基本案情**

被告于某某因琐事与案外人王某某在学校发生口角，案外人王某某将此事告诉案外人任某叶、雷某，雷某带人到某学校找于某某，打算让其给王某某道歉。被告于某某知道后将此事告诉被告马某某，马某某从办公桌抽屉里拿出两把刀，递给张某某一把西瓜刀，递给陈某某一把燕尾刀。2022年3月9日20时许，被告马某某、于某某、张某某、陈某某、张某1等人与原告刘某某及案外人雷某、王某1、刘某1等人在某路和某街交叉口附近处进行理论，后原告刘某某与被告马某某言语不和，被告马某某对被告张某某、陈某某、于某某、张某1说："揍他，揍他！"于是被告张某某、陈某某、于某某、张某1四人向刘某某走去，在走的过程中，张某某将携带的西瓜刀递给了张某1，四被告走到刘某某跟前，被告陈某某先上去打了刘某某两拳，然后拿燕尾刀要捅刘某某，被拉仗人拽到一边，没有扎到。这时于某某也上去对刘某某进行拳打脚踢，张某某也用拖布杆打了刘某某两下，被告张某1冲上去持西瓜刀将原告刘某某前臂手腕处砍伤。原告刘某某受伤后被送往肇东市人民医院救治，住院15天，花费医疗费18223.74元。主要诊断：前臂尺神经断裂，次要诊断：前臂指屈肌腱损伤。原告伤情经某司法鉴定所鉴定，鉴定意见：（1）不构成残疾；（2）医疗终结12个月；（3）护理90日（住院期间2人护理，余1人）；（4）营养60日；（5）误工365日。

---

① （2023）黑1282民初1102号，载中国裁判文书网。

◎ **裁判要点**

人民法院经审理认为，公民的生命权健康权受法律保护，侵害他人民事权益造成损害的，应当承担侵权责任；父母对未成年子女负有抚养、教育和保护义务，监护人未尽到法定监护职责的，应当承担监护责任。根据《民法典》第1169条第2款规定："教唆、帮助无民事行为能力人、限制民事行为能力人实施侵权行为的，应当承担侵权责任；该无民事行为能力人、限制民事行为能力人的监护人未尽到监护职责的，应当承担相应的责任。"被告马某某教唆、帮助、指使未成年人即本案被告于某某、张某某、陈某某、张某1对原告刘某某进行殴打，造成原告刘某某受伤的损害后果，被告马某某在该起伤害中应负主要责任。被告张某某持西瓜刀将原告砍伤，是致使原告受伤的重要因素。被告于某某与案外人王某某产生矛盾是该起事故的起因，并在打架中对原告进行了殴打；被告陈某某持燕尾刀预对原告进行伤害，刀具掉落后用拳头对原告进行殴打；被告张某某携带刀具至案发地，并将西瓜刀递给被告张某1，张某1用该刀将刘某某砍伤，然后张某某用拖布杆对原告进行殴打。上述五被告均对原告的伤害结果具有责任，由于被告于某某、张某某、陈某某、张某1为限制民事行为能力人，其家长作为监护人对未成年子女负有抚养、教育、照顾被监护人，并约束被监护人行为的义务，发生伤害事故系因监护人未尽到监护职责，应当承担相应的责任。该纠纷系原、被告不冷静行为造成的，均有过错，结合案情及原告的受伤情况，本院酌定被告马某某承担60%的民事赔偿责任，被告张某（被告张某1父亲）承担20%民事赔偿责任，被告李某某（被告张某1母亲）、赵某某（被告陈某某母亲）、于某某（被告于某某父亲）共同承担10%的民事赔偿责任，原告刘某某自行承担10%的责任。

2. 朱某1、李某1等与朱某等生命权、健康权、身体权纠纷案[①]

◎ **基本案情**

2018年2月4日左右，张某1将被告人朱某3女朋友肖某的照片发到

---

① （2019）皖0321民初4022号，载中国裁判文书网。

QQ群里，在QQ群里议论肖某。被告人朱某3看到后不悦，在QQ群里与张某1发生口角，并约定打架。2018年2月11日，被告人朱某3约其表弟赵某（另案处理）帮其打架，赵某表示同意。朱某3怕打架吃亏，和赵某说如果对方人多，就往死里打，把命赔上，赵某默许。被告人朱某3还安排赵某买两把刀为打架备用。2月13日左右，赵某从某商店购买两把水果刀。2月19日中午，被告人朱某3及赵某喝完喜酒后，二人到赵某家一人随身携带一把水果刀。当日14时许，被告人朱某3和赵某与张某1、朱某2邀约的王某、朱某某、赵某1在某中学南门东侧空地进行互殴。互殴过程中，被告人朱某3使用水果刀先后刺赵某1、朱某某、王某三人头部、胸部、颈部、后背部等处数刀，造成赵某1受伤，朱某某、王某经抢救无效死亡。2018年12月24日，人民法院作出刑事附带民事判决：

一、被告人朱某3犯故意杀人罪，判处无期徒刑，剥夺政治权利终身；

二、被告人朱某3及附带民事诉讼被告人朱某4、廖某1赔偿附带民事诉讼原告人赵某1、赵某2、张某各项经济损失共计18350.37元，于判决生效后一个月内一次性付清；

三、驳回各附带民事诉讼原告人的其他诉讼请求；

四、作案工具刀具两把依法予以没收。2019年6月，原告朱某1、李某1共同诉至法院，请求依法支持原告的诉讼请求。

事故发生后，被告朱某3家通过村委会向被害人王某、朱某某家分别赔偿20000元。

◎ 裁判要点

人民法院经审理认为，原告朱某1、李某1诉称事实，有人民法院作出的刑事附带民事判决书查明，法院予以认定。本案中，被告朱某3在打架过程中，造成朱某某死亡，应赔偿朱某某父、母亲朱某1、李某1因此所受到的经济损失，赔偿比例按85%承担，因其系未成年人，赔偿责任由朱某3与其父母亲共同承担。被告朱某3家已经赔偿的20000元应予扣除。被告赵某在本案中为朱某3购买刀具，提供帮助，《侵权责任法》第9条规定，教唆、帮助他人实施侵权行为的，应当与行为人承担连带责任。教唆、帮助无民事行为能力人、限制民事行为能力人实施侵权行为的，应当承担侵权责任；该无民事行为能力人、限制民事行为能力人的监护人未尽到监护责任的，应当承担相应的责任。赵某应对朱某3的赔偿责任承担连带赔偿责任，其法定代理人未尽到监护责任，应与赵某共同承担连带赔偿责任。被告张某1、朱某2作为邀约方，在本案中存在过错，应承担相应的赔偿责任，赔偿比例按15%共同承担，因张某1、朱某2均为未成年人，赔偿责任由其法定代理人共同承担。本案中，被害人朱某某作为在校学生，参与打架，本身也存在一定过错，应减轻被告朱某3的赔偿责任，本院酌定减轻5%的赔偿责任。原告要求被告赔偿精神抚慰金80000元过高，本院调整为50000元。本案原告朱某1、李某1的诉讼请求为362495元（死亡赔偿金279920元+丧葬费32575元+精神抚慰金50000元），被告应按各自责任比例承担。

第十二条　教唆人、帮助人与监护人的责任形态

> 教唆、帮助无民事行为能力人、限制民事行为能力人实施侵权行为，被侵权人合并请求教唆人、帮助人以及监护人承担侵权责任的，依照民法典第一千一百六十九条第二款的规定，教唆人、帮助人承担侵权人应承担的全部责任；监护人在未尽到监护职责的范围内与教唆人、帮助人共同承担责任，但责任主体实际支付的赔偿费用总和不应超出被侵权人应受偿的损失数额。
>
> 监护人先行支付赔偿费用后，就超过自己相应责任的部分向教唆人、帮助人追偿的，人民法院应予支持。

❖ 要点提示

本条是关于教唆人、帮助人与监护人的责任形态的规定。首先，贯彻《民法典》第1169条的规定，教唆、帮助无民事行为能力人、限制民事行

为能力人实施侵权行为的人需要为侵权后果承担全部的责任，民法典要求未尽到管理、教育等职责的监护人在过错范围内与教唆人、帮助人共同承担责任旨在为被侵权人提供更加充分的救济。监护人与教唆、帮助者之间既不是补充责任、也并非按份责任，可以理解为一种责任的重叠，被侵权人可以合并对二者提出承担责任的请求。虽然形式上，此种责任的叠加可以产生超出被侵权人的损害范围，鉴于损害填补的基本原理，本条规定仍然规定被侵权人从二者处所取得的赔偿不应超出其应受偿范围。同时，考虑到在此种情形下，教唆、帮助者和监护人皆是为自己的过错而承担责任。因此，其各自承担责任后，不应产生相互追偿的权利，只有在监护先行支付的赔偿超出自己应当承担的责任时，方允许其就该超出部分向教唆、帮助人追偿。

关联规定

1.《民法典》（2020年5月28日）

第一百七十六条　民事主体依照法律规定或者按照当事人约定，履行民事义务，承担民事责任。

第一百七十七条　二人以上依法承担按份责任，能够确定责任大小的，各自承担相应的责任；难以确定责任大小的，平均承担责任。

第一百七十八条　二人以上依法承担连带责任的，权利人有权请求部分或者全部连带责任人承担责任。

连带责任人的责任份额根据各自责任大小确定；难以确定责任大小的，平均承担责任。实际承担责任超过自己责任份额的连带责任人，有权向其他连带责任人追偿。

连带责任，由法律规定或者当事人约定。

第五百一十九条　连带债务人之间的份额难以确定的，视为份额相同。

实际承担债务超过自己份额的连带债务人，有权就超出部分在其他连带债务人未履行的份额范围内向其追偿，并相应地享有债权人的权利，但是不得损害债权人的利益。其他连带债务人对债权人的抗辩，可以向该债务人主张。

被追偿的连带债务人不能履行其应分担份额的，其他连带债务人应当在相应范围内按比例分担。

第五百二十条 部分连带债务人履行、抵销债务或者提存标的物的，其他债务人对债权人的债务在相应范围内消灭；该债务人可以依据前条规定向其他债务人追偿。

部分连带债务人的债务被债权人免除的，在该连带债务人应当承担的份额范围内，其他债务人对债权人的债务消灭。

部分连带债务人的债务与债权人的债权同归于一人的，在扣除该债务人应当承担的份额后，债权人对其他债务人的债权继续存在。

债权人对部分连带债务人的给付受领迟延的，对其他连带债务人发生效力。

第一千一百六十九条 教唆、帮助他人实施侵权行为的，应当与行为人承担连带责任。

教唆、帮助无民事行为能力人、限制民事行为能力人实施侵权行为的，应当承担侵权责任；该无民事行为能力人、限制民事行为能力人的监护人未尽到监护职责的，应当承担相应的责任。

第一千一百七十二条 二人以上分别实施侵权行为造成同一损害，能够确定责任大小的，各自承担相应的责任；难以确定责任大小的，平均承担责任。

---

2. 《未成年人保护法》（2024 年 4 月 26 日）

第七条 未成年人的父母或者其他监护人依法对未成年人承担监护职责。

国家采取措施指导、支持、帮助和监督未成年人的父母或者其他监护人履行监护职责。

第十六条 未成年人的父母或者其他监护人应当履行下列监护职责：

（一）为未成年人提供生活、健康、安全等方面的保障；

（二）关注未成年人的生理、心理状况和情感需求；

（三）教育和引导未成年人遵纪守法、勤俭节约，养成良好的思想品德和行为习惯；

（四）对未成年人进行安全教育，提高未成年人的自我保护意识和能力；

（五）尊重未成年人受教育的权利，保障适龄未成年人依法接受并完成义务教育；

（六）保障未成年人休息、娱乐和体育锻炼的时间，引导未成年人进行有益身心健康的活动；

（七）妥善管理和保护未成年人的财产；

（八）依法代理未成年人实施民事法律行为；

（九）预防和制止未成年人的不良行为和违法犯罪行为，并进行合理管教；

（十）其他应当履行的监护职责。

第十七条 未成年人的父母或者其他监护人不得实施下列行为：

（一）虐待、遗弃、非法送养未成年人或者对未成年人实施家庭暴力；

（二）放任、教唆或者利用未成年人实施违法犯罪行为；

（三）放任、唆使未成年人参与邪教、迷信活动或者接受恐怖主义、分裂主义、极端主义等侵害；

（四）放任、唆使未成年人吸烟（含电子烟，下同）、饮酒、赌博、流浪乞讨或者欺凌他人；

（五）放任或者迫使应当接受义务教育的未成年人失学、辍学；

（六）放任未成年人沉迷网络，接触危害或者可能影响其身心健康的图书、报刊、电影、广播电视节目、音像制品、电子出版物和网络信息等；

（七）放任未成年人进入营业性娱乐场所、酒吧、互联网上网服务营业场所等不适宜未成年人活动的场所；

（八）允许或者迫使未成年人从事国家规定以外的劳动；

（九）允许、迫使未成年人结婚或者为未成年人订立婚约；

（十）违法处分、侵吞未成年人的财产或者利用未成年人牟取不正当利益；

（十一）其他侵犯未成年人身心健康、财产权益或者不依法履行未成年人保护义务的行为。

3.《预防未成年人犯罪法》（2020年12月26日）

第三十七条　未成年人的父母或者其他监护人、学校发现未成年人组织或者参加实施不良行为的团伙，应当及时制止；发现该团伙有违法犯罪嫌疑的，应当立即向公安机关报告。

第三十九条　未成年人的父母或者其他监护人、学校、居民委员会、村民委员会发现有人教唆、胁迫、引诱未成年人实施严重不良行为的，应当立即向公安机关报告。公安机关接到报告或者发现有上述情形的，应当及时依法查处；对人身安全受到威胁的未成年人，应当立即采取有效保护措施。

4.《关于防治中小学生欺凌和暴力的指导意见》（2016年11月1日）

6. 强化教育惩戒威慑作用。对实施欺凌和暴力的中小学生必须依法依规采取适当的矫治措施予以教育惩戒，既做到真情关爱、真诚帮助，力促学生内心感化、行为转化，又充分发挥教育惩戒措施的威慑作用。对实施欺凌和暴力的学生，学校和家长要进行严肃的批评教育和警示谈话，情节较重的，公安机关应参与警示教育。对屡教不改、多次实施欺凌和暴力的学生，应登记在案并将其表现记入学生综合素质评价，必要时转入专门学校就读。对构成违法犯罪的学生，根据《刑法》、《治安管理处罚法》、《预防未成年人犯罪法》等法律法规予以处置，区别不同情况，责令家长或者监护人严加管教，必要时可由政府收容教养，或者给予相应的行政、刑事处罚，特别是对犯罪性质和情节恶劣、手段残忍、后果严重的，必须坚决依法惩处。对校外成年人教唆、胁迫、诱骗、利用在校中小学生违法犯罪行为，必须依法从重惩处，有效遏制学生欺凌和暴力等案事件发生。各级公安、检察、审判机关要依法办理学生欺凌和暴力犯罪案件，做好相关侦查、审查逮捕、审查起诉、诉讼监督、审判和犯罪预防工作。

9. 依法落实家长监护责任。管教孩子是家长的法定监护职责。引导广大家长要增强法治意识,掌握科学的家庭教育理念,尽量多安排时间与孩子相处交流,及时了解孩子的日常表现和思想状况,积极与学校沟通情况,自觉发挥榜样作用,切实加强对孩子的管教,特别要做好孩子离校后的监管看护教育工作,避免放任不管、缺教少护、教而不当。要落实监护人责任追究制度,根据《民法》等相关法律法规,未成年学生对他人的人身和财产造成损害的,依法追究其监护人的法律责任。

5.《学生伤害事故处理办法》(2010年12月13日)

第十条 学生或者未成年学生监护人由于过错,有下列情形之一,造成学生伤害事故,应当依法承担相应的责任:

(一)学生违反法律法规的规定,违反社会公共行为准则、学校的规章制度或者纪律,实施按其年龄和认知能力应当知道具有危险或者可能危及他人的行为的;

(二)学生行为具有危险性,学校、教师已经告诫、纠正,但学生不听劝阻、拒不改正的;

(三)学生或者其监护人知道学生有特异体质,或者患有特定疾病,但未告知学校的;

(四)未成年学生的身体状况、行为、情绪等有异常情况,监护人知道或者已被学校告知,但未履行相应监护职责的;

(五)学生或者未成年学生监护人有其他过错的。

✤ 典型案例

1. 毛某1、毛某2生命权、健康权、身体权纠纷案[①]

◎ **基本案情**

陈某某与丈夫李某某(2013年4月5日去世)共同生育了李某(1994年5月31日生)、李某8(1998年5月18日生)两个儿子。2015年5月27日21时许,李某酒后与弟弟李某8及同乡李某3、石某1、石某2、苏

---

① (2017)云04民终435号,载中国裁判文书网。

某某6人从某1路往某2路步行至某路口时，杨某某（1995年8月22日生）酒后驾驶着一辆踏板两轮摩托车载着毛某1、李某1、李某2行驶至某路口处，杨某某与李某因避让一事发生口角，李某8去解释后6人继续往某2路方向行走。杨某某将车停下后从摩托车座位底下拿出两把跳刀交给李某1一把，自己拿着一把跳刀后冲到某路段用手勒着李某的脖子并用跳刀恐吓李某，李某8劝阻无效，石某2想去推开杨某某未果，杨某某用跳刀往李某的身上乱捅，两人扭打在一起。李某1紧随杨某某之后来到与李某3打在一起，毛某1从摩托车排气管旁拿出一把钢管刀最后上来打李某3，李某2用手乱打，由此引发双方械斗。在双方械斗过程中，李某8看到因李某3与李某1打斗中李某1掉在地上的跳刀后，捡起来交给哥哥李某，李某用跳刀致伤杨某某后，杨某某就叫着同伴往某1路方向跑去，石某2等人追到公厕旁后未再继续追赶，随后与同伴一起扶着李某往某银行方向行走，巡警到来后将李某送到某医院进行抢救，李某经抢救无效而死亡。杨某某跑到某1路上后因左腋下受伤失血过多站立不稳而摔到某1路下，后被送到医院抢救无效死亡。经某县公安局鉴定，李某系因右肺破裂及右肺动脉破裂引起大出血导致死亡，杨某某系锐器刺破左肺叶引起大出血导致死亡。2015年7月3日，某县人民检察院向某县公安局出具不批准逮捕决定书，以犯罪嫌疑人李某8、李某3、石某1、石某2、苏某某的行为属于正当防卫、不负刑事责任为由作出不予批准逮捕的决定；以犯罪嫌疑人毛某1负刑事责任年龄的事实不清、证据不足为由作出不予批准逮捕的决定。因李某8、李某3、石某1、石某2、苏某某的行为属于正当防卫，不构成犯罪，某县公安局于2015年11月26日作出终止侦查决定书，决定终止对毛某1、李某1、李某2、李某8、李某3、石某1、石某2、苏某某的侦查。2015年11月27日，某县公安局作出撤销案件决定书，决定撤销此案。

另查明，杨某、王某某夫妻系杨某某的父母。杨某某案发时驾驶的摩托车系父母赠与，于案发前2个月购买，价格为8000余元，未登记注册，现登记在杨某1（杨某某姐姐）名下。杨某、王某某陈述因对该车有忌讳，现仅价值2000元，杨某某名下再无其他任何财产。庭审中，陈某某表示，对于杨某某案发时所驾驶的摩托车价格不要求鉴定，由法院酌情考虑。

◎ 裁判要点

人民法院经审理认为，《侵权责任法》第6条第1款规定，行为人因过错侵害他人民事权益，应当承担侵权责任。第8条规定，二人以上共同实施侵权行为，造成他人损害的，应当承担连带责任。第9条规定，教唆、帮助他人实施侵权行为的，应当与行为人承担连带责任。本案中，杨某某与李某等人因避让事宜发生口角后，杨某某邀约毛某1、李某1、李某2三人共同对李某等人实施恐吓、殴打，并用刀刺伤李某，导致李某抢救无效死亡，杨某某、毛某1、李某1、李某2的行为构成了侵权的意思联络，应对李某的死亡产生的费用承担连带赔偿责任，一审结合各自过错程度确定由杨某某对李某的死亡承担55%的责任，由毛某1、李某1、李某2各承担15%的责任，并相互承担连带赔偿责任，符合法律规定，予以维持。

2. 陈某某与蒋某、朱某某等生命权、健康权、身体权纠纷案①

◎ 基本案情

蒋某某与陈某为蒋某父母。朱某某因琐事与陈某某发生纠纷，2017年9月30日，朱某某于蒋某所在学校找到蒋某并携蒋某、王某等人与陈某某在某饭店××包厢见面商谈。商谈过程中，蒋某持携带刀具将陈某某面部、左肩部等处刺伤。事件发生后，陈某某被送往某医院治疗，于2017年10月13日出院，共住院13天，并在某医院门诊治疗，共花费医药费12771.36元。

经某法律服务所委托，某司法鉴定所于2018年7月11日出具鉴定意见书，鉴定意见为陈某某面部遗留疤痕构成十级伤残，误工时限为90日，营养时限为30日，护理时限为伤后30日以内1人护理。陈某某为此支付鉴定费3060元。蒋某认为上述鉴定系由某法律服务所委托鉴定，原告的

---

① （2019）苏0582民初3096号，载中国裁判文书网。

委托诉讼代理人又属于某法律服务所，系自行委托鉴定，故只认可鉴定意见中原告的误工时限、营养时限及护理时限，而不认可原告面部疤痕构成伤残等级，并申请对原告面部遗留疤痕伤残等级进行重新鉴定。

◎ 裁判要点

人民法院经审理认为，教唆、帮助无民事行为能力人、限制民事行为能力人实施侵权行为的，应当承担侵权责任；该无民事行为能力人、限制民事行为能力人的监护人未尽到监护责任的，应当承担相应的责任。本案事故发生时，被告蒋某为未成年人且在校学习期间，结合朱某某、蒋某及王某在公安机关讯问笔录中的陈述可以看出，被告蒋某与原告之间并无矛盾，而系由被告朱某某授意携带刀具，并受被告朱某某事前指使才对原告实施了伤害行为，故被告朱某某构成教唆限制民事行为能力人实施侵权行为，应对原告的受伤后果承担民事赔偿责任。本案侵权行为发生在被告蒋某在校学习期间，难言被告蒋某某、陈某未尽到监护责任，故被告蒋某某、陈某不承担责任。

第十三条 被侵权人合并请求教唆人、帮助人与监护人、受托监护人承担责任时的责任分配规则

> 教唆、帮助无民事行为能力人、限制民事行为能力人实施侵权行为，被侵权人合并请求教唆人、帮助人与监护人以及受托履行监护职责的人承担侵权责任的，依照本解释第十条、第十二条的规定认定民事责任。

◎ 要点提示

本条是关于被侵权人合并请求教唆人、帮助人与监护人、受托监护人承担责任时，三者责任分配规则的规定。依据本解释第 10 条的规定，受托代为履行监护职责的人与监护人共同承担责任。因此，在本条规定的被侵权人合并请求三者承担责任时，首先将监护人与代为履行监护职责的人

作一体观察,依据本解释第 12 条的规定,对在未尽到监护职责的范围对应责任作出确认。在此基础上,根据受托人的具体过错程度,依据本解释第 10 条规定,对受托人应当承担责任范围,以及其与监护人之间责任追偿问题作出判定。

❋ 关联规定

1.《民法典》(2020 年 5 月 28 日)

第二十七条　父母是未成年子女的监护人。

未成年人的父母已经死亡或者没有监护能力的,由下列有监护能力的人按顺序担任监护人:

(一)祖父母、外祖父母;

(二)兄、姐;

(三)其他愿意担任监护人的个人或者组织,但是须经未成年人住所地的居民委员会、村民委员会或者民政部门同意。

第二十八条　无民事行为能力或者限制民事行为能力的成年人,由下列有监护能力的人按顺序担任监护人:

(一)配偶;

(二)父母、子女;

(三)其他近亲属;

(四)其他愿意担任监护人的个人或者组织,但是须经被监护人住所地的居民委员会、村民委员会或者民政部门同意。

第二十九条　被监护人的父母担任监护人的,可以通过遗嘱指定监护人。

第三十一条　对监护人的确定有争议的,由被监护人住所地的居民委员会、村民委员会或者民政部门指定监护人,有关当事人对指定不服的,可以向人民法院申请指定监护人;有关当事人也可以直接向人民法院申请指定监护人。

居民委员会、村民委员会、民政部门或者人民法院应当尊重被监护人的真实意愿,按照最有利于被监护人的原则在依法具有监护资格的人中指定监护人。

依据本条第一款规定指定监护人前,被监护人的人身权利、财产权利以及其他合法权益处于无人保护状态的,由被监护人住所地的居民委员会、村民委员会、法律规定的有关组织或者民政部门担任临时监护人。

监护人被指定后,不得擅自变更;擅自变更的,不免除被指定的监护人的责任。

第三十二条 没有依法具有监护资格的人的,监护人由民政部门担任,也可以由具备履行监护职责条件的被监护人住所地的居民委员会、村民委员会担任。

第三十三条 具有完全民事行为能力的成年人,可以与其近亲属、其他愿意担任监护人的个人或者组织事先协商,以书面形式确定自己的监护人,在自己丧失或者部分丧失民事行为能力时,由该监护人履行监护职责。

第九百二十九条 有偿的委托合同,因受托人的过错造成委托人损失的,委托人可以请求赔偿损失。无偿的委托合同,因受托人的故意或者重大过失造成委托人损失的,委托人可以请求赔偿损失。

受托人超越权限造成委托人损失的,应当赔偿损失。

第一千零六十八条 父母有教育、保护未成年子女的权利和义务。未成年子女造成他人损害的,父母应当依法承担民事责任。

第一千一百六十九条 教唆、帮助他人实施侵权行为的,应当与行为人承担连带责任。

教唆、帮助无民事行为能力人、限制民事行为能力人实施侵权行为的,应当承担侵权责任;该无民事行为能力人、限制民事行为能力人的监护人未尽到监护职责的,应当承担相应的责任。

第一千一百八十八条 无民事行为能力人、限制民事行为能力人造成他人损害的,由监护人承担侵权责任。监护人尽到监护职责的,可以减轻其侵权责任。

有财产的无民事行为能力人、限制民事行为能力人造成他人损害的,从本人财产中支付赔偿费用;不足部分,由监护人赔偿。

第一千一百八十九条 无民事行为能力人、限制民事行为能力人造成他人损害，监护人将监护职责委托给他人的，监护人应当承担侵权责任；受托人有过错的，承担相应的责任。

2.《民事诉讼法》（2023年9月1日）

第五十五条 当事人一方或者双方为二人以上，其诉讼标的是共同的，或者诉讼标的是同一种类、人民法院认为可以合并审理并经当事人同意的，为共同诉讼。

共同诉讼的一方当事人对诉讼标的有共同权利义务的，其中一人的诉讼行为经其他共同诉讼人承认，对其他共同诉讼人发生效力；对诉讼标的没有共同权利义务的，其中一人的诉讼行为对其他共同诉讼人不发生效力。

3.《未成年人保护法》（2024年4月26日）

第二十二条 未成年人的父母或者其他监护人因外出务工等原因在一定期限内不能完全履行监护职责的，应当委托具有照护能力的完全民事行为能力人代为照护；无正当理由的，不得委托他人代为照护。

未成年人的父母或者其他监护人在确定被委托人时，应当综合考虑其道德品质、家庭状况、身心健康状况、与未成年人生活情感上的联系等情况，并听取有表达意愿能力未成年人的意见。

具有下列情形之一的，不得作为被委托人：

（一）曾实施性侵害、虐待、遗弃、拐卖、暴力伤害等违法犯罪行为；

（二）有吸毒、酗酒、赌博等恶习；

（三）曾拒不履行或者长期怠于履行监护、照护职责；

（四）其他不适宜担任被委托人的情形。

第二十三条 未成年人的父母或者其他监护人应当及时将委托照护情况书面告知未成年人所在学校、幼儿园和实际居住地的居民委员会、村民委员会，加强和未成年人所在学校、幼儿园的沟通；与未成年人、被委托人至少每周联系和交流一次，了解未成年人的生活、学习、心理等情况，并给予未成年人亲情关爱。

未成年人的父母或者其他监护人接到被委托人、居民委员会、村民委员会、学校、幼儿园等关于未成年人心理、行为异常的通知后，应当及时采取干预措施。

4.《家庭教育促进法》(2021年10月23日)

第二十一条 未成年人的父母或者其他监护人依法委托他人代为照护未成年人的，应当与被委托人、未成年人保持联系，定期了解未成年人学习、生活情况和心理状况，与被委托人共同履行家庭教育责任。

第二十三条 未成年人的父母或者其他监护人不得因性别、身体状况、智力等歧视未成年人，不得实施家庭暴力，不得胁迫、引诱、教唆、纵容、利用未成年人从事违反法律法规和社会公德的活动。

第四十八条 未成年人住所地的居民委员会、村民委员会、妇女联合会，未成年人的父母或者其他监护人所在单位，以及中小学校、幼儿园等有关密切接触未成年人的单位，发现父母或者其他监护人拒绝、怠于履行家庭教育责任，或者非法阻碍其他监护人实施家庭教育的，应当予以批评教育、劝诫制止，必要时督促其接受家庭教育指导。

未成年人的父母或者其他监护人依法委托他人代为照护未成年人，有关单位发现被委托人不依法履行家庭教育责任的，适用前款规定。

5.《最高人民法院关于适用〈中华人民共和国民法典〉总则编若干问题的解释》(2022年2月24日)

第八条 未成年人的父母与其他依法具有监护资格的人订立协议，约定免除具有监护能力的父母的监护职责的，人民法院不予支持。协议约定在未成年人的父母丧失监护能力时由该具有监护资格的人担任监护人的，人民法院依法予以支持。

依法具有监护资格的人之间依据民法典第三十条的规定，约定由民法典第二十七条第二款、第二十八条规定的不同顺序的人共同担任监护人，或者由顺序在后的人担任监护人的，人民法院依法予以支持。

第十一条 具有完全民事行为能力的成年人与他人依据民法典第三十三条的规定订立书面协议事先确定自己的监护人后，协议的任何一方在该成年人丧失或者部分丧失民事行为能力前请求解除协议的，人民法院依法予以支持。该成年人丧失或者部分丧失民事行为能力后，协议确定的监护人无正当理由请求解除协议的，人民法院不予支持。

该成年人丧失或者部分丧失民事行为能力后，协议确定的监护人有民法典第三十六条第一款规定的情形之一，该条第二款规定的有关个人、组织申请撤销其监护人资格的，人民法院依法予以支持。

第十三条 监护人因患病、外出务工等原因在一定期限内不能完全履行监护职责，将全部或者部分监护职责委托给他人，当事人主张受托人因此成为监护人的，人民法院不予支持。

6.《最高人民法院关于适用〈中华人民共和国民法典〉侵权责任编的解释（一）》（2024年9月25日）

第十条 无民事行为能力人、限制民事行为能力人造成他人损害，被侵权人合并请求监护人和受托履行监护职责的人承担侵权责任的，依照民法典第一千一百八十九条的规定，监护人承担侵权人应承担的全部责任；受托人在过错范围内与监护人共同承担责任，但责任主体实际支付的赔偿费用总和不应超出被侵权人应受偿的损失数额。

监护人承担责任后向受托人追偿的，人民法院可以参照民法典第九百二十九条的规定处理。

仅有一般过失的无偿受托人承担责任后向监护人追偿的，人民法院应予支持。

第十二条 教唆、帮助无民事行为能力人、限制民事行为能力人实施侵权行为，被侵权人合并请求教唆人、帮助人以及监护人承担侵权责任的，依照民法典第一千一百六十九条第二款的规定，教唆人、帮助人承担侵权人应承担的全部责任；监护人在未尽到监护职责的范围内与教唆人、帮助人共同承担责任，但责任主体实际支付的赔偿费用总和不应超出被侵权人应受偿的损失数额。

监护人先行支付赔偿费用后，就超过自己相应责任的部分向教唆人、帮助人追偿的，人民法院应予支持。

7.《最高人民法院关于适用〈中华人民共和国民事诉讼法〉的解释》
（2022年4月1日）

第一百二十一条 当事人申请鉴定，可以在举证期限届满前提出。申请鉴定的事项与待证事实无关联，或者对证明待证事实无意义的，人民法院不予准许。

人民法院准许当事人鉴定申请的，应当组织双方当事人协商确定具备相应资格的鉴定人。当事人协商不成的，由人民法院指定。

符合依职权调查收集证据条件的，人民法院应当依职权委托鉴定，在询问当事人的意见后，指定具备相应资格的鉴定人。

第一百二十二条 当事人可以依照民事诉讼法第八十二条的规定，在举证期限届满前申请一至二名具有专门知识的人出庭，代表当事人对鉴定意见进行质证，或者对案件事实所涉及的专业问题提出意见。

具有专门知识的人在法庭上就专业问题提出的意见，视为当事人的陈述。

人民法院准许当事人申请的，相关费用由提出申请的当事人负担。

❖ 典型案例

1. 梁某、李某机动车交通事故责任纠纷案[①]

◎ **基本案情**

2017年11月13日4时45分，张某在未取得机动车驾驶证的情况下驾驶未悬挂号牌的普通二轮摩托车（载洪某、李某1）在某路线由西区往某镇方向行驶，行至某1镇××线某路口时，车辆碰撞道路设置分道绕行的水泥墩，造成李某1现场死亡、洪某、张某受伤和车辆损坏。肇事后，某交通警察支队作出《道路交通事故认定书》，认定张某承担事故的全部责任；

[①] （2018）粤20民终6387号，载中国裁判文书网。

洪某、李某1不承担本次事故的责任。

张某驾驶的无号牌普通二轮摩托车登记车主为洪某,该车在某保险公司投保责任限额为122000元的交强险。交强险各项赔偿限额为:死亡伤残金赔偿限额110000元,医疗费用赔偿限额10000元,财产损失赔偿限额2000元。

梁某、李某系夫妻关系,为李某1的法定第一顺序继承人。事故发生后,张某已支付10000元及洪某已支付25000元给梁某、李某。

◎ 裁判要点

人民法院经审理认为,根据张某提交的退学申请书、工作证明、工资表反映,张某虽自2017年9月开始未返校就读,但至事故发生时尚未返校办理退学手续,即仍属于在校学生,其提交的工作证明、工资表等亦不足以证明其能够以自己的劳动收入为主要生活来源,其在本案事故发生时属于年满16周岁但不满18周岁的未成年人,故应认定其在本案事故发生时仍属于限制民事行为能力人。根据《侵权责任法》第9条第2款之规定,教唆、帮助无民事行为能力人、限制民事行为能力人实施侵权行为的,应当承担侵权责任;该无民事行为能力人、限制民事行为能力人的监护人未尽到监护责任的,应当承担相应的责任。张某在本案事故发生时为限制民事行为能力人,而根据张某、洪某等人的陈述及本院刑事裁定书认定事实,洪某明知张某未满18周岁,无法取得机动车驾驶证,且事故发生前在一起饮酒,但其仍漠视交通法规,将无号牌摩托车交给张某驾驶,在张某不知如何启动摩托车时又主动上前启动摩托车,指使张某违章驾驶,造成本案事故发生,其行为符合上述法律规定之教唆、帮助限制民事行为能力人实施侵权行为,应当承担侵权责任。而张某之父母未尽到一名未成年人父母应尽的管理监护职责,应承担相应的责任,因张某为肇事机动车驾驶人,对本案事故发生责任重大,法院认定,由洪某对梁某、李某的损失承担70%的赔偿责任,张某之父母张某某、李某某亦在该70%的损失范围内承担赔偿责任。

2. 马某1与马某2、马某3等生命权、健康权、身体权纠纷案[①]

◎ **基本案情**

2019年3月29日18时左右，马某某、马某1、马某4、马某3、蒲某、马某等5、6个未成年人在某篮球场玩耍，马某2开车去接马某某、马某1、马某4、蒲某，他们上了马某2的车，在车上玩。马某3和马某5打了起来，马某2便下车将两人拉开。后马某2让马某1和马某3比一下，看谁厉害，说完，马某1就下车了，马某1和马某3在旁边的草地上开始摔跤，马某3将马某1绊倒，致马某1受伤。

马某1受伤后，于2019年4月2日至2019年4月5日在某医院住院治疗3天。出院主要诊断：肱骨髁上骨折，于2019年4月2日行肱骨骨折闭合复位钢针内固定术。出院医嘱要求继续石膏固定4周，休息1月，住院期间及休息期间陪护1人，待骨折愈合后将内固定装置取出。原告支出住院费5810.72元、门诊费1125.86元，合计支出医疗费6936.58元。

2019年4月1日，某司法鉴定中心作出司法鉴定意见书，鉴定意见：（1）被鉴定人马某1因外伤致右肱骨髁上骨折，骨折线累及骨骺，属十级伤残。（2）误工期、护理期、营养期评定：从受伤之日起，护理期评定为60日，营养期评定为60日。鉴定费支出1580元，鉴定支出技术照相费60元。2019年7月30日，某市公安局作出鉴定意见书，鉴定意见：被鉴定人马某1损伤程度为轻伤二级。

◎ **裁判要点**

人民法院经审理认为，本案原告之所以与被告马某3进行摔跤，主要是受马某2教唆，马某2作为成年人，其教唆两个限制民事行为能力人进行摔跤，其具有主要过错，应承担主要责任，即70%的责任。原告和被告马某3的监护人未尽到监护责任，具有一定的过错，其各应承担15%的责任。原告损失：医疗费6936.58元、住院伙食补助费75元、营养费1000元、护理费12609元、残疾赔偿金65528元、交通费250元、鉴定费1440

[①] （2019）新2301民初7168号，载中国裁判文书网。

元，应由被告马某 2 承担 70%，即医疗费 4855.6 元、住院伙食补助费 52.5 元、营养费 700 元、护理费 8826.3 元、残疾赔偿金 45869.6 元、交通费 175 元、鉴定费 1008 元，并另行赔偿原告精神损害抚慰金 700 元，合计 62187 元；应由被告马某 4 承担 15%，即医疗费 1040.5 元、住院伙食补助费 11.25 元、营养费 150 元、护理费 1891.35 元、残疾赔偿金 9829.2 元、交通费 37.5 元、鉴定费 216 元，并另行赔偿原告精神损害抚慰金 150 元，合计 13325.8 元；应由原告自行承担 15%的责任。

第十四条　第三人侵权时教育机构补充责任顺位抗辩

无民事行为能力人或者限制民事行为能力人在幼儿园、学校或者其他教育机构学习、生活期间，受到教育机构以外的第三人人身损害，第三人、教育机构作为共同被告且依法应承担侵权责任的，人民法院应当在判决中明确，教育机构在人民法院就第三人的财产依法强制执行后仍不能履行的范围内，承担与其过错相应的补充责任。

被侵权人仅起诉教育机构的，人民法院应当向原告释明申请追加实施侵权行为的第三人为共同被告。

第三人不确定的，未尽到管理职责的教育机构先行承担与其过错相应的责任；教育机构承担责任后向已经确定的第三人追偿的，人民法院依照民法典第一千二百零一条的规定予以支持。

❖ 要点提示

本条是关于第三人侵权时教育机构补充责任顺位抗辩的程序体现、裁判主文、第三人不明时责任承担的具体规定。对于本条的适用应当注意：首先，为充分彰显补充责任的制度内涵，保障依法应当承担侵权的教育机构的责任顺位利益，人民法院在以第三人与教育机构作为共同被告的诉讼中，判决时不但应当明确教育机构应当承担的责任范围，同时，应当在判决书中明确，教育机构该责任的承担需以人民法院就第三人的财产依法强制执行后仍不能履行为前提，其最终实际承担的范围也需限制在强制执行后仍不能履行的范围内。其次，如果诉讼时实施侵权行为的第三人能够确定，一般不单独列教育机构为被告，被侵权人仅起诉教育机构的，法院应当向原告释明申请追加实施侵权行为的第三人为共同被告，而不是直接通知第三人参加诉讼。此外，如果诉讼时，实施侵权行为的第三人尚无法确定的，应判决由未尽到管理职责的教育机构先行承担责任，但其责任范围应与过错程度相适应，且教育机构承担前述责任后，实施侵权行为的第三人可以确定时，教育机构也可以依据《民法典》第1201条的规定，就其已经承担的责任向第三人追偿。

关联规定

1.《民法典》（2020年5月28日）

第一千一百九十八条　宾馆、商场、银行、车站、机场、体育场馆、娱乐场所等经营场所、公共场所的经营者、管理者或者群众性活动的组织者，未尽到安全保障义务，造成他人损害的，应当承担侵权责任。

因第三人的行为造成他人损害的，由第三人承担侵权责任；经营者、管理者或者组织者未尽到安全保障义务的，承担相应的补充责任。经营者、管理者或者组织者承担补充责任后，可以向第三人追偿。

第一千一百九十九条　无民事行为能力人在幼儿园、学校或者其他教育机构学习、生活期间受到人身损害的，幼儿园、学校或者其他教育机构应当承担侵权责任；但是，能够证明尽到教育、管理职责的，不承担责任。

第一千二百条　限制民事行为能力人在学校或者其他教育机构学习、生活期间受到人身损害，学校或者其他教育机构未尽到教育、管理职责的，应当承担侵权责任。

第一千二百零一条　无民事行为能力人或者限制民事行为能力人在幼儿园、学校或者其他教育机构学习、生活期间，受到幼儿园、学校或者其他教育机构以外的第三人人身损害的，由第三人承担侵权责任；幼儿园、学校或者其他教育机构未尽到管理职责的，承担相应的补充责任。幼儿园、学校或者其他教育机构承担补充责任后，可以向第三人追偿。

2.《民事诉讼法》（2023年9月1日）

第五十九条　对当事人双方的诉讼标的，第三人认为有独立请求权的，有权提起诉讼。

对当事人双方的诉讼标的，第三人虽然没有独立请求权，但案件处理结果同他有法律上的利害关系的，可以申请参加诉讼，或者由人民法院通知他参加诉讼。人民法院判决承担民事责任的第三人，有当事人的诉讼权利义务。

前两款规定的第三人，因不能归责于本人的事由未参加诉讼，但有证据证明发生法律效力的判决、裁定、调解书的部分或者全部内容错误，损害其民事权益的，可以自知道或者应当知道其民事权益受到损害之日起六个月内，向作出该判决、裁定、调解书的人民法院提起诉讼。人民法院经审理，诉讼请求成立的，应当改变或者撤销原判决、裁定、调解书；诉讼请求不成立的，驳回诉讼请求。

3.《义务教育法》（2018年12月29日）

第二十四条　学校应当建立、健全安全制度和应急机制，对学生进行安全教育，加强管理，及时消除隐患，预防发生事故。

县级以上地方人民政府定期对学校校舍安全进行检查；对需要维修、改造的，及时予以维修、改造。

学校不得聘用曾经因故意犯罪被依法剥夺政治权利或者其他不适合从事义务教育工作的人担任工作人员。

4.《未成年人保护法》（2024年4月26日）

第三十五条　学校、幼儿园应当建立安全管理制度，对未成年人进行安全教育，完善安保设施、配备安保人员，保障未成年人在校、在园期间的人身和财产安全。

学校、幼儿园不得在危及未成年人人身安全、身心健康的校舍和其他设施、场所中进行教育教学活动。

学校、幼儿园安排未成年人参加文化娱乐、社会实践等集体活动，应当保护未成年人的身心健康，防止发生人身伤害事故。

第三十七条 学校、幼儿园应当根据需要，制定应对自然灾害、事故灾难、公共卫生事件等突发事件和意外伤害的预案，配备相应设施并定期进行必要的演练。

未成年人在校内、园内或者本校、本园组织的校外、园外活动中发生人身伤害事故的，学校、幼儿园应当立即救护，妥善处理，及时通知未成年人的父母或者其他监护人，并向有关部门报告。

第三十九条 学校应当建立学生欺凌防控工作制度，对教职员工、学生等开展防治学生欺凌的教育和培训。

学校对学生欺凌行为应当立即制止，通知实施欺凌和被欺凌未成年学生的父母或者其他监护人参与欺凌行为的认定和处理；对相关未成年学生及时给予心理辅导、教育和引导；对相关未成年学生的父母或者其他监护人给予必要的家庭教育指导。

对实施欺凌的未成年学生，学校应当根据欺凌行为的性质和程度，依法加强管教。对严重的欺凌行为，学校不得隐瞒，应当及时向公安机关、教育行政部门报告，并配合相关部门依法处理。

第四十条 学校、幼儿园应当建立预防性侵害、性骚扰未成年人工作制度。对性侵害、性骚扰未成年人等违法犯罪行为，学校、幼儿园不得隐瞒，应当及时向公安机关、教育行政部门报告，并配合相关部门依法处理。

学校、幼儿园应当对未成年人开展适合其年龄的性教育，提高未成年人防范性侵害、性骚扰的自我保护意识和能力。对遭受性侵害、性骚扰的未成年人，学校、幼儿园应当及时采取相关的保护措施。

5.《最高人民法院关于适用〈中华人民共和国民事诉讼法〉的解释》
（2022年4月1日）

第八十一条 根据民事诉讼法第五十九条的规定，有独立请求权的第三人有权向人民法院提出诉讼请求和事实、理由，成为当事人；无独立请求权的第三人，可以申请或者由人民法院通知参加诉讼。

第一审程序中未参加诉讼的第三人，申请参加第二审程序的，人民法院可以准许。

第一百五十条 人民法院调解民事案件，需由无独立请求权的第三人承担责任的，应当经其同意。该第三人在调解书送达前反悔的，人民法院应当及时裁判。

第二百二十二条 原告在起诉状中直接列写第三人的，视为其申请人民法院追加该第三人参加诉讼。是否通知第三人参加诉讼，由人民法院审查决定。

第二百三十六条 有独立请求权的第三人经人民法院传票传唤，无正当理由拒不到庭的，或者未经法庭许可中途退庭的，比照民事诉讼法第一百四十六条的规定，按撤诉处理。

第二百四十条 无独立请求权的第三人经人民法院传票传唤，无正当理由拒不到庭，或者未经法庭许可中途退庭的，不影响案件的审理。

6.《最高人民法院关于全面加强未成年人司法保护及犯罪防治工作的意见》(2024年5月28日)

31. 依法从严处理学生欺凌。人民法院在相关案件中发现存在学生欺凌现象的，应当与学校或培训机构及教育主管部门沟通，建议及时予以严肃处理，并跟进处理进展。未成年人因学生欺凌等行为遭受损害的，人民法院应当综合考虑欺凌行为的强度、持续时间以及对被侵害人身体、心理造成的损害后果等各方面因素，依法判决侵权人承担侵权责任。充分发挥赔礼道歉的修复、抚慰、诫勉功能和作用，探索通过诉前调解等方式，促使实施学生欺凌的未成年人真诚赔礼道歉。学校、培训机构等未尽到教育管理职责的，依法判决承担侵权责任，并根据情况发送司法建议。欺凌行为构成犯罪的，依法追究刑事责任。

32. 妥善处理校园纠纷。人民法院审理校园纠纷案件，应当在查明事实、分清责任的基础上，依法妥善化解矛盾。积极引导当事人依法理性维权,坚决依法惩治各类"校闹"等违法犯罪行为,维护学校正常教育教学秩序。未成年人在学校学习、生活期间发生人身损害,学校已经尽到教育管理职责的,依法判决学校不承担侵权责任,为学校依法依规开展教学管理提供司法保障。

7.《关于防治中小学生欺凌和暴力的指导意见》(2016年11月1日)

　　3. 严格学校日常安全管理。中小学校要制定防治学生欺凌和暴力工作制度,将其纳入学校安全工作统筹考虑,健全应急处置预案,建立早期预警、事中处理及事后干预等机制。要加强师生联系,密切家校沟通,及时掌握学生思想情绪和同学关系状况,特别要关注学生有无学习成绩突然下滑、精神恍惚、情绪反常、旷课等异常表现及产生的原因,对可能的欺凌和暴力行为做到早发现、早预防、早控制。严格落实值班、巡查制度,禁止学生携带管制刀具等危险物品进入学校,针对重点学生、重点区域、重点时段开展防治工作。对发现的欺凌和暴力事件线索和苗头要认真核实、准确研判,对早期发现的轻微欺凌事件,实施必要的教育、惩戒。

　　4. 强化学校周边综合治理。各级综治组织要加大新形势下群防群治工作力度,实现人防物防技防在基层综治中心的深度融合,动员社会各方面力量做好校园周边地区安全防范工作。要依托全国社会治安综合治理信息系统,整合各有关部门信息资源,发挥青少年犯罪信息数据库作用,加强对重点青少年群体的动态研判。进一步加强校园及周边地区社会治安防控体系建设,作为公共安全视频监控建设联网应用示范工作的重要内容,推进校园及周边地区公共安全视频监控系统全覆盖,加大视频图像集成应用力度,实现对青少年违法犯罪活动的预测预警、实时监控、轨迹追踪及动态管控。把学校周边作为社会治安重点地区排查整治工作的重点,加强组织部署和检查考核。要对中小学生欺凌和暴力问题突出的地区和单位,根据《中共中央办公厅 国务院办公厅关于印发〈健全落实社会治安综合治理领导责任制规定〉的通知》要求,通过通报、约谈、挂牌督办、实施一票否决权制等方式进行综治领导责任督导和追究。公安机关要在治安情况复杂、问题较多的学校周边设置警务室或治安岗亭,密切与学校的沟通协作，积极配合学校排查发现学生欺凌和暴力隐患苗头，并及时预防处置。要加强学生上下学重要时段、学生途经重点路段的巡逻防控和治安盘查，对发现的苗头性、倾向性欺凌和暴力问题，要采取相应防范措施并通知学校和家长，及时干预，震慑犯罪。

5. 保护遭受欺凌和暴力学生身心安全。各地要建立中小学生欺凌和暴力事件及时报告制度，一旦发现学生遭受欺凌和暴力，学校和家长要及时相互通知，对严重的欺凌和暴力事件，要向上级教育主管部门报告，并迅速联络公安机关介入处置。报告时相关人员有义务保护未成年人合法权益，学校、家长、公安机关及媒体应保护遭受欺凌和暴力学生以及知情学生的身心安全，严格保护学生隐私，防止泄露有关学生个人及其家庭的信息。特别要防止网络传播等因素导致事态蔓延，造成恶劣社会影响，使受害学生再次受到伤害。

6. 强化教育惩戒威慑作用。对实施欺凌和暴力的中小学生必须依法依规采取适当的矫治措施予以教育惩戒，既做到真情关爱、真诚帮助，力促学生内心感化、行为转化，又充分发挥教育惩戒措施的威慑作用。对实施欺凌和暴力的学生，学校和家长要进行严肃的批评教育和警示谈话，情节较重的，公安机关应参与警示教育。对屡教不改、多次实施欺凌和暴力的学生，应登记在案并将其表现记入学生综合素质评价，必要时转入专门学校就读。对构成违法犯罪的学生，根据《刑法》、《治安管理处罚法》、《预防未成年人犯罪法》等法律法规予以处置，区别不同情况，责令家长或者监护人严加管教，必要时可由政府收容教养，或者给予相应的行政、刑事处罚，特别是对犯罪性质和情节恶劣、手段残忍、后果严重的，必须坚决依法惩处。对校外成年人教唆、胁迫、诱骗、利用在校中小学生违法犯罪行为，必须依法从重惩处，有效遏制学生欺凌和暴力等案事件发生。各级公安、检察、审判机关要依法办理学生欺凌和暴力犯罪案件，做好相关侦查、审查逮捕、审查起诉、诉讼监督、审判和犯罪预防工作。

10. 加强平安文明校园建设。中小学校要把防治学生欺凌和暴力作为加强平安文明校园建设的重要内容。学校党组织要充分发挥政治核心作用，加强组织协调和教育引导。校长是学校防治学生欺凌和暴力的第一责任人，分管法治教育副校长和班主任是直接责任人，要充分调动全体教职工的积极性，明确相关岗位职责，将学校防治学生欺凌和暴力的各项工作落实到每个管理环节、每位教职工。要努力创造温馨和谐、积极向上的校园环境，重视校园绿化、美化和人文环境建设。加强优良校风、教风、学风建设，开展内容健康、格调高雅、丰富多彩的校园活动，形成团结向上、互助友爱、文明和谐的校园氛围，激励学生爱学校、爱老师、爱同学，提高校园整体文明程度。要健全各项管理制度、校规校纪，落实《义务教育学校管理标准》，提高学校治理水平，推进依法依规治校，建设无欺凌和暴力的平安文明校园。

8.《学生伤害事故处理办法》（2010年12月13日）

第五条 学校应当对在校学生进行必要的安全教育和自护自救教育；应当按照规定，建立健全安全制度，采取相应的管理措施，预防和消除教育教学环境中存在的安全隐患；当发生伤害事故时，应当及时采取措施救助受伤害学生。

学校对学生进行安全教育、管理和保护，应当针对学生年龄、认知能力和法律行为能力的不同，采用相应的内容和预防措施。

第九条 因下列情形之一造成的学生伤害事故，学校应当依法承担相应的责任：

（一）学校的校舍、场地、其他公共设施，以及学校提供给学生使用的学具、教育教学和生活设施、设备不符合国家规定的标准，或者有明显不安全因素的；

（二）学校的安全保卫、消防、设施设备管理等安全管理制度有明显疏漏，或者管理混乱，存在重大安全隐患，而未及时采取措施的；

（三）学校向学生提供的药品、食品、饮用水等不符合国家或者行业的有关标准、要求的；

（四）学校组织学生参加教育教学活动或者校外活动，未对学生进行相应的安全教育，并未在可预见的范围内采取必要的安全措施的；

（五）学校知道教师或者其他工作人员患有不适宜担任教育教学工作

的疾病，但未采取必要措施的；

（六）学校违反有关规定，组织或者安排未成年学生从事不宜未成年人参加的劳动、体育运动或者其他活动的；

（七）学生有特异体质或者特定疾病，不宜参加某种教育教学活动，学校知道或者应当知道，但未予以必要的注意的；

（八）学生在校期间突发疾病或者受到伤害，学校发现，但未根据实际情况及时采取相应措施，导致不良后果加重的；

（九）学校教师或者其他工作人员体罚或者变相体罚学生，或者在履行职责过程中违反工作要求、操作规程、职业道德或者其他有关规定的；

（十）学校教师或者其他工作人员在负有组织、管理未成年学生的职责期间，发现学生行为具有危险性，但未进行必要的管理、告诫或者制止的；

（十一）对未成年学生擅自离校等与学生人身安全直接相关的信息，学校发现或者知道，但未及时告知未成年学生的监护人，导致未成年学生因脱离监护人的保护而发生伤害的；

（十二）学校有未依法履行职责的其他情形的。

第十条 学生或者未成年学生监护人由于过错，有下列情形之一，造成学生伤害事故，应当依法承担相应的责任：

（一）学生违反法律法规的规定，违反社会公共行为准则、学校的规章制度或者纪律，实施按其年龄和认知能力应当知道具有危险或者可能危及他人的行为的；

（二）学生行为具有危险性，学校、教师已经告诫、纠正，但学生不听劝阻、拒不改正的；

（三）学生或者其监护人知道学生有特异体质，或者患有特定疾病，但未告知学校的；

（四）未成年学生的身体状况、行为、情绪等有异常情况，监护人知道或者已被学校告知，但未履行相应监护职责的；

（五）学生或者未成年学生监护人有其他过错的。

第十一条 学校安排学生参加活动，因提供场地、设备、交通工具、食品及其他消费与服务的经营者，或者学校以外的活动组织者的过错造成的学生伤害事故，有过错的当事人应当依法承担相应的责任。

第十二条 因下列情形之一造成的学生伤害事故，学校已履行了相应职责，行为并无不当的，无法律责任：

（一）地震、雷击、台风、洪水等不可抗的自然因素造成的；

（二）来自学校外部的突发性、偶发性侵害造成的；

（三）学生有特异体质、特定疾病或者异常心理状态，学校不知道或者难于知道的；

（四）学生自杀、自伤的；

（五）在对抗性或者具有风险性的体育竞赛活动中发生意外伤害的；

（六）其他意外因素造成的。

第十三条 下列情形下发生的造成学生人身损害后果的事故，学校行为并无不当的，不承担事故责任；事故责任应当按有关法律法规或者其他有关规定认定：

（一）在学生自行上学、放学、返校、离校途中发生的；

（二）在学生自行外出或者擅自离校期间发生的；

（三）在放学后、节假日或者假期等学校工作时间以外，学生自行滞留学校或者自行到校发生的；

（四）其他在学校管理职责范围外发生的。

第十四条 因学校教师或者其他工作人员与其职务无关的个人行为，或者因学生、教师及其他个人故意实施的违法犯罪行为，造成学生人身损害的，由致害人依法承担相应的责任。

第二十三条 对发生学生伤害事故负有责任的组织或者个人，应当按照法律法规的有关规定，承担相应的损害赔偿责任。

第二十六条 学校对学生伤害事故负有责任的，根据责任大小，适当予以经济赔偿，但不承担解决户口、住房、就业等与救助受伤害学生、赔偿相应经济损失无直接关系的其他事项。

学校无责任的，如果有条件，可以根据实际情况，本着自愿和可能的原则，对受伤害学生给予适当的帮助。

第二十七条 因学校教师或者其他工作人员在履行职务中的故意或者重大过失造成的学生伤害事故，学校予以赔偿后，可以向有关责任人员追偿。

第二十八条 未成年学生对学生伤害事故负有责任的，由其监护人依法承担相应的赔偿责任。

学生的行为侵害学校教师及其他工作人员以及其他组织、个人的合法权益，造成损失的，成年学生或者未成年学生的监护人应当依法予以赔偿。

第三十一条 学校有条件的，应当依据保险法的有关规定，参加学校责任保险。

教育行政部门可以根据实际情况，鼓励中小学参加学校责任保险。

提倡学生自愿参加意外伤害保险。在尊重学生意愿的前提下，学校可以为学生参加意外伤害保险创造便利条件，但不得从中收取任何费用。

9.《未成年人学校保护规定》（2021年6月1日）

第十八条 学校应当落实法律规定建立学生欺凌防控和预防性侵害、性骚扰等专项制度，建立对学生欺凌、性侵害、性骚扰行为的零容忍处理机制和受伤害学生的关爱、帮扶机制。

第十九条 学校应当成立由校内相关人员、法治副校长、法律顾问、有关专家、家长代表、学生代表等参与的学生欺凌治理组织，负责学生欺凌行为的预防和宣传教育、组织认定、实施矫治、提供援助等。

学校应当定期针对全体学生开展防治欺凌专项调查，对学校是否存在欺凌等情形进行评估。

第二十条 学校应当教育、引导学生建立平等、友善、互助的同学关系，组织教职工学习预防、处理学生欺凌的相关政策、措施和方法，对学生开展相应的专题教育，并且应当根据情况给予相关学生家长必要的家庭教育指导。

第二十一条 教职工发现学生实施下列行为的，应当及时制止：

（一）殴打、脚踢、掌掴、抓咬、推撞、拉扯等侵犯他人身体或者恐吓威胁他人；

（二）以辱骂、讥讽、嘲弄、挖苦、起侮辱性绰号等方式侵犯他人人格尊严；

（三）抢夺、强拿硬要或者故意毁坏他人财物；

（四）恶意排斥、孤立他人，影响他人参加学校活动或者社会交往；

（五）通过网络或者其他信息传播方式捏造事实诽谤他人、散布谣言或者错误信息诋毁他人、恶意传播他人隐私。

学生之间，在年龄、身体或者人数等方面占优势的一方蓄意或者恶意对另一方实施前款行为，或者以其他方式欺压、侮辱另一方，造成人身伤害、财产损失或者精神损害的，可以认定为构成欺凌。

第二十二条 教职工应当关注因身体条件、家庭背景或者学习成绩等可能处于弱势或者特殊地位的学生，发现学生存在被孤立、排挤等情形的，应当及时干预。

教职工发现学生有明显的情绪反常、身体损伤等情形，应当及时沟通了解情况，可能存在被欺凌情形的，应当及时向学校报告。

学校应当教育、支持学生主动、及时报告所发现的欺凌情形，保护自身和他人的合法权益。

第二十三条 学校接到关于学生欺凌报告的，应当立即开展调查，认为可能构成欺凌的，应当及时提交学生欺凌治理组织认定和处置，并通知相关学生的家长参与欺凌行为的认定和处理。认定构成欺凌的，应当对实施或者参与欺凌行为的学生作出教育惩戒或者纪律处分，并对其家长提出加强管教的要求，必要时，可以由法治副校长、辅导员对学生及其家长进行训诫、教育。

对违反治安管理或者涉嫌犯罪等严重欺凌行为，学校不得隐瞒，应当及时向公安机关、教育行政部门报告，并配合相关部门依法处理。

不同学校学生之间发生的学生欺凌事件，应当在主管教育行政部门的指导下建立联合调查机制，进行认定和处理。

◉ 典型案例

1. 邓某甲与朱某、某商店等机动车交通事故责任纠纷案①

◎ 基本案情

原告邓某甲系被告某小学在校学生。被告朱某系某商店员工，本案交通事故发生在被告朱某为被告某小学老师派送牛奶的过程中。

2023年10月13日，被告朱某驾驶两轮电动车行驶至某小学校内时撞到行人邓某甲，即本案原告，造成原告邓某甲受伤的交通事故。侦查机关作出《道路交通事故认定书》，认定两轮电动车属于机动车，车辆驾驶员为朱某，车辆所有人为郑某，车辆未缴纳保险，被告朱某承担事故的全部责任，原告不承担责任。

事故发生后，原告在眼科医院住院治疗17天，花费医疗费53434.91元。其出院诊断为：（1）左眼眶骨骨折；（2）左眼鼻泪管骨折；（3）左眼泪管损伤；（4）左眼眼睑裂伤；（5）左眼内直肌挫伤；（6）左眼外伤性视神经病变。原告在眼科医院花费门诊医疗费共计1069.88元。

2024年2月5日，原告伤情经某司法鉴定中心鉴定，评定为十级伤残、后续治疗费6250元、伤后护理期30日、营养期45日。鉴定费2300元由原告支付。

另查明，车辆所有人郑某系驾驶员朱某的弟媳。事故发生后，被告朱某垫付5000元，被告某小学垫付30000元。

◎ 裁判要点

人民法院经审理认为，本案争议的焦点为：（1）原告邓某甲的损失核定；（2）本案事故责任应如何承担。现分析如下：

关于第一个争议焦点，结合原告的诉讼主张及已经查明的事实，本院对原告损失范围确定为：（1）医疗费：根据实际支出，计算为53434.91+1069.88=54504.79元；（2）后续治疗费：根据鉴定意见，认定为6250元；（3）住院伙食补助费：原告请求按照60元/天的标准予以计算，合

---

① （2024）赣1022民初542号，载中国裁判文书网。

理，本院予以支持，原告住院17天，故其住院伙食补助费计算为17天×60元/天＝1020元；（4）营养费：原告请求按照30元/天的标准予以计算，合理，本院予以支持，营养期45天，故营养费计算为：45天×30元/天＝1350元；（5）交通费：原告主张交通费2850元，但未提供证据证实其交通费情况，考虑到交通费系实际支出的费用，结合其住院的地点及治疗时间，原告住院17天，本院酌情认定为1200元；（6）护理费：因原告年纪较小，考虑到治疗实际情况，对原告请求按照住院期间130元/天、其余时间120元/天的标准予以计算，护理期30天，本院予以支持，故护理费计算为：130元/天×17天＋120元/天×13天＝3770元；（7）残疾赔偿金：原告主张鉴定意见为十级伤残，按照2023年江西省城镇居民人均可支配收入予以计算，为45554元/年×20年×10%＝91108元，本院予以支持；（8）精神损害抚慰金：原告主张5000元，与原、被告的过错程度、原告的伤情及本地的平均生活水平相符，本院予以支持；（9）鉴定费：根据原告提供的票据，法院认定为2300元；以上原告各项损失合计166502.79元，其中医疗费用赔偿金额为63124.79元，伤残赔偿金为101078元，鉴定费为2300元。经原、被告核对确认，被告朱某已垫付5000元，被告实验小学已垫付30000元。

关于第二个争议焦点，本案事故责任应如何承担。侦查机关对本案所涉交通事故作出《道路交通事故认定书》，认定被告朱某承担事故的全部责任，原告不承担责任。该责任认定符合事实和法律规定，原、被告均无异议，法院予以确认。即被告朱某应赔偿原告邓某甲各项损失166502.79元。

根据《最高人民法院关于审理道路交通事故损害赔偿案件适用法律若干问题的解释》第19条的规定，未依法投保交强险的机动车发生交通事故造成损害，当事人请求投保义务人在交强险责任限额范围内予以赔偿的，人民法院应予支持。投保义务人和侵权人不是同一人，当事人请求投保义务人和侵权人在交强险责任限额范围内承担连带责任的，人民法院应予支持。本案中，被告郑某作为涉案车辆所有人和管理人，为机动车的投保义务人，未依法投保交强险，且对该车辆未尽到相应的管理职责，依法应承担相应的法律责任，故对被告郑某对车辆使用不知情的主张，本院不予采纳。被告郑某作为投保义务人，被告朱某作为侵权人，故被告郑某与被告朱某应在交强险责任限额范围内承担连带责任。原告邓某甲各项损失共计166502.79元，其中医疗费、营养费、住院伙食补助费合计63124.79元，超过交强险医疗费用赔偿责任限额18000元；交通费、护理费、残疾赔偿金、精神损害抚慰金合计101078元，未超过交强险死亡伤残赔偿责任限额180000元。原告邓某甲的损失在交强险责任限额范围内为18000＋101078＝119078元，故被告郑某与被告朱某应在119078元范围内承担连带责任，超出的部分，按事故责任由朱某承担赔偿责任。

根据《民法典》第1191条的规定，用人单位的工作人员因执行工作任务造成他人损害的，由用人单位承担侵权责任。用人单位承担侵权责任后，可以向有故意或者重大过失的工作人员追偿。本案中，被告朱某作为被告某商店工作人员，因派送牛奶过程中造成他人损害，其侵权责任应由用人单位即被告某商店承担，故原告主张由被告某商店承担侵权责任，本院应予以支持。

根据《最高人民法院关于适用〈中华人民共和国民事诉讼法〉的解释》第59条的规定，在诉讼中，个人工商户以营业执照上登记的经营者为当事人。有字号的，以营业执照上登记的字号为当事人，但应同时注明该字号经营者的基本信息。本案中，根据个体工商户登记基本信息，某商店为付某个人经营的个体工商户，营业执照上登记的字号为某商店，基于案涉纠纷，原告以某商店、付某为共同诉讼人不当，应以某商店为当事人。故原告对付某的诉讼请求，本院不予支持。

根据《民法典》第1201条的规定，无民事行为能力人或者限制民事行为能力人在幼儿园、学校或者其他教育机构学习、生活期间，受到幼儿园、学校或者其他教育机构以外的第三人人身损害的，由第三人承担侵权责任；幼儿园、学校或者其他教育机构未尽到管理职责的，承担相应的补充责任。幼儿园、学校或者其他教育机构承担补充责任后，可以向第三人追偿。本案中，被告某小学未尽到管理职责，致使校外社会车辆进入校区并撞伤在校内活动的学生，被告某小学应承担相应的补充责任。结合本案的实际情况，本院酌定由被告某小学对被告某商店与被告郑某不能赔偿部分向原告邓某甲承担20%的补充赔偿责任。

综上所述，被告某商店应赔偿原告邓某甲各项损失 166502.79 元。被告郑某在交强险责任限额即 119078 元范围内与被告某商店承担连带赔偿责任。被告某小学应对被告某商店与郑某不能赔偿部分向原告邓某甲承担 20% 的补充赔偿责任。对于原告超出本院审核认定损失范围的诉讼请求，因缺乏事实和法律依据，法院依法不予支持。对于被告朱某已垫付的金额，原告邓某甲应予返还。对于被告某小学已垫付的金额，因被告某小学应对不能赔偿部分承担 20% 的补充责任，该部分金额应视为垫付，被告某小学可以向侵权人即被告某商店进行追偿。对于被告某商店主张向被告朱某追偿的请求，不在本案审理范围内，应另行起诉。

2. 黄某与某中学生命权、健康权、身体权纠纷案①

◎ **基本案情**

黄某系某中学生。2021 年 12 月 7 日下午 1 时左右，黄某在上体育课活动中，被同学温某打伤。经某医院诊断黄某为鼻骨骨折（右）；面部软组织挫伤（头部），住院一天。根据黄某的病情，黄某于第二天转院至某 1 医院治疗，医院诊断鼻骨骨折，住院 23 天，于 2021 年 12 月 31 日出院。黄某共支付医疗费 9703.09 元。黄某伤情经某法医司法鉴定所鉴定为轻伤二级。因温某未满 16 周岁不负刑事责任，某县公安局给予温某拘留 5 日罚款 200 元的行政处罚。2022 年 3 月 7 日，黄某以温某为被告向法院提起诉讼，要求温某的监护人赔偿经济损失 17459.54 元并要求进行伤残等级鉴定。一审法院于 2022 年 3 月 17 日对该案进行调解，黄某放弃伤残等级鉴定，双方达成调解协议，即温某一次性赔偿黄某经济损失 45000 元，温某与黄某的打架纠纷一次性解决完毕。温某的法定代理人已于 2022 年 3 月 31 日将赔偿款给付黄某法定代理人黄某某。2022 年 5 月 6 日，黄某以某中学为被告再次提起诉讼，要求温某赔偿医药费等经济损失 17459.54 元并要求对黄某的伤残等级进行司法鉴定。人民法院委托某 1 司法鉴定中心对黄某的鉴定申请进行司法鉴定。某 1 司法鉴定中心于 2022 年 6 月 6 日以黄某

---

① （2022）辽 10 民终 1606 号，载中国裁判文书网。

申请的事项多数无法出具确切结论，被鉴定人放弃申请事项为由作出《终止鉴定告知书》，终止对黄某的鉴定工作。现黄某以此事给其造成极大的身体伤害和精神伤害，要求某中学赔偿黄某经济损失17459.54元为由诉至一审法院。

◎ 裁判要点

一审法院经审理认为，《民法典》第1200条规定，限制民事行为能力人在学校或者其他教育机构学习、生活期间受到人身损害，学校或者其他教育机构未尽到教育、管理职责的，应当承担侵权责任。本条规定的是学校承担管理瑕疵责任。对于限制行为能力人在校园的受害案件须由受害人举证证明学校存在管理瑕疵。本案中，因黄某未能举证证明被告学校"未尽到教育、管理职责"，即某中学存在管理瑕疵，故一审法院对黄某的诉讼请求不予支持。关于黄某已经得到加害人的赔偿后能否继续起诉要求学校赔偿的问题。2022年3月7日，黄某以加害人温某为被告向一审法院提起诉讼，要求温某赔偿经济损失17459.54元并要求进行伤残等级鉴定。一审法院于2022年3月17日对该案进行调解，黄某放弃伤残等级鉴定，一审法院作出民事调解书，调解协议内容为温某一次性赔偿黄某经济损失45000元，温某与黄某的打架纠纷一次性解决完毕。温某的法定代理人已于2022年3月31日将赔偿款给付黄某法定代理人黄某某。根据法律规定，黄某受到伤害后可以选择追究某中学管理瑕疵责任，或者选择追究加害人家长的监护人责任，而黄某受到伤害后已经选择追究加害人温某家长的监护人责任，故其不能再要求追究某中学的管理瑕疵责任，因此一审法院对黄某的诉讼请求不予支持。综上，依照《民法典》第1165条第1款、第1175条、《民事诉讼法》第67条第1款规定，判决：驳回黄某的诉讼请求。案件受理费236元，减半收取118元，由黄某负担。

二审法院经审理认为，因学校教师或者其他工作人员与其职务无关的个人行为，或者因学生、教师及其他个人故意实施的违法犯罪行为，造成学生人身损害的，由致害人依法承担相应的责任。根据某县公安局《行政处罚决定书》的认定，2021年12月7日13时左右，温某在某中学学校操场打篮球与同班同学发生争执，黄某在篮球场旁与李某聊天，温某以为黄某在议论自己就骂了黄某一句后双方争吵起来，温某上前踹了黄某一脚，黄某用拳头打了温某一下，温某和黄某就追打了起来，在追打过程中温某用拳头打了黄某鼻子一下，致使黄某鼻子骨折。经司法鉴定，黄某损伤程度为轻伤二级。因案发时温某未满16周岁不负刑事责任，某县公安局给予其拘留5日并罚款200元的行政处罚。黄某因此事件的经济损失在另案中已得到温某的赔偿。根据《民法典》第1201条的规定，无民事行为能力或者限制民事行为能力人在幼儿园、学校或者其他教育机构学习、生活期间，受到幼儿园、学校或者其他教育机构以外的第三人人身损害的，由第三人承担侵权责任；幼儿园、学校或者其他教育机构未尽到管理职责的，承担相应的补充责任。幼儿园、学校或者其他教育机构承担补充责任后，可以向第三人追偿。原审判决适用法律虽有瑕疵但裁判结果正确，应予维持。

第十五条　用人单位责任的适用范围

> 与用人单位形成劳动关系的工作人员、执行用人单位工作任务的其他人员，因执行工作任务造成他人损害，被侵权人依照民法典第一千一百九十一条第一款的规定，请求用人单位承担侵权责任的，人民法院应予支持。
>
> 个体工商户的从业人员因执行工作任务造成他人损害的，适用民法典第一千一百九十一条第一款的规定认定民事责任。

❋ 要点提示

本条明确了用人单位责任的适用范围。用人单位责任，是指用人单位的工作人员执行工作任务致人损害，由用人单位承担赔偿责任的用人者责任。其中，关于"用人单位的工作人员"，不仅限于与用人单位建立劳动关系的工作人员，还包括与用人单位建立劳务关系等与用人单位具有用工关系的执行用人单位工作任务的其他人员。此外，对于个人经营或家庭经营的个体工商户，因其工作人员执行工作任务造成他人损害的，同样适用该类侵权责任。

另外，需明确用人单位承担侵权责任的前提为工作人员的行为系执行工作任务而造成他人损害。无论从意思作出还是利益归属的角度看，将用人单位责任限于"执行工作任务"的范畴，对于确保用人单位责任的合理性和公平性具有重要意义。那么，在判断工作人员的侵权行为是否属于"执行工作任务"的范围时，需综合考虑多项因素，如行为的内容、时间、地点、行为的名义、行为的受益人以及是否与用人单位意志有关联等，从而避免用人单位责任适用范围的不当扩张。

✿ 关联规定

1.《民法典》（2020年5月28日）

第五十四条　自然人从事工商业经营，经依法登记，为个体工商户。个体工商户可以起字号。

第五十六条　个体工商户的债务，个人经营的，以个人财产承担；家庭经营的，以家庭财产承担；无法区分的，以家庭财产承担。

农村承包经营户的债务，以从事农村土地承包经营的农户财产承担；事实上由农户部分成员经营的，以该部分成员的财产承担。

第六十二条　法定代表人因执行职务造成他人损害的，由法人承担民事责任。

法人承担民事责任后，依照法律或者法人章程的规定，可以向有过错的法定代表人追偿。

第一千一百九十一条　用人单位的工作人员因执行工作任务造成他人损害的，由用人单位承担侵权责任。用人单位承担侵权责任后，可以向有故意或者重大过失的工作人员追偿。

劳务派遣期间，被派遣的工作人员因执行工作任务造成他人损害的，由接受劳务派遣的用工单位承担侵权责任；劳务派遣单位有过错的，承担相应的责任。

2.《公司法》（2023年12月29日）

第十一条 法定代表人以公司名义从事的民事活动，其法律后果由公司承受。

公司章程或者股东会对法定代表人职权的限制，不得对抗善意相对人。

法定代表人因执行职务造成他人损害的，由公司承担民事责任。公司承担民事责任后，依照法律或者公司章程的规定，可以向有过错的法定代表人追偿。

第一百九十一条 董事、高级管理人员执行职务，给他人造成损害的，公司应当承担赔偿责任；董事、高级管理人员存在故意或者重大过失的，也应当承担赔偿责任。

3.《劳动法》（2018年12月29日）

第二条 在中华人民共和国境内的企业、个体经济组织（以下统称用人单位）和与之形成劳动关系的劳动者，适用本法。

国家机关、事业组织、社会团体和与之建立劳动合同关系的劳动者，依照本法执行。

4.《劳动合同法》（2012年12月28日）

第二条 中华人民共和国境内的企业、个体经济组织、民办非企业单位等组织（以下称用人单位）与劳动者建立劳动关系，订立、履行、变更、解除或者终止劳动合同，适用本法。

国家机关、事业单位、社会团体和与其建立劳动关系的劳动者，订立、履行、变更、解除或者终止劳动合同，依照本法执行。

5.《劳动合同法实施条例》（2008年9月18日）

第三条 依法成立的会计师事务所、律师事务所等合伙组织和基金会，属于劳动合同法规定的用人单位。

6.《促进个体工商户发展条例》（2022年10月1日）

第二条　有经营能力的公民在中华人民共和国境内从事工商业经营，依法登记为个体工商户的，适用本条例。

7.《最高人民法院关于适用〈中华人民共和国民法典〉侵权责任编的解释（一）》（2024年9月25日）

第十七条　工作人员在执行工作任务中实施的违法行为造成他人损害，构成自然人犯罪的，工作人员承担刑事责任不影响用人单位依法承担民事责任。依照民法典第一千一百九十一条规定用人单位应当承担侵权责任的，在刑事案件中已完成的追缴、退赔可以在民事判决书中明确并扣减，也可以在执行程序中予以扣减。

8.《最高人民法院关于适用〈中华人民共和国民事诉讼法〉的解释》（2022年4月1日）

第五十六条　法人或者其他组织的工作人员执行工作任务造成他人损害的，该法人或者其他组织为当事人。

典型案例

1. 某县人民检察院与某化工公司污染环境民事公益诉讼案[①]

◎ **基本案情**

2018年3月3日至7月31日，位于浙江的某化工公司（以下简称A公司）生产叠氮化钠的蒸馏系统设备损坏，导致大量硫酸钠废液无法正常处理。该公司生产部经理吴某甲经请示公司法定代表人同意，负责对硫酸钠废液进行处置。在处置过程中，A公司为吴某甲报销了两次费用。吴某甲将硫酸钠废液交由无危险废物处置资质的吴某乙处理。吴某乙雇请李某某，由范某某押运、董某某和周某某带路，在江西省浮梁县寿安镇八角井、湘湖镇洞口村两处地块违法倾倒30车共计1124.1吨硫酸钠废液，致使周边

[①] 最高人民检察院指导性案例第164号。

8.08亩范围内土壤和地表水、地下水受到污染，当地3.6千米河道、6.6平方千米流域环境受影响，造成1000余名群众饮水、用水困难。经鉴定，两处地块修复的总费用为2168000元，环境功能性损失费用为57135.45元。

◎ 裁判要点

浮梁县法院经审查认为，A公司工作人员将其公司生产的硫酸钠废液交由无危险废物处置资质的个人处理，非法倾倒在浮梁县境内，造成了当地水体、土壤等生态环境严重污染，损害了社会公共利益。案件审理中，因《民法典》已于2021年1月1日正式实施，虽然案涉污染环境、破坏生态的侵权行为发生在《民法典》施行前，但是侵权人未采取有效措施修复生态环境，生态环境持续性受损，严重损害社会公共利益，为更有利于保护生态环境，维护社会秩序和公共利益，根据《最高人民法院关于适用〈中华人民共和国民法典〉时间效力的若干规定》第2条规定，《民法典》实施前的法律事实引起的民事纠纷案件，当时的法律、司法解释有规定，适用当时的法律、司法解释的规定，但是适用民法典的规定更有利于保护民事主体合法权益，更有利于维护社会和经济秩序，更有利于弘扬社会主义核心价值观的除外。A公司生产部经理吴某甲系经法定代表人授权处理废液，公司也两次为其报销了产生的相关费用，吴某甲污染环境的行为应认定为职务行为，A公司应承担污染环境的侵权责任。因公司工作人员违法故意污染环境造成严重后果，为更加有力、有效地保护社会公共利益，根据《民法典》第1232条之规定，A公司除应承担环境污染损失和赔礼道歉的侵权责任外，还应承担惩罚性赔偿金。

2. 蔡某与某医院等侵权责任纠纷案[①]

◎ 基本案情

2021年5月23日，蔡某因被发现口齿含糊、胡言乱语6小时半收入某医院神经内科，经初步诊断为脑梗死、冠状动脉粥样硬化性心脏病、冠

---

① （2023）浙02民终5582号，载中国裁判文书网。

状动脉支架植入后状态、慢性支气管炎伴感染、高血压病、胃切除术后状态。次日日常病程记录记载的处理意见为：考虑患者有对自己的暴力倾向，告知家属病情，防自杀，24小时家属陪护，家属表示理解，并修正诊断为氯丙嗪中毒。

某家护系"某家护"公众号运营主体，公众号简介中载明"可信赖的家庭医养照护"。蔡某通过该公众号购买全天陪护服务，服务类型为特重护理24小时一对一，某家护指派宋某进行照护，照护期限自2021年5月24日至27日，照护服务费用800元，由某家护收取，某家护在扣除保险费和信息服务费后支付给宋某。照护师详情页中显示，宋某的信息认证材料为身份证及照护师证。同月27日，蔡某诉腰部疼痛，日常病程记录记载，有可疑外伤，经检查考虑患者腰椎骨折伴脱位，合并强直性脊柱炎可能大。28日，蔡某双下肢截瘫。2022年6月，蔡某家属与某家护工作人员进行沟通，但未果。

经鉴定，蔡某腰椎骨折伴椎体滑移，椎管狭窄、腰髓损伤系较轻的外力作用于自身强直性脊柱炎的病变基础上发生应力性骨折所致，外伤占次要因素，外伤参与度16%～44%，蔡某目前遗留截瘫的致残等级为四级，护理依赖程度为部分护理依赖。2021年6月1日至2022年8月12日，蔡某在ICU重症监护病房接受治疗。

◎ 裁判要点

人民法院经审理认为，居间合同是居间人向委托人报告订立合同的机会或者提供订立合同的媒介服务，委托人支付报酬的合同。[1] 居间是一种中介形式，旨在把同一商品或者服务的买卖双方联系起来，促成交易后取得合理佣金。居间人只是在当事人之间充当"牵线搭桥"的媒介作用，不参加委托人与第三人之间具体的订立合同的过程。根据蔡某提供的证据，某家护微信公众号上明确显示：可信赖的家庭医养照护。某家护直接向客户收取服务费用，宋某有某家护师上岗证（包括照片、证书编号、身份证

---

[1] 根据《民法典》第961条的规定，中介合同是中介人向委托人报告订立合同的机会或者提供订立合同的媒介服务，委托人支付报酬的合同。

号），宋某是由某家护进行招募并在某家护网络平台上为蔡某提供服务的，宋某是受某家护指派并以某家护师的名义为蔡某提供照看服务的，服务费用标准由某家护制定，服务费用由某家护收取，在扣除一定比例费用后再返还给宋某。可见，某家护深深介入了提供服务者和接受服务者之间的合同，对提供服务者、服务的内容、服务的对象、收费标准等均具有控制权，其非单纯地为宋某和蔡某之间的交易提供信息，而是类似于用人单位，宋某在某家护的授权、指示下开展工作，相当于某家护的工作人员，某家护对宋某具有较强的控制权。从控制业务带来的风险能力和避免业务风险的机会角度来讲，相对于宋某、蔡某，某家护更有控制风险的能力和机会，一方面可对家护师的服务质量进行控制，同时加强培训和风险提示，另一方面可以通过统一购买保险来分散风险。用人单位的工作人员因执行工作任务造成他人损害的，由用人单位承担侵权责任。一审法院判令宋某之责任由某家护承担，并无不当。

对于一般侵权的，受害人负有证明侵权行为，损害后果，因果关系和过错的举证责任，举证不能的，其应当承担败诉的风险。在本案中，蔡某购买的陪护服务类型为特重护理24小时一对一全天陪护，蔡某卧病在床，行动不便，完全由宋某照看，此前，蔡某并无腰椎骨折，在宋某照看后即出现腰椎骨折，宋某不审慎的照看行为与蔡某腰椎骨折之间存在因果关系。

宋某实施照护行为存在过错具有高度盖然性，构成侵权。一审判决结合蔡某自身的病情、鉴定意见等，认定某家护承担蔡某各项损失的40%，并无不当。蔡某腰椎骨折后，被鉴定为四级伤残，瘫痪在床两年多，一审法院确定某家护承担35000元的精神损害抚慰金，也并无不当。

3. 丁某某与陆某某、建筑装潢材料公司海上、通海水域人身损害责任纠纷案[①]

◎ **基本案情**

2021年3月31日，丁某某驾驶的某货船停靠在某码头，下午2时左

[①] （2021）苏72民初683号，载中国裁判文书网。

右，建筑装潢材料公司安排持有吊机操作资格证的陆某某操作吊机将该货船运载的黄沙进行卸货。5时左右，卸货作业即将结束，丁某某前往船边准备挪动梯子以便货仓底部人员出仓，其间被吊机配重撞倒受伤。丁某某随即被送往启东市第二人民医院，后转院至南通市第一人民医院住院治疗，被诊断为：多处损伤，失血性休克，骨盆骨折，股骨骨折，股动脉闭塞。丁某某至今已支出医疗费637775.46元，建筑装潢材料公司已垫付250000元。

事故发生后当日，某派出所接到报警后前往现场，接处警工作登记表载明，经了解，吊机驾驶员陆某某在建筑装潢材料公司内操作吊机从船上卸黄沙，伤者金某某站在船甲板上，该吊机的操作半径内，陆某某未发现金某某，吊机将金某某撞倒。结合登记表其他载明的内容，上述"金某某"属笔误，应为丁某某。

同日，某安监局执法人员对陆某某进行询问，陆某某陈述：我的工作是在码头开吊机装卸东西，这条船从下午3时左右开始卸货，到了5时左右我听见有人喊，就立刻把吊机停了下来，看见一个人倒在船甲板上，估计是我开的吊机后面配重撞到了这个人，这时吊车停下来已经自动回正了。这个人站在我吊机的操作半径里，我当时没有看到吊机后面有人，现场没有安全维护人员。

2021年4月2日，某市交通运输局执法人员对曹某某进行询问，曹某某陈述：我是建筑装潢材料公司总经理，全面负责公司的管理工作，事故发生时，我在现场负责安全管理工作，包括车辆的装卸、出运等。事发时，我在指挥车辆装卸、进出，突然看见船上两个人从船尾往船头跑，这时吊机已停止作业。我过去查看，询问得知有人被吊机左后侧承重撞到。

2021年4月21日，某镇人民政府对建筑装潢材料公司作出行政处罚决定书，载明"你公司生产经营单位未在有较大危险因素的生产经营场所和有关设施、设备上设置明显的安全警示标志的行为，违反了《安全生产法》第32条，生产经营单位应当在有较大危险因素的生产经营场所和有关设施、设备上，设置明显的安全警示标志。《工贸企业有限空间作业安全管理与监督暂行规定》第19条，工贸企业有限空间作业还应当符合下列要求：设置明显的安全警示标志和警示说明的规定。依据《安全生产法》第 96 条的规定，决定给予人民币壹万伍仟元罚款的行政处罚。"

2021 年 8 月 25 日，经法院电话询问某安监局执法人员范某某，关于现场情况，范某某陈述：执法人员赶到现场时，伤者及被告公司相关人员已全部撤离，因为天色已黑，没有留存现场照片，且现场摄像头损坏无记录。现场吊机系固定安装在码头，底部不可移动。事发时被告公司曹某某在现场负责，经过询问相关人员，得知原告系吊机操作过程中被可旋转的配重部位碰撞导致受伤。关于吊机操作日常注意事项，范某某陈述：在操作半径内禁止人员进入，作业方应设置相关安全警示标志。据了解，原告系在吊机未完成作业时即进入操作半径内。关于吊机设备自身有无相关警示标志，范某某陈述：即使出厂时刷有相应的警示标志，经过一段时间也会磨损淡化。关于原告提出的被告吊机与船舶之间未留有足够安全距离，范某某陈述：吊机是固定在码头，吊机与船舶之间的距离取决于船舶如何停靠。

审理中，建筑装潢材料公司对丁某某的用药合理性提出异议，但最终确认不对用药合理性申请司法鉴定。

另，丁某某于 2021 年 7 月 6 日向本院申请财产保全，请求对建筑装潢材料公司价值 387775.46 元的财产予以保全，并提供担保。本院于当日作出民事裁定书，裁定查封冻结被申请人建筑装潢材料公司银行存款 387775.46 元，或查封、扣押其等额财产。本院实际控制建筑装潢材料公司名下银行账户人民币 209123.36 元，查封建筑装潢材料公司名下位于某小区 2 号楼不动产。

◎ 裁判要点

人民法院经审理认为，本案系码头卸货过程中发生的人身损害责任纠纷，行为人因过错侵害他人民事权益造成损害的，应当承担侵权责任。被侵权人对同一损害的发生或者扩大有过错的，可以减轻侵权人的责任。本案的争议焦点为：(1) 本起事故中建筑装潢材料公司责任的认定；(2) 丁某某对自身损害是否存在过错；(3) 陆某某是否需要承担责任。

关于争议焦点 (1)，本起事故中建筑装潢材料公司责任的认定。首先，根据行政处罚决定书载明的内容，建筑装潢材料公司在码头进行装卸作业时导致原告受伤，其未在操作区域以及操作设备上设置明显的安全警示标志，违反安全生产的相关要求，被处以行政处罚，可以认定建筑装潢材料公司在案涉装卸作业时确实存在过错；其次，建筑装潢材料公司辩称作业吊机上涂有相关警示标语和标识，但未能提供相关证据予以证明，退一步讲，即使吊机上涂有相关警示标识，其确未在吊机操作区域外围设置警示标志是事实，可以认定建筑装潢材料公司未能尽到足够的安全警示义务；最后，建筑装潢材料公司认为其已安排曹某某在现场负责安全管理，经查，事故发生时曹某某确在现场，但其并未对进出操作区域人员进行严格管理，待其发现时丁某某已经进入吊机操作区域内并且受伤。可以认定建筑装潢材料公司未尽到足够的安全维护义务。综上，建筑装潢材料公司应当对丁某某因本起事故产生的损失承担赔偿责任。

关于争议焦点（2），丁某某对自身损害是否存在过错。丁某某系某货船驾驶人员，持有船员服务簿，从事船舶运输业多年。事故发生当日，建筑装潢材料公司的吊机进行装卸作业已近3个小时，丁某某对吊机正在进行装卸作业是明知的，虽然丁某某称其前往船边时货仓内部已空，但吊机并未全部停止作业，原告作为长期从事船舶运输的专业人员，应当对大型设备作业安全知识有基本的了解，即使是不具备专业知识的普通人员，在遇到危险系数较高的设备作业时，也应对自身安全有基本的自我保护意识。丁某某在吊机未停止作业时即擅自进入作业区域，站在吊机驾驶员视线盲区时未注意避让正在移动的吊机，未能对自身安全尽到足够的注意义务，放任危险的发生，故丁某某对自身的损害亦存在一定的过错，可以减轻建筑装潢材料公司的赔偿责任。关于丁某某主张的建筑装潢材料公司吊机未与船舶保持安全距离，因吊机系固定安装在码头，故对原告该项主张本院不予采纳。

关于争议焦点（3），陆某某是否需要承担责任。事故发生时，陆某某是建筑装潢材料公司的工作人员，具有吊机操作资格证，受建筑装潢材料公司的安排在码头驾驶吊机从事装卸作业过程中导致原告受伤，用人单位的工作人员因执行工作任务造成他人损害的，由用人单位承担侵权责任，故陆某某无须承担赔偿责任。

综上，丁某某因本起事故造成的损失，由建筑装潢材料公司承担60%的赔偿责任，丁某某自担40%的责任。故丁某某主张的已产生的医疗费637775.46元，应由建筑装潢材料公司承担382665.28元，扣除其已经垫付的250000元，尚需赔偿丁某某132665.28元。

第十六条 劳务派遣单位责任适用过错责任原则

劳务派遣期间，被派遣的工作人员因执行工作任务造成他人损害，被侵权人合并请求劳务派遣单位与接受劳务派遣的用工单位承担侵权责任的，依照民法典第一千一百九十一条第二款的规定，接受劳务派遣的用工单位承担侵权人应承担的全部责任；劳务派遣单位在不当选派工作人员、未依法履行培训义务等过错范围内，与接受劳务派遣的用工单位共同承担责任，但责任主体实际支付的赔偿费用总和不应超出被侵权人应受偿的损失数额。

劳务派遣单位先行支付赔偿费用后，就超过自己相应责任的部分向接受劳务派遣的用工单位追偿的，人民法院应予支持，但双方另有约定的除外。

要点提示

劳务派遣单位责任适用过错责任原则，劳务派遣单位负有派遣合格的工作人员至接受劳务派遣的用工单位的义务。倘若劳务派遣单位存在过错，如未尽必要的注意义务或培训义务、派遣与目标岗位不相适应的工作人员至接受劳务派遣的用工单位，自应对该不合格人员所造成的损害承担责任。被侵权人既可以仅仅起诉接受劳务派遣的用工单位，请求其承担全部的侵权责任；也可以将接受劳务派遣的用工单位和劳务派遣单位作为共同被告提起诉讼。被侵权人合并请求劳务派遣单位与接受劳务派遣的用工单位承担侵权责任的，劳务派遣单位在其过错范围内和接受劳务派遣的用工单位向权利人承担整体应承担的全部责任，即共同责任，而非按份责任或原《侵权责任法》第34条①规定的补充责任。因此，劳务派遣单位的责任不再是第二位的、补充的，而是第一位的，这能够促使劳务派遣单位承担起相应责任，更充分地保障被侵权人的合法权益。劳务派遣单位承担侵权责任后，可以就超过自己相应责任部分向接受劳务派遣的用工单位追偿，除非劳务派遣单位与接受劳务派遣的用工单位在劳务派遣协议中就追偿权另有约定。

关联规定

1.《民法典》（2020年5月28日）

第一千一百九十一条　用人单位的工作人员因执行工作任务造成他人损害的，由用人单位承担侵权责任。用人单位承担侵权责任后，可以向有故意或者重大过失的工作人员追偿。

劳务派遣期间，被派遣的工作人员因执行工作任务造成他人损害的，由接受劳务派遣的用工单位承担侵权责任；劳务派遣单位有过错的，承担相应的责任。

2.《劳动合同法》（2012年12月28日）

第五十八条　劳务派遣单位是本法所称用人单位，应当履行用人单位对劳动者的义务。劳务派遣单位与被派遣劳动者订立的劳动合同，除应当载明本法第十七条规定的事项外，还应当载明被派遣劳动者的用工单位以及派遣期限、工作岗位等情况。

劳务派遣单位应当与被派遣劳动者订立二年以上的固定期限劳动合同，按月支付劳动报酬；被派遣劳动者在无工作期间，劳务派遣单位应当按照所在地人民政府规定的最低工资标准，向其按月支付报酬。

第五十九条　劳务派遣单位派遣劳动者应当与接受以劳务派遣形式用

---

① 《中华人民共和国侵权责任法》（已失效）第34条规定，用人单位的工作人员因执行工作任务造成他人损害的，由用人单位承担侵权责任。劳务派遣期间，被派遣的工作人员因执行工作任务造成他人损害的，由接受劳务派遣的用工单位承担侵权责任；劳务派遣单位有过错的，承担相应的补充责任。

工的单位（以下称用工单位）订立劳务派遣协议。劳务派遣协议应当约定派遣岗位和人员数量、派遣期限、劳动报酬和社会保险费的数额与支付方式以及违反协议的责任。

用工单位应当根据工作岗位的实际需要与劳务派遣单位确定派遣期限，不得将连续用工期限分割订立数个短期劳务派遣协议。

第六十二条 用工单位应当履行下列义务：

（一）执行国家劳动标准，提供相应的劳动条件和劳动保护；

（二）告知被派遣劳动者的工作要求和劳动报酬；

（三）支付加班费、绩效奖金，提供与工作岗位相关的福利待遇；

（四）对在岗被派遣劳动者进行工作岗位所必需的培训；

（五）连续用工的，实行正常的工资调整机制。

用工单位不得将被派遣劳动者再派遣到其他用人单位。

3.《劳动合同法实施条例》（2008年9月18日）

第二十九条 用工单位应当履行劳动合同法第六十二条规定的义务，维护被派遣劳动者的合法权益。

4.《劳务派遣暂行规定》（2014年1月24日）

第八条 劳务派遣单位应当对被派遣劳动者履行下列义务：

（一）如实告知被派遣劳动者劳动合同法第八条规定的事项、应遵守的规章制度以及劳务派遣协议的内容；

（二）建立培训制度，对被派遣劳动者进行上岗知识、安全教育培训；

（三）按照国家规定和劳务派遣协议约定，依法支付被派遣劳动者的劳动报酬和相关待遇；

（四）按照国家规定和劳务派遣协议约定，依法为被派遣劳动者缴纳社会保险费，并办理社会保险相关手续；

（五）督促用工单位依法为被派遣劳动者提供劳动保护和劳动安全卫生条件；

（六）依法出具解除或者终止劳动合同的证明；

（七）协助处理被派遣劳动者与用工单位的纠纷；

（八）法律、法规和规章规定的其他事项。

❋ 典型案例

1. 保安公司与机械租赁公司、李某某追偿权纠纷案①

◎ 基本案情

2019年10月9日，保安公司作为甲方与机械租赁公司作为乙方签订《机械租赁合同》，内容载明：因甲方日常清沙、整理场地的施工需要，甲方租赁乙方机械设备（包括操作人员）。2020年3月20日，机械租赁公司雇请李某某持机动车准驾车型C1驾驶证驾驶装载机跟随保安公司物业部沙滩保洁分部某清理班组在某沙滩清理垃圾。李某某主要负责用装载机将垃圾装载到停在道路上的拖拉机上。该班组现场带班人员陈某某在装载点负责清点拖拉机运送垃圾的车辆。当天，保安公司的清洁工陈某1安排其丈夫陈某2顶替其前往上述地点进行保洁作业。作业期间，陈某某电话通知班组其他工人到某村附近垃圾较多的地方清理，在未见工人前往的情况下，又联系李某某带工人前往沙滩南侧。随即李某某使用装载机转载7名清洁工，其中，陈某2等6名清洁工站在装载机铲斗里，在行驶过程中，陈某2不慎从铲斗掉落，李某某刹车不及，导致装载机左前轮碾过陈某2头部，导致其当场死亡的生产安全事故发生。事故发生后，保安公司作为用人单位对案涉死者陈某2的家属进行赔偿，由此以取得追偿权请求并按侵权之诉提起的本案诉讼，主张机械租赁公司、李某某连带承担事故损害80%赔偿责任。

◎ 裁判要点

人民法院经审理认为，保安公司与机械租赁公司签订的案涉《机械租赁合同》约定，机械租赁公司为保安公司提供机械设备（包括操作人员），负责保安公司委派的清沙、整理场地等工作，并不包括使用案涉装载机运

---

① （2020）闽01民终7762号，载中国裁判文书网。

载清洁工人。而事发时,机械租赁公司的雇员李某某是根据保安公司现场带班人员陈某某的指示,违规让包括陈某2在内的清洁工人乘坐装载机。结合保安公司在沙滩清洁作业过程中长期存在使用装载机违规载人的不安全行为,故保安公司对案涉损害事故的发生应负主要责任。李某某未取得相应驾驶证,且违规使用装载机运送人员,应对案涉损失承担一定的赔偿责任。机械租赁公司未审查配备机械设备操作员适驾资格,存在选任过错,亦应对案涉损失承担相应的赔偿责任。一审判决认定李某某承担25%的赔偿责任、机械租赁公司承担15%的赔偿责任,已臻合理,予以维持。

2. 吕某1、吕某2、吕某3、某医院、某家政中心因与冯某、许某非机动车交通事故责任纠纷案[①]

◎ 基本案情

2020年10月13日3时40分许,许某驾驶无号牌电动三轮车与步行过路的杨某发生碰撞,杨某受伤倒地,许某驾驶肇事车辆驶离现场,后杨某被送往某医院救治无效死亡。经某司法鉴定中心鉴定,死者杨某符合交通事故致重度颅脑损伤死亡。冯某系肇事车辆所有者,亲历事故全过程,并与许某一同驾车驶离事故现场,冯某提供残疾人证载明"冯某残疾类别:视力,残疾等级:壹级。"经某市公安局道路交通事故认定,许某驾驶非机动车在道路上行驶未遵守有关交通安全的规定,发生事故后逃逸,许某负事故全部责任,冯某和杨某不负事故责任。事故受害人杨某,1950年3月8日出生,其丈夫吕某4于2020年11月23日死亡,杨某、吕某4生前共育吕某1、吕某2、吕某3三子女。该事故中许某因犯交通事故罪,被人民法院判处有期徒刑四年。

人民法院查明,2020年4月30日,某医院(甲方)与某家政中心(乙方)签订了《后勤服务管理合同》,约定服务内容为乙方为甲方提供符合甲方用人需求的后勤服务人员,服务期限为自2020年5月1日起至2021年4月30日止,服务费用为每月21200元。冯某(乙方)于2018年

---

① (2023)豫02民终4565号,载中国裁判文书网。

4月9日与某家政中心（甲方）签订了劳务协议，约定乙方为退休、内退、下岗兼职人员，不具备劳动法律关系主体资格，签订劳务协议，协议期限为自2018年5月1日至2019年4月30日，承担的劳务内容为垃圾工，派往工作岗位为某医院。另查明，一份落款时间为2020年9月29日的某医院人力派遣告知函及一份派遣托管人员工资费用明细表载明："科室：生活垃圾，姓名：冯某，费用2120元；科室：生活垃圾，姓名：许某，费用2120元"。一份某家政中心银行代发工资明细打印回单显示：某家政中心于2020年10月14日通过银行转账的方式向冯某转账工资3400元，备注：某医院托管9月含许某1700元。

◎ **裁判要点**

人民法院经审理认为，本次事故经公安交警部门鉴定，许某负事故全部责任，对本案应承担主要责任。冯某是肇事车车主，发生事故时就坐在车上，后与许某一起驾车逃逸，对事故结果的发生采取一种放任的态度，造成交通事故受害人死亡的严重后果，存在较大责任。某家政中心雇佣许某和冯某为某医院清运生活垃圾，为二人发放工资，对许某和冯某的个人健康状况应当明知，但仍然长期雇佣二人，未尽到管理职责，存在一定过错。某医院是具体用工单位，对许某和冯某的个人健康状况亦应明知，也是长期雇佣二人清运垃圾，亦未尽到相应注意义务和管理职责，对本案的发生亦存在一定过错。一审法院根据案件各方的责任，酌定许某、冯某承担60%的责任，某家政中心和某医院各承担20%的责任并无不当。连带责任适用于二人以上共同实施侵权行为，造成他人损害的情形，本案许某和冯某同乘一辆车造成交通事故，许某是驾车人，冯某是车主，肇事后一起逃逸，二人构成共同侵权，故一审法院判令冯某对许某的责任承担连带责任符合法律规定。某家政中心和某医院为用人单位和用工单位，均负有管理责任，一审法院酌定其各承担20%的责任较为适当，上诉人吕某1、吕某2、吕某3要求二单位承担连带赔偿责任的上诉请求于法无据，本院不予支持。某家政中心和某医院上诉称其不应承担赔偿责任的上诉理由亦不成立，本院不予采信。

3. 某物流公司呼和浩特市分公司、某服务有限公司与郁某、王某非机动车交通事故责任纠纷案[1]

◎ **基本案情**

某物流公司呼和浩特市分公司与某服务有限公司签订了《业务外包合同》，某物流公司呼和浩特市分公司根据工作的需求，将内蒙古自治区呼和浩特市投递、揽投网点的邮件投递、分拣、封发、扳倒、装卸工作业务交由某服务有限公司承揽。某服务有限公司雇佣王某为某物流公司呼和浩特市分公司从事取送快件等业务，上述事实有劳动合同、承揽合同、计酬统计表、微信聊天记录等证明。王某驾驶电动车送快递途中与前方行人郁某发生碰撞，造成交通事故，致郁某受伤。呼和浩特市公安局交通管理支队交通管理赛罕大队出具《道路交通事故认定书》认定，王某负此次交通事故的主要责任，郁某负次要责任。

◎ **裁判要点**

人民法院经审理认为，某物流公司呼和浩特市分公司与某服务有限公司签订《劳务承揽服务合同》约定某物流公司呼和浩特市分公司对某服务有限公司的生产运作、现场管理、安全管控、业务或产品质量进行监督检查；监督某服务有限公司对从事邮政承揽工作的职工日常行为管理、调度、培训和考核等活动，工资发放亦由某物流公司呼和浩特市分公司确认。根据《劳务派遣暂行规定》第27条的规定，用人单位以承揽、外包等名义，按劳务派遣用工形式使用劳动者的，按照本规定处理。某物流公司呼和浩特市分公司与某服务有限公司之间名为承揽，实为劳务派遣。根据《民法典》第1191条的规定，王某作为某服务有限公司的职工被派遣到某物流公司呼和浩特市分公司工作，其间因执行工作任务造成郁某损害，应由某物流公司呼和浩特市分公司承担本案的赔偿责任。此外，现有证据无法证明某服务有限公司作为劳务派遣单位存在过错，故一审法院认定由某服务有限公司承担连带赔偿责任，没有法律依据。

---

[1] （2023）内01民终2996号，载中国裁判文书网。

4. 健康产业公司与裴某、保安公司房山分公司劳务派遣工作人员侵权责任纠纷案①

◎ 基本案情

2019年9月，保安公司房山分公司根据与健康产业公司建立的劳务派遣合同关系，将保安员周某派遣到健康产业公司提供安保服务工作。健康产业公司的办事机构所在地在某街道3号院的1、2号楼。2019年11月2日上午10时许，在健康产业公司担任保安员的周某到×号楼的楼顶去拿干粉灭火器。当周某从×号楼的顶层下来时灭火器脱手掉落在楼道内，干粉从灭火器内喷出，被出来查看楼道动向的裴某、梁某某吸入体内致伤。事发当日，裴某被送至医院进行治疗，被诊断为："（1）急性吸入不明物质接触反应；（2）高血压Ⅰ级（中危）"。2019年11月2日至2019年11月7日住院治疗产生医疗费8831.13元，后续复诊及到药店买药产生医疗费1630.01元。

◎ 裁判要点

人民法院经审理认为，周某被保安公司房山分公司派遣至健康产业公司担任保安员。2019年11月2日上午10时许，周某所拿干粉灭火器脱手掉落在楼道内，至裴某受伤。健康产业公司的办事机构所在地与事发地虽所在楼栋不同，但均位于某街道3号院。结合在案证据及周某的工作性质、事发情形等本案具体审理情况，可以认定周某因执行工作任务造成裴某损害的事实具有高度可能性，健康产业公司作为接受劳务派遣的用工单位应承担侵权责任。保安公司房山分公司未履行安保培训义务，亦应承担相应责任。

---

① （2022）京02民终6554号，载中国裁判文书网。

第十七条 用人单位的民事责任不因工作人员承担刑事责任得以免除

> 工作人员在执行工作任务中实施的违法行为造成他人损害，构成自然人犯罪的，工作人员承担刑事责任不影响用人单位依法承担民事责任。依照民法典第一千一百九十一条规定用人单位应当承担侵权责任的，在刑事案件中已完成的追缴、退赔可以在民事判决书中明确并扣减，也可以在执行程序中予以扣减。

要点提示

本条规定吸纳了司法实践中大部分法院区分刑民责任的做法，明确用人单位的民事责任不因工作人员承担刑事责任得以免除，体现了刑事与民事责任认定的联系以及二者的相对独立性。本条同时规定了赔偿责任计算问题，若被害人已在刑事案件中获得赔付，该部分数额应在用人单位民事赔偿范围内予以扣减。

关联规定

1.《民法典》（2020年5月28日）

第六十二条　法定代表人因执行职务造成他人损害的，由法人承担民事责任。

法人承担民事责任后，依照法律或者法人章程的规定，可以向有过错的法定代表人追偿。

第一千一百九十一条　用人单位的工作人员因执行工作任务造成他人损害的，由用人单位承担侵权责任。用人单位承担侵权责任后，可以向有故意或者重大过失的工作人员追偿。

劳务派遣期间，被派遣的工作人员因执行工作任务造成他人损害的，由接受劳务派遣的用工单位承担侵权责任；劳务派遣单位有过错的，承担相应的责任。

2.《民事诉讼法》（2023年9月1日）

第一百五十三条 有下列情形之一的，中止诉讼：

（一）一方当事人死亡，需要等待继承人表明是否参加诉讼的；

（二）一方当事人丧失诉讼行为能力，尚未确定法定代理人的；

（三）作为一方当事人的法人或者其他组织终止，尚未确定权利义务承受人的；

（四）一方当事人因不可抗拒的事由，不能参加诉讼的；

（五）本案必须以另一案的审理结果为依据，而另一案尚未审结的；

（六）其他应当中止诉讼的情形。

中止诉讼的原因消除后，恢复诉讼。

3.《刑法》（2023年12月29日）

第三十六条 由于犯罪行为而使被害人遭受经济损失的，对犯罪分子除依法给予刑事处罚外，并应根据情况判处赔偿经济损失。

承担民事赔偿责任的犯罪分子，同时被判处罚金，其财产不足以全部支付的，或者被判处没收财产的，应当先承担对被害人的民事赔偿责任。

第六十条 没收财产以前犯罪分子所负的正当债务，需要以没收的财产偿还的，经债权人请求，应当偿还。

4.《公司法》（2023年12月29日）

第十一条 法定代表人以公司名义从事的民事活动，其法律后果由公司承受。

公司章程或者股东会对法定代表人职权的限制，不得对抗善意相对人。

法定代表人因执行职务造成他人损害的，由公司承担民事责任。公司承担民事责任后，依照法律或者公司章程的规定，可以向有过错的法定代表人追偿。

5.《全国法院民商事审判工作会议纪要》（2019年11月8日）

128.【分别审理】同一当事人因不同事实分别发生民商事纠纷和涉嫌

刑事犯罪，民商事案件与刑事案件应当分别审理，主要有下列情形：

（1）主合同的债务人涉嫌刑事犯罪或者刑事裁判认定其构成犯罪，债权人请求担保人承担民事责任的；

（2）行为人以法人、非法人组织或者他人名义订立合同的行为涉嫌刑事犯罪或者刑事裁判认定其构成犯罪，合同相对人请求该法人、非法人组织或者他人承担民事责任的；

（3）法人或者非法人组织的法定代表人、负责人或者其他工作人员的职务行为涉嫌刑事犯罪或者刑事裁判认定其构成犯罪，受害人请求该法人或者非法人组织承担民事责任的；

（4）侵权行为人涉嫌刑事犯罪或者刑事裁判认定其构成犯罪，被保险人、受益人或者其他赔偿权利人请求保险人支付保险金的；

（5）受害人请求涉嫌刑事犯罪的行为人之外的其他主体承担民事责任的。

审判实践中出现的问题是，在上述情形下，有的人民法院仍然以民商事案件涉嫌刑事犯罪为由不予受理，已经受理的，裁定驳回起诉。对此，应予纠正。

130. **【民刑交叉案件中民商事案件中止审理的条件】** 人民法院在审理民商事案件时，如果民商事案件必须以相关刑事案件的审理结果为依据，而刑事案件尚未审结的，应当根据《民事诉讼法》第150条第5项（现为第153条第5项）的规定裁定中止诉讼。待刑事案件审结后，再恢复民商事案件的审理。如果民商事案件不是必须以相关的刑事案件的审理结果为依据，则民商事案件应当继续审理。

6.《最高人民法院关于在审理经济纠纷案件中涉及经济犯罪嫌疑若干问题的规定》（2020年12月29日）

第三条 单位直接负责的主管人员和其他直接责任人员，以该单位的名义对外签订经济合同，将取得的财物部分或全部占为己有构成犯罪的，除依法追究行为人的刑事责任外，该单位对行为人因签订、履行该经济合同造成的后果，依法应当承担民事责任。

第四条 个人借用单位的业务介绍信、合同专用章或者盖有公章的空白合同书，以出借单位名义签订经济合同，骗取财物归个人占有、使用、处分或者进行其他犯罪活动，给对方造成经济损失构成犯罪的，除依法追究借用人的刑事责任外，出借业务介绍信、合同专用章或者盖有公章的空白合同书的单位，依法应当承担赔偿责任。但是，有证据证明被害人明知签订合同对方当事人是借用行为，仍与之签订合同的除外。

第五条 行为人盗窃、盗用单位的公章、业务介绍信、盖有公章的空白合同书，或者私刻单位的公章签订经济合同，骗取财物归个人占有、使用、处分或者进行其他犯罪活动构成犯罪的，单位对行为人该犯罪行为所造成的经济损失不承担民事责任。

行为人私刻单位公章或者擅自使用单位公章、业务介绍信、盖有公章的空白合同书以签订经济合同的方法进行的犯罪行为，单位有明显过错，且该过错行为与被害人的经济损失之间具有因果关系的，单位对该犯罪行为所造成的经济损失，依法应当承担赔偿责任。

第六条 企业承包、租赁经营合同期满后，企业按规定办理了企业法定代表人的变更登记，而企业法人未采取有效措施收回其公章、业务介绍信、盖有公章的空白合同书，或者没有及时采取措施通知相对人，致原企业承包人、租赁人得以用原承包、租赁企业的名义签订经济合同，骗取财物占为己有构成犯罪的，该企业对被害人的经济损失，依法应当承担赔偿责任。但是，原承包人、承租人利用擅自保留的公章、业务介绍信、盖有公章的空白合同书以原承包、租赁企业的名义签订经济合同，骗取财物占为己有构成犯罪的，企业一般不承担民事责任。

单位聘用的人员被解聘后，或者受单位委托保管公章的人员被解除委托后，单位未及时收回其公章，行为人擅自利用保留的原单位公章签订经济合同，骗取财物占为己有构成犯罪，如给被害人造成经济损失的，单位应当承担赔偿责任。

第七条 单位直接负责的主管人员和其他直接责任人员，将单位进行走私或其他犯罪活动所得财物以签订经济合同的方法予以销售，买方明知或者应当知道的，如因此造成经济损失，其损失由买方自负。但是，如果买方不知该经济合同的标的物是犯罪行为所得财物而购买的，卖方对买方所造成的经济损失应当承担民事责任。

第八条 根据《中华人民共和国刑事诉讼法》第一百零一条第一款的规定，被害人或其法定代理人、近亲属对本规定第二条因单位犯罪行为造成经济损失的，对第四条、第五条第一款、第六条应当承担刑事责任的被告人未能返还财物而遭受经济损失提起附带民事诉讼的，受理刑事案件的人民法院应当依法一并审理。被害人或其法定代理人、近亲属因被害人遭受经济损失也有权对单位另行提起民事诉讼。若被害人或其法定代理人、近亲属另行提起民事诉讼的，有管辖权的人民法院应当依法受理。

第十条 人民法院在审理经济纠纷案件中，发现与本案有牵连，但与本案不是同一法律关系的经济犯罪嫌疑线索、材料，应将犯罪嫌疑线索、材料移送有关公安机关或检察机关查处，经济纠纷案件继续审理。

7.《最高人民检察院、公安部关于公安机关办理经济犯罪案件的若干规定》（2017年11月24日）

第二十条 涉嫌经济犯罪的案件与人民法院正在审理或者作出生效裁判文书的民事案件，属于同一法律事实或者有牵连关系，符合下列条件之一的，应当立案：

（一）人民法院在审理民事案件或者执行过程中，发现有经济犯罪嫌疑，裁定不予受理、驳回起诉、中止诉讼、判决驳回诉讼请求或者中止执行生效裁判文书，并将有关材料移送公安机关的；

（二）人民检察院依法通知公安机关立案的；

（三）公安机关认为有证据证明有犯罪事实，需要追究刑事责任，经省级以上公安机关负责人批准的。

有前款第二项、第三项情形的，公安机关立案后，应当严格依照法律规定的条件和程序采取强制措施和侦查措施，并将立案决定书等法律文书及相关案件材料复印件抄送正在审理或者作出生效裁判文书的人民法院并说明立案理由，同时通报与办理民事案件的人民法院同级的人民检察院，必要时可以报告上级公安机关。

在侦查过程中，不得妨碍人民法院民事诉讼活动的正常进行。

8.《最高人民法院关于审理票据纠纷案件若干问题的规定》（2020 年 12 月 29 日）

第七十四条 依据票据法第一百零四条的规定，由于金融机构工作人员在票据业务中玩忽职守，对违反票据法规定的票据予以承兑、付款、贴现或者保证，给当事人造成损失的，由该金融机构与直接责任人员依法承担连带责任。

9.《最高人民法院关于审理民间借贷案件适用法律若干问题的规定》（2020 年 12 月 29 日）

第六条 人民法院立案后，发现与民间借贷纠纷案件虽有关联但不是同一事实的涉嫌非法集资等犯罪的线索、材料的，人民法院应当继续审理民间借贷纠纷案件，并将涉嫌非法集资等犯罪的线索、材料移送公安或者检察机关。

10.《最高人民法院关于审理银行卡民事纠纷案件若干问题的规定》（2021 年 5 月 24 日）

第七条 发生伪卡盗刷交易或者网络盗刷交易，借记卡持卡人基于借记卡合同法律关系请求发卡行支付被盗刷存款本息并赔偿损失的，人民法院依法予以支持。

发生伪卡盗刷交易或者网络盗刷交易，信用卡持卡人基于信用卡合同法律关系请求发卡行返还扣划的透支款本息、违约金并赔偿损失的，人民法院依法予以支持；发卡行请求信用卡持卡人偿还透支款本息、违约金等的，人民法院不予支持。

前两款情形，持卡人对银行卡、密码、验证码等身份识别信息、交易验证信息未尽妥善保管义务具有过错，发卡行主张持卡人承担相应责任的，人民法院应予支持。

持卡人未及时采取挂失等措施防止损失扩大，发卡行主张持卡人自行承担扩大损失责任的，人民法院应予支持。

❄ 典型案例

1. 集团公司与经济技术合作公司进出口代理合同纠纷案[①]

◎ 基本案情

赵某于 2008 年 7 月利用合法贸易合同夹带违法贸易合同偷盖经济技术合作公司公章骗取进口许可证，使集团公司进口的棕榈油得以入境。赵某私自以经济技术合作公司的名义与集团公司签订代理合同骗取经济技术合作公司的进口许可证，并伪造提货单，在调味食品公司没有支付货款的情况下骗取集团公司货物。据生效刑事判决认定，集团公司的实际损失为 1476 万元，减去法院已发回的赃款 106 万元，最终集团公司的实际损失为 1370 万元。

◎ 裁判要点

人民法院经审理认为，犯罪嫌疑人赵某利用合法贸易合同夹带《代理协议》偷盖的真实的经济技术合作公司 6 号合同专用章，其以经济技术合作公司的名义与中远公司签订《代理协议》构成表见代理。尽管签订案涉《代理协议》等行为被刑事判决书认定为诈骗行为，构成合同诈骗罪，但在民商事领域，并不当然导致合同无效。一般而言，民事上属于以欺诈手段订立合同，受损害方有权请求人民法院或者仲裁机构变更或者撤销。在撤销权人经济技术合作公司不行使撤销权的情形下，该合同应认定有效，经济技术合作公司应依约承担《代理协议》项下的民事责任。经济技术合作公司因不服北京市高级人民法院作出的民事判决，向本院申请再审。法院认为本案一二审法院依据经济技术合作公司基于《代理协议》而提出的诉请，认定集团公司的损失为集团公司开立信用证支付的金额扣减追回的赃款、经济技术合作公司支付的保证金后的数额，并无不当，且根据《最高人民法院关于在审理经济纠纷案件中涉及经济犯罪嫌疑若干问题的规定》第 3

[①] 参见《最高人民法院公报》2016 年第 2 期。

条规定，单位直接负责的主管人员和其他直接责任人员，以该单位的名义对外签订经济合同，将取得的财物部分或全部占为己有构成犯罪的，除依法追究行为人的刑事责任外，该单位对行为人因签订、履行该经济合同造成的后果，依法应当承担民事责任。判决经济技术合作公司承担合同责任并不属于适用法律错误，裁定驳回经济技术合作公司的再审申请。

◎ **典型意义**

因同一法律事实分别产生刑事法律关系和民事法律关系的，构成刑事责任和民事责任的聚合，刑事责任的承担并不能否定民事责任的承担。刑事案件没有执行终结也并不影响民事案件的受理和审理。在刑事判决明确进行追赃，民事判决判决责任人承担民事责任的情形下，应对追赃与民事责任的认定和执行进行协调。在民事案件审理过程中，追赃款应从民事责任人赔偿范围内进行扣减。在执行过程中，执行法院应结合民事责任、刑事责任的认定，确定民事责任人应承担的民事责任范围和赃款的退还对象，避免双重受偿。在民事案件已经执行完毕、刑事被害人的民事权益得到全部救济的情形下，因罪犯是民事责任的最终责任人，民事案件的责任人承担完民事责任后有权向罪犯追偿，因此，赃款应退还给民事责任人。

2. 某银行、某1银行合同纠纷案[①]

◎ **基本案情**

刘某某通过购买13家空壳公司，伪造某1银行公章、法人章以及相关贷款资料的方式，骗取某银行贷款2亿元。某市公安局于2018年4月11日对刘某某骗取贷款一案立案侦查，嗣后向一审法院移送《关于吉林某银行诉某1银行合同纠纷一案涉及重大刑事犯罪的通报》等相关材料。2016年6月8日，某2银行与某银行签订《信托受益权转让合同》，约定某2银行将其享有的案涉信托受益权转让给某银行。同日，某银行与某1银行签订《信托受益权转让合同》，将其享有的案涉信托受益权转让给某1银

---

① （2020）最高法民终733号，载中国裁判文书网。

行。2018年5月2日，某银行向一审法院提起诉讼，请求判令某1银行支付信托受益权转让款及违约金。一审过程中，某1银行提起管辖权异议，一审法院认为，鉴于某市公安局已作出立案决定，根据"先刑后民"原则，对某银行的民事起诉应当裁定驳回。某银行不服吉林省高级人民法院的民事裁定，主张民事纠纷与刑事案件审理的对象并非同一事实，一审法院驳回起诉有所不当。

◎ 裁判要点

人民法院经审理认为，伪造公章涉嫌犯罪问题与本案争议合同纠纷非同一法律关系，本案应当继续审理作出认定。故一审法院根据"先刑后民"原则驳回某银行的起诉，缺乏事实基础和法律依据，本院不予支持。

◎ 典型意义

民刑交叉案件系因刑事案件和民事案件所涉法律事实之间具有一定的牵连关系而形成，但究竟是作为刑事案件进行处理还是民事案件与刑事案件分别审理，取决于民事纠纷和刑事案件是否属于同一法律关系，尤其要考察二者审理的对象是否为同一事实。法人或者非法人组织的法定代表人、负责人或者其他工作人员的职务行为涉嫌刑事犯罪或者刑事裁判认定其构成犯罪，受害人请求该法人或者非法人组织承担民事责任的，民商事案件与刑事案件应当分别审理。

3. 金融租赁公司等与某金融租赁公司等融资租赁合同纠纷案[①]

◎ 基本案情

金融租赁公司、某医院因与某公司、某1公司融资租赁合同纠纷，不服广东省珠海横琴新区人民法院作出的民事判决，向二审法院提起上诉。某医院诉称，当事人涉嫌合同诈骗且已被公安机关立案侦查。根据《最高人民法院关于在审理经济纠纷案件中涉及经济犯罪嫌疑若干问题的规定》第11条"人民法院作为经济纠纷受理的案件，经审理认为不属经济纠纷案件

[①] （2019）粤04民终3321号，载中国裁判文书网。

而有经济犯罪嫌疑的,应当裁定驳回起诉,将有关材料移送公安机关或检察机关"的规定,恳请裁定驳回金融租赁公司的起诉,并移送公安机关处理。

◎ 裁判要点

人民法院经审理认为,虽然某公司、某1公司法定代表人被批准逮捕,但并不影响本案审处。同时,无证据证明质权人金融租赁公司与某1公司、某公司有串通等行为,因此,某医院主张本案不属于经济纠纷,应移送公安,理据不足,不予采纳。

第十八条 承揽关系中侵权责任的承担规则

承揽人在完成工作过程中造成第三人损害的,人民法院依照民法典第一千一百六十五条的规定认定承揽人的民事责任。

被侵权人合并请求定作人和承揽人承担侵权责任的,依照民法典第一千一百六十五条、第一千一百九十三条的规定,造成损害的承揽人承担侵权人应承担的全部责任;定作人在定作、指示或者选任过错范围内与承揽人共同承担责任,但责任主体实际支付的赔偿费用总和不应超出被侵权人应受偿的损失数额。

定作人先行支付赔偿费用后,就超过自己相应责任的部分向承揽人追偿的,人民法院应予支持,但双方另有约定的除外。

要点提示

本条解释规则明确了《民法典》第1193条承揽关系中侵权责任的承担规则,明确在定作人与承揽人作为共同被告的情形下,原则上应由承揽人承担全部责任,定作人因定作、指示或者选任过错而承担相应的赔偿责任。定作人在先行支付赔偿费用后,可以就超过自己相应责任的部分向承揽人追偿,除非双方另有约定。在侵权编司法解释草案中,曾有过"承揽人主张其与定作人承担按份责任的,人民法院不予支持"的表述,但在正式颁行的解释中删除了这一规定。这表明定作人在与承揽人共同承担责任时，可以按照各自责任大小承担责任，但不可能承担连带责任。此外，需要注意的是，承揽关系与劳务关系有所不同，个人之间因提供劳务造成他人损害和自己损害的责任应适用《民法典》第 1192 条。

❖ 关联规定

1. 《民法典》（2020 年 5 月 28 日）

　　第七百七十条　承揽合同是承揽人按照定作人的要求完成工作，交付工作成果，定作人支付报酬的合同。

　　承揽包括加工、定作、修理、复制、测试、检验等工作。

　　第一千一百六十五条　行为人因过错侵害他人民事权益造成损害的，应当承担侵权责任。

　　依照法律规定推定行为人有过错，其不能证明自己没有过错的，应当承担侵权责任。

　　第一千一百九十三条　承揽人在完成工作过程中造成第三人损害或者自己损害的，定作人不承担侵权责任。但是，定作人对定作、指示或者选任有过错的，应当承担相应的责任。

2. 《建筑法》（2019 年 4 月 23 日）

　　第二十六条　承包建筑工程的单位应当持有依法取得的资质证书，并在其资质等级许可的业务范围内承揽工程。

　　禁止建筑施工企业超越本企业资质等级许可的业务范围或者以任何形式用其他建筑施工企业的名义承揽工程。禁止建筑施工企业以任何形式允许其他单位或者个人使用本企业的资质证书、营业执照，以本企业的名义承揽工程。

3. 《海上交通安全法》（2021 年 4 月 29 日）

　　第九条　中国籍船舶、在中华人民共和国管辖海域设置的海上设施、船运集装箱，以及国家海事管理机构确定的关系海上交通安全的重要船用设备、部件和材料，应当符合有关法律、行政法规、规章以及强制性标准和技术规范的要求，经船舶检验机构检验合格，取得相应证书、文书。证书、文书的清单由国家海事管理机构制定并公布。

设立船舶检验机构应当经国家海事管理机构许可。船舶检验机构设立条件、程序及其管理等依照有关船舶检验的法律、行政法规的规定执行。

持有相关证书、文书的单位应当按照规定的用途使用船舶、海上设施、船运集装箱以及重要船用设备、部件和材料,并应当依法定期进行安全技术检验。

典型案例

1. 刘某1等与肖某某承揽关系纠纷案①

◎ **基本案情**

2018年4月,肖某某与陈某某口头约定砍伐上述毛竹,按每100斤9.5元计算报酬,陈某某联系刘某1、肖某1、曾某某并商定按上述报酬标准共同砍伐,根据每人的出工情况,分别计算报酬。之后,四人自行安排时间砍伐毛竹,自带砍刀等工具、自带伙食,每次砍伐时人员都未固定。肖某某也未在砍伐现场指挥,只是驾驶车辆运走毛竹。2018年10月27日11时许,陈某某发现刘某1摔落路旁,后经到场医生诊断已死亡。

◎ **裁判要点**

人民法院经审理认为,肖某某在整个劳动过程中并未指定特定人数及特定人员,未提供劳动工具,未限定工作时间,未下达指挥或命令,其与陈某某、刘某1等人不存在控制、支配和从属关系。肖某某待陈某某、刘某1等人完成事务后,根据劳动成果结算劳动报酬,肖某某接受的只是劳动成果,并根据劳动成果给付报酬,故双方之间的关系符合承揽关系的特征。原告主张肖某某与刘某1之间的法律关系属于雇佣关系,缺乏事实和法律依据,不能成立。本案刘某1有长期砍竹经历,对砍竹工作存在危险应当明了,本应在工作中加以特别的注意义务,但刘某1未充分注意安全事项,造成自身损害结果的发生,且法律法规并未有规定砍竹工作应当进行培训及选任有资质的从业人员操作,故本案事故所造成的损害应当由承

---

① (2018)闽06民终819号,载中国裁判文书网。

揽人刘某1自行承担,肖某某并不存在过失行为,不应承担刘某1的赔偿责任。对于肖某某于2018年10月28日支付给刘某1家属的2万元,系肖某某自愿补偿给刘某1家属,不要求返还。福建省漳州市中级人民法院经审理后认为,一审判决认定事实清楚,适用法律正确,应予维持。

2. 马某某、赵某某等生命权、健康权、身体权纠纷案[①]

◎ 基本案情

再审申请人赵某某经营管理架设高清光缆挂钩业务,与马某1达成口头协议,每空单价10元,马某1找马某某自带工具从事案涉线路挂钩工作。马某某在一次挂钩作业中受伤,认为其与赵某某、马某1为雇佣关系,二人应对其损失承担连带赔偿责任,不服原判,提出再审申请。

◎ 裁判要点

人民法院经审理认为,雇佣合同是雇员从事雇主授权或者指示范围内的劳务活动,雇主支付报酬的合同。承揽合同是约定一方为他方完成工作,他方在承揽方交付独立完成的工作成果后支付报酬的合同。雇主对雇员存在身份上的支配关系和从属关系,而承揽关注的是工作成果,当事人双方没有身份上的约束。雇佣关系和承揽关系均属于基于劳务合同产生的法律关系,但两者的归责原则不同,雇主责任为替代责任,且系严格责任;而承揽合同则基本上属于过错责任,定作人对承揽人致人损害,仅在定作或者选任、指示有过失时,承担赔偿责任。在本案中,赵某某是定作人,马某1是承揽人。承揽人虽为定作人完成预先约定的工作,但不是受雇于定作人,因此不能形成雇佣的法律关系。马某某在完成广播电视信号光缆安装作业过程中,因过分自信,在未系安全带或采取其他安全保障措施的情况下,进行高处作业,是造成本次事故的直接原因,所造成的损害应当由马某某自行承担;但赵某某在选任马某某从事安装工作时,未对其从业资质进行审查,也未举证证明马某某具有从事高处作业的资质,对本

---

① (2021)辽民申3447号,载中国裁判文书网。

次事故存在选任过失,二审法院根据《最高人民法院关于审理人身损害赔偿案件适用法律若干问题的解释》第10条的规定,确定定作人赵某某对马某某的损失承担20%的赔偿责任并无不当。

3. 工程公司、孙某某海上、通海水域运输重大责任事故责任纠纷案[①]

◎ **基本案情**

2013年孙某某与"某"号船舶实际操控人陈某某达成租赁关系,将价值109万元履带式液压挖掘机一台租赁给陈某某,在"某"号船舶上作业使用。2013年工程公司委托"某"号船舶在盘锦港填海作业,同年9月17日"某"号船舶按照工程公司指示抛锚在渤海盘锦港海域,后因潮位变化导致船舶发生倾覆事故,致孙某某所有的挖掘机灭失。

◎ **裁判要点**

人民法院经审理认为,事故发生时,该船的实际船舶所有人、实际船舶经营人、船长为陈某某。船长陈某某具有安全驾驶船舶的责任,其错误估计潮水涨落导致船舶在退潮时发生搁浅,最终翻扣沉没,对涉案船舶沉没事故的发生具有过错,其过错行为与船舶的沉没具有直接因果关系,应对事故承担主要责任。关于工程公司是否应承担责任。孙某某主张陈某某与工程公司之间系雇佣关系,工程公司否认与陈某某及"某"号船舶存在任何法律关系。工程公司与陈某某之间没有从属关系,双方关注的只是工作成果和报酬,不符合雇佣关系的特点,孙某某主张的工程公司与陈某某之间为雇佣关系的观点不能成立。陈某某以其实际所有的船舶、雇佣的船员、租赁的挖掘机,按照工程公司的要求完成石料运输任务,工程公司向其支付报酬。工程公司与陈某某之间应为承揽合同关系。依据马某某、王某某对事发经过及事故原因的陈述,事故发生前,陈某某在将船舶开往锚地避风的途中接到工程公司电话,工程公司指示其尽量将船舶靠往码头,能开多远开多远。陈某某遂将船舶开往码头附近,并找了一处其自认为是

---

① (2019)辽民终981号,载中国裁判文书网。

深水区的地点抛锚。工程公司对陈某某的指示导致陈某某做出放弃在营口港抛锚避风的决定，将船舶开往工地附近，最终导致船舶因锚泊位置不当而翻扣沉没。此外，工程公司选用无海上经营资质的内河船舶从事海上运输，且该船的船舶证书均已过期，存在选任过失，工程公司对事故的发生具有过错，且其过错与事故发生具有因果关系，应对事故给孙某某的财产造成的损害承担部分责任。

4. 纪某1等诉供电公司等生命权纠纷案①

◎ **基本案情**

原告父亲纪某1驾驶自家的收割机在周某某的玉米地进行收割作业，当收割机行至由供电公司架设并管理的电线杆处，其颈部被一根斜拉线斜勒住颈部，造成纪某1当场死亡。原告认为，被告周某某对纪某1未尽提示说明义务。

◎ **裁判要点**

人民法院经审理认为，本案中纪某1自行驾驶自有的收割机为周某某收割玉米，具有较大的自主性和独立性，符合承揽合同的法律特征，本院认定纪某1与周某某间系承揽合同关系。《民法典》第1193条规定："承揽人在完成工作过程中造成第三人损害或者自己损害的，定作人不承担侵权责任。但是，定作人对定作、指示或者选任有过错的，应当承担相应的责任。"本案纪某1在从事承揽事务过程中死亡，且不能认定周某某对定作、指示或者选任存在过错，故周某某对纪某1的死亡后果不承担赔偿责任。

5. 郭某诉孟某等健康权纠纷案②

◎ **基本案情**

原告郭某在被告孟某家中一楼进行水电安装期间，以大灯600元一

---

① （2021）吉0282民初3436号，载中国裁判文书网。
② （2021）湘0611民初626号，载中国裁判文书网。

个、小灯 150 元一个的价格承接了被告孟某家中二楼灯具的更换工作,双方约定换好了付钱。2020 年 4 月 27 日,原告郭某自购灯具,自带工具到被告孟某家中二楼进行灯具更换作业。因原告一人无法完成二楼大灯的拆卸工作,原告遂邀请被告孟某 1 协助其卸下大灯。拆卸大灯时,原告郭某与被告孟某 1 二人同时踩在人字梯上作业。因人字梯突然折断,原告郭某从梯子上摔下,导致头部严重受伤。原、被告就赔偿事宜,无法达成一致。

◎ **裁判要点**

人民法院经审理认为,本案被告孟某以包工包料的形式将自家二楼灯饰承包给原告郭某更换,是以交付工作成果为目的,而不是单纯的买卖行为,故原告与被告孟某之间符合承揽合同关系的法律特征。根据《最高人民法院关于审理人身损害赔偿案件适用法律若干问题的解释》第 10 条的规定,承揽人在完成工作过程中对第三人造成损害或造成自身损害的,定作人不承担赔偿责任。但定作人对定作、指示或者选任有过失的,应当承担相应的赔偿责任。原告在明知自己无相应的电工资质的情况下,承揽了该项有一定人身危险性的工作。此后,原告请求被告孟某 1 协助其拆卸灯具,并指示被告孟某 1 共同操作卸灯,且携带的梯子明显不符合安全规范要求,缺乏安全防范意识,是造成自身事故发生的主要原因。对此,作为承揽方的原告应对事故负主要责任,本院酌定其自负 75%。被告孟某将更换灯具的工作交由无电工资质的原告,在选任承揽人方面存在过失,且在施工过程中未尽到安全监管义务,被告孟某、黄某对原告人身损害应承担相应的责任,本院酌定为 10%。

第十九条 **产品缺陷致害的赔偿范围**

因产品存在缺陷造成买受人财产损害,买受人请求产品的生产者或者销售者赔偿缺陷产品本身损害以及其他财产损害的,人民法院依照民法典第一千二百零二条、第一千二百零三条的规定予以支持。

要点提示

本条是关于产品缺陷致害赔偿范围的规定。《民法典》规定"因产品存在缺陷造成他人损害的",被侵权人可以向产品的生产者请求赔偿,也可以向产品的销售者请求赔偿,但对于造成损害的范围,未作出明确说明。本条从切实维护消费者合法权益,保障消费者高效便捷维权的立场出发,进一步明确,因产品存在缺陷造成买受人财产损害,买受人可主张的赔偿范围除了其他财产损害外,同时也包括了缺陷产品本身的损害。根据本条规定,遇有缺陷产品因其缺陷导致自身损害的情形,买受人也可以依据《民法典》第1202条和第1203条的规定,就缺陷产品本身的损害向生产者或者销售者请求赔偿。

关联规定

1.《民法典》(2020年5月28日)

第一千二百零二条 因产品存在缺陷造成他人损害的,生产者应当承担侵权责任。

第一千二百零三条 因产品存在缺陷造成他人损害的,被侵权人可以向产品的生产者请求赔偿,也可以向产品的销售者请求赔偿。

产品缺陷由生产者造成的,销售者赔偿后,有权向生产者追偿。因销售者的过错使产品存在缺陷的,生产者赔偿后,有权向销售者追偿。

2.《刑法》(2023年12月29日)

第一百四十条 生产者、销售者在产品中掺杂、掺假,以假充真,以次充好或者以不合格产品冒充合格产品,销售金额五万元以上不满二十万元的,处二年以下有期徒刑或者拘役,并处或者单处销售金额百分之五十以上二倍以下罚金;销售金额二十万元以上不满五十万元的,处二年以上七年以下有期徒刑,并处销售金额百分之五十以上二倍以下罚金;销售金额五十万元以上不满二百万元的,处七年以上有期徒刑,并处销售金额百分之五十以上二倍以下罚金;销售金额二百万元以上的,处十五年有期徒刑或者无期徒刑，并处销售金额百分之五十以上二倍以下罚金或者没收财产。

3. 《产品质量法》（2018年12月29日）

第四十一条 因产品存在缺陷造成人身、缺陷产品以外的其他财产（以下简称他人财产）损害的，生产者应当承担赔偿责任。

4. 《消费者权益保护法》（2013年10月25日）

第四十条 消费者在购买、使用商品时，其合法权益受到损害的，可以向销售者要求赔偿。销售者赔偿后，属于生产者的责任或者属于向销售者提供商品的其他销售者的责任的，销售者有权向生产者或者其他销售者追偿。

消费者或者其他受害人因商品缺陷造成人身、财产损害的，可以向销售者要求赔偿，也可以向生产者要求赔偿。属于生产者责任的，销售者赔偿后，有权向生产者追偿。属于销售者责任的，生产者赔偿后，有权向销售者追偿。

消费者在接受服务时，其合法权益受到损害的，可以向服务者要求赔偿。

❋ 典型案例

1. 刁某诉石化公司产品销售者责任纠纷案[①]

◎ 基本案情

刁某于2017年11月3日驾驶某轿车至某收费站旁的加油站加油，因油品不合格，导致刁某的车辆受损由此产生车辆维修费。

◎ 裁判结果

人民法院经审理认为，石化公司作为油品的销售者，向刁某出售了油品不合格的汽油导致其车辆受损，刁某可选择向销售者即被上诉人主张返还加油费并赔偿车辆维修费损失。根据庭审查明的事实，刁某因车辆受损

[①] 《最高人民法院公报》2020年第12期。

支出维修费28743元，关于加油费，虽然刁某未能提供加油凭证，但结合上刁某的车辆型号，认定石化公司应向刁某返还加油费430元，并赔偿车辆维修费28743元。关于刁某主张的租车费13600元，其非车辆受损必然造成的损失，故对其主张的该笔费用不予支持。

◎ **典型意义**

本案结合了买卖合同中销售者的违约责任和产品销售者的侵权责任，明确了销售者对于其销售的产品质量不仅负有瑕疵担保责任，同时对于其产品质量不合格造成的损害应当承担赔偿责任。同时，对于赔偿的范围进行了界定，明确了损害赔偿的合理范围。最后，本案体现了保护消费者权益的法律精神，体现了公平原则和诚实信用原则在司法实践中的具体适用。

2. 全国首例高空抛物罪案[①]

◎ **基本案情**

2020年5月，家住3楼的徐某某与王某某因言语不和发生争执，徐某某从厨房拿出一把菜刀抛掷楼下公共租赁房附近。楼下居民发觉后向楼上质问，徐某某听到质问声后，又去厨房拿第二把菜刀，抛掷至楼下公共租赁房屋附近，楼下居民见状报警。

◎ **裁判要点**

人民法院经审理认为，被告人徐某某从建筑物抛掷物品行为已经构成高空抛物罪，依法判决被告人徐某某犯高空抛物罪，判处有期徒刑6个月，并处罚金人民币2000元。

◎ **典型意义**

"高空抛物"作为"头顶上的安全"问题，是社会广泛关注的焦点问题，《刑法修正案（十一）》第33条确定在刑法第291条之后增加一条，作为第291条之二："从建筑物或者其他高空抛掷物品，情节严重的，处

[①] 《常州法院2021年度十大典型案例发布》，载常州市中级人民法院网站，https://fy.changzhou.gov.cn/html/czfy/2022/BQBJQCKD_0221/11458.html，2024年10月11日访问。

一年以下有期徒刑、拘役或者管制，并处或者单处罚金。有前款行为，同时构成其他犯罪的，依照处罚较重的规定定罪处罚。"《刑法修正案（十一）》新增高空抛物罪，实现了对构成犯罪的高空抛物行为从以危险方法危害公共安全罪到高空抛物罪的罪名变迁。行为人故意从建筑物高处向下连续抛掷两把菜刀至公共区域的行为，足以危害公共安全，尚未造成严重后果的，依据行为时的法律构成以危险方法危害公共安全罪，但依据判决时已施行的《刑法修正案（十一）》构成高空抛物罪的，应当认定构成高空抛物罪。

3. 潘某某与高某某等物件损害赔偿纠纷案[①]

◎ **基本案情**

高某某的住房系购买黄某某所建的位于枣阳市某市场院内四层楼房中的第四层顶楼，因年久漏水，高某某便在原有机瓦隔热层之上用铁皮另行加盖隔热层。黄某某在一楼有多间门面，其在门面房屋外用钢结构及铁皮出檐搭建铁棚，扩大使用面积用以出租。潘某某租赁高某某房屋正下面的一间门面经营水果销售生意。2018年初，城区普降大雪，高某某的房顶及门面铁棚均堆积有较厚的积雪。2018年1月8日下午3时许，因天气晴朗，气温升高，高某某的房顶积雪融化滑落至潘某某租赁门面，导致门面棚倒塌砸伤了在内经营的潘某某，经鉴定潘某某伤情构成十级伤残。因双方就赔偿问题意见存在分歧，遂诉至人民法院。

◎ **裁判要点**

楼房顶层居住人高某某未经规划审批，在顶层机瓦上蒙盖铁皮用于隔热防水，事发前天气异常突降大雪，积雪堆积至隔热防水的铁皮棚上。天气转晴后积雪融化，滑落至楼下市场租赁门面棚上，将棚内经营人员潘某某砸伤。一审法院适用《侵权责任法》第85条的规定，认定潘某某系因高某某房顶积雪滑落砸塌黄某某搭建的门面棚造成的，高某某建造铁皮防

[①] （2019）鄂06民终3899号，载中国裁判文书网。

水隔热层时存在安全隐患,但其未预见也未采取有效的防范措施,导致其房顶积雪滑落砸伤当事人,应承担相应责任。而黄某某搭建的门面棚不够牢固,在雨雪天气中同样也存在安全隐患,应当负相应责任,一审法院判决高某某、黄某某对潘某某的损害承担同等责任。高某某、黄某某提起上诉后,二审认定屋顶积雪虽系自然原因造成,但事故发生与高某某违规加盖铁皮棚、黄某某搭建的门面棚不牢固均有直接的原因,应当承担高某某人身损害的赔偿责任,判决结果也符合《民法典》第1253条构筑物隐患坠落造成他人损害的法律规定。

◎ **典型意义**

建筑物、构筑物或者其他设施及其搁置物、悬挂物发生脱落、坠落造成他人损害,所有人、管理人或者使用人不能证明自己没有过错的,应当承担侵权责任。所有人、管理人或者使用人赔偿后,有其他责任人的,有权向其他责任人追偿。依照法律规定,无论是城市商品房,还是农村自建房屋,所有人、使用人均应当预见房屋顶层坠落物可能对楼下人员及物资造成的风险,从而规范管理,合理使用,避免风险可能造成的危害后果。

本案双方当事人认为积雪融化系自然原因造成,与高某某、黄某某没有侵权因果关系,但自然原因虽客观存在,是能够通过人为的防范加以避免。

本案事发原因清楚,积雪坠落的屋顶系尖型两面存在坡度,楼房顶层所有人高某某自行加盖屋顶铁皮时,应当保证使用期间的安全性,避免由此带来的人身和财产损害。虽有积雪堆积在铁皮屋顶,但应预留天沟等部位保证积雪的消融及避免积雪的轻易坠落,但高某某不仅未预见自建铁皮屋顶存在的安全隐患,也未采取任何措施以避免事故的发生,故高某某因放任损害后果的发生,对其过错应当承担相应的赔偿责任。

黄某某虽按照水果大市场的要求在其出租的门面搭建出檐棚,但搭建门面棚过程中就应当预先考虑到钢构棚承受坠落物的承重能力,并防范因门面棚不牢固所造成各种风险,由于黄某某搭建的出檐铁棚不够牢固,也未采取有效的防范措施,同样存在安全隐患,以致造成事故后果,因其存在过错也应承担相应的赔偿责任。

4. 彭某诉林某等财产损害纠纷案①

◎ **基本案情**

2019年8月6日上午10时许，彭某将其名下车辆停放在某公寓楼下划定的地面停车位上，该停车位处于某公寓××号房阳台外对应的地面位置。当日上午11时许，某公寓的保安于巡逻时发现一白色犬只从公寓楼高层坠落并砸中彭某的车辆，导致彭某车辆受损。彭某到达现场后立即报警处理，经调查，坠楼小狗系居住在坠落现场上方21楼的住户即林某与何某所饲养。彭某诉至法院，要求林某与何某承担损害赔偿责任。

◎ **裁判结果**

人民法院经审理认为，林某与何某作为案涉坠楼犬只的管理人，未依法履行管理义务，对饲养的宠物犬疏于管理，以致宠物犬在活动过程中从阳台坠落砸中彭某的车辆，给彭某造成损失，应承担赔偿责任。彭某将车辆停放于小区物业公司划定的地面停车位上，林某与何某提交的证据不足以证明彭某对于车辆的损失存在主观故意或者重大过失，故此不能减轻二人的侵权责任。2020年1月9日，判决林某、何某赔偿彭某损失1万元。该判决已生效。

◎ **典型意义**

高空抛物、坠物行为损害人民群众人身、财产安全，极易造成人身伤亡和财产损失，引发社会矛盾纠纷。本案犬只饲养人疏于管理，以致犬只坠落砸损他人财物，饲养人应承担相应赔偿责任。该案判决正确适用侵权责任法的规定，依法判决侵权人承担侵权责任，保护了人民群众财产安全，同时，警醒动物饲养人要严格饲养动物管理，做好安全防护措施，避免发生类似安全事故。

---

① 《广东法院涉高空抛物、坠物十大典型案例》，载广东法院网，http://www.gdcourts.gov.cn/gsxx/quanweifabu/anlihuicui/content/post_1046348.html，2024年10月11日访问。

第二十条　转让人、受让人连带责任的承担

以买卖或者其他方式转让拼装或者已经达到报废标准的机动车，发生交通事故造成损害，转让人、受让人以其不知道且不应当知道该机动车系拼装或者已经达到报废标准为由，主张不承担侵权责任的，人民法院不予支持。

✦ 要点提示

转让人、受让人不能以无主观过错为由拒绝承担连带责任，进一步明确了拼装或者达到报废标准的机动车的转让人和受让人对交通事故损害承担无过错责任。原来对《民法典》第1214条，学界有解读认为不具备主观过错的受让人不承担连带责任。[①] 本条规定转让人和受让人承担绝对责任，不可以适用减轻或者免除责任的规定。

拼装车是没有汽车生产资质的人非法用汽车零部件拼装而成的机动车。报废车，本条明确规定是"已经达到报废标准的机动车"，而不是已经报废的机动车，其含义是，凡是已经达到报废标准的机动车，无论是否已经经过报废程序，都在规范之列，以此表达机动车报废的强制性。拼装车、已经达到报废标准的机动车或者依法禁止行驶的其他机动车被多次转让，发生交通事故造成损害，所有的转让人和受让人都承担连带责任。依法禁止行驶的其他机动车，可以参照适用本条规定确定责任。

对于报废车、拼装车的判断，依据公安机关交通管理部门的意见，认定是否达到报废标准；根据工业和信息化、市场监督管理等部门或者机动车生产、改装企业出具的证据，认定是否为拼装车。[②]

[①] 程啸：《侵权责任法》（第三版），法律出版社2021年版，第611页。"因出卖人之欺诈，买受人并不知道购买的是拼装或报废的机动车时，只要买受人能够证明其因欺诈而不知悉所购机动车为拼装或报废的机动车，就可以无须承担连带责任，但是，机动车使用人仍然需要依据《道路交通安全法》第76条的规定承担相应的责任。拼装或报废机动车的转让人，要就受害人的损害承担全部赔偿责任。"

[②] 杨立新：《中华人民共和国民法典条文要义》，中国法制出版社2024年版，第1372页。

关联规定

1.《民法典》（2020 年 5 月 28 日）

第一百七十八条　二人以上依法承担连带责任的，权利人有权请求部分或者全部连带责任人承担责任。

连带责任人的责任份额根据各自责任大小确定；难以确定责任大小的，平均承担责任。实际承担责任超过自己责任份额的连带责任人，有权向其他连带责任人追偿。

连带责任，由法律规定或者当事人约定。

第五百一十九条　连带债务人之间的份额难以确定的，视为份额相同。

实际承担债务超过自己份额的连带债务人，有权就超出部分在其他连带债务人未履行的份额范围内向其追偿，并相应地享有债权人的权利，但是不得损害债权人的利益。其他连带债务人对债权人的抗辩，可以向该债务人主张。

被追偿的连带债务人不能履行其应分担份额的，其他连带债务人应当在相应范围内按比例分担。

第一千二百一十四条　以买卖或者其他方式转让拼装或者已经达到报废标准的机动车，发生交通事故造成损害的，由转让人和受让人承担连带责任。

2.《道路交通安全法》（2021 年 4 月 29 日）

第十四条　国家实行机动车强制报废制度，根据机动车的安全技术状况和不同用途，规定不同的报废标准。

应当报废的机动车必须及时办理注销登记。

达到报废标准的机动车不得上道路行驶。报废的大型客、货车及其他营运车辆应当在公安机关交通管理部门的监督下解体。

第十六条　任何单位或者个人不得有下列行为：

（一）拼装机动车或者擅自改变机动车已登记的结构、构造或者特征；

（二）改变机动车型号、发动机号、车架号或者车辆识别代号；

（三）伪造、变造或者使用伪造、变造的机动车登记证书、号牌、行驶证、检验合格标志、保险标志；

（四）使用其他机动车的登记证书、号牌、行驶证、检验合格标志、保险标志。

3. 《报废机动车回收管理办法》（2019 年 4 月 22 日）

第十五条 禁止任何单位或者个人利用报废机动车"五大总成"和其他零部件拼装机动车，禁止拼装的机动车交易。

除机动车所有人将报废机动车依法交售给报废机动车回收企业外，禁止报废机动车整车交易。

4. 《最高人民法院关于审理道路交通事故损害赔偿案件适用法律若干问题的解释》（2020 年 12 月 29 日）

第四条 拼装车、已达到报废标准的机动车或者依法禁止行驶的其他机动车被多次转让，并发生交通事故造成损害，当事人请求由所有的转让人和受让人承担连带责任的，人民法院应予支持。

5. 《机动车强制报废标准规定》（2012 年 12 月 27 日）

第四条 已注册机动车有下列情形之一的应当强制报废，其所有人应当将机动车交售给报废机动车回收拆解企业，由报废机动车回收拆解企业按规定进行登记、拆解、销毁等处理，并将报废机动车登记证书、号牌、行驶证交公安机关交通管理部门注销：

（一）达到本规定第五条规定使用年限的；

（二）经修理和调整仍不符合机动车安全技术国家标准对在用车有关要求的；

（三）经修理和调整或者采用控制技术后，向大气排放污染物或者噪声仍不符合国家标准对在用车有关要求的；

（四）在检验有效期届满后连续 3 个机动车检验周期内未取得机动车检验合格标志的。

第五条 各类机动车使用年限分别如下：

（一）小、微型出租客运汽车使用8年，中型出租客运汽车使用10年，大型出租客运汽车使用12年；

（二）租赁载客汽车使用15年；

（三）小型教练载客汽车使用10年，中型教练载客汽车使用12年，大型教练载客汽车使用15年；

（四）公交客运汽车使用13年；

（五）其他小、微型营运载客汽车使用10年，大、中型营运载客汽车使用15年；

（六）专用校车使用15年；

（七）大、中型非营运载客汽车（大型轿车除外）使用20年；

（八）三轮汽车、装用单缸发动机的低速货车使用9年，装用多缸发动机的低速货车以及微型载货汽车使用12年，危险品运输载货汽车使用10年，其他载货汽车（包括半挂牵引车和全挂牵引车）使用15年；

（九）有载货功能的专项作业车使用15年，无载货功能的专项作业车使用30年；

（十）全挂车、危险品运输半挂车使用10年，集装箱半挂车20年，其他半挂车使用15年；

（十一）正三轮摩托车使用12年，其他摩托车使用13年。

对小、微型出租客运汽车（纯电动汽车除外）和摩托车，省、自治区、直辖市人民政府有关部门可结合本地实际情况，制定严于上述使用年限的规定，但小、微型出租客运汽车不得低于6年，正三轮摩托车不得低于10年，其他摩托车不得低于11年。

小、微型非营运载客汽车、大型非营运轿车、轮式专用机械车无使用年限限制。

机动车使用年限起始日期按照注册登记日期计算，但自出厂之日起超过2年未办理注册登记手续的，按照出厂日期计算。

第六条 变更使用性质或者转移登记的机动车应当按照下列有关要求确定使用年限和报废：

（一）营运载客汽车与非营运载客汽车相互转换的，按照营运载客汽车的规定报废，但小、微型非营运载客汽车和大型非营运轿车转为营运载客汽车的，应按照本规定附件1所列公式核算累计使用年限，且不得超过15年；

（二）不同类型的营运载客汽车相互转换，按照使用年限较严的规定报废；

（三）小、微型出租客运汽车和摩托车需要转出登记所属地省、自治区、直辖市范围的，按照使用年限较严的规定报废；

（四）危险品运输载货汽车、半挂车与其他载货汽车、半挂车相互转换的，按照危险品运输载货车、半挂车的规定报废。

距本规定要求使用年限1年以内（含1年）的机动车，不得变更使用性质、转移所有权或者转出登记地所属地市级行政区域。

第七条 国家对达到一定行驶里程的机动车引导报废。达到下列行驶里程的机动车，其所有人可以将机动车交售给报废机动车回收拆解企业，由报废机动车回收拆解企业按规定进行登记、拆解、销毁等处理，并将报废的机动车登记证书、号牌、行驶证交公安机关交通管理部门注销：

（一）小、微型出租客运汽车行驶60万千米，中型出租客运汽车行驶50万千米，大型出租客运汽车行驶60万千米；

（二）租赁载客汽车行驶60万千米；

（三）小型和中型教练载客汽车行驶50万千米，大型教练载客汽车行驶60万千米；

（四）公交客运汽车行驶40万千米；

（五）其他小、微型营运载客汽车行驶60万千米，中型营运载客汽车行驶50万千米，大型营运载客汽车行驶80万千米；

（六）专用校车行驶40万千米；

（七）小、微型非营运载客汽车和大型非营运轿车行驶60万千米，中型非营运载客汽车行驶50万千米，大型非营运载客汽车行驶60万千米；

（八）微型载货汽车行驶50万千米，中、轻型载货汽车行驶60万千米，重型载货汽车（包括半挂牵引车和全挂牵引车）行驶 70 万千米，危险品运输载货汽车行驶 40 万千米，装用多缸发动机的低速货车行驶 30 万千米；

（九）专项作业车、轮式专用机械车行驶 50 万千米；

（十）正三轮摩托车行驶 10 万千米，其他摩托车行驶 12 万千米。

第八条 本规定所称机动车是指上道路行驶的汽车、挂车、摩托车和轮式专用机械车；非营运载客汽车是指个人或者单位不以获取利润为目的的自用载客汽车；危险品运输载货汽车是指专门用于运输剧毒化学品、爆炸品、放射性物品、腐蚀性物品等危险品的车辆；变更使用性质是指使用性质由营运转为非营运或者由非营运转为营运，小、微型出租、租赁、教练等不同类型的营运载客汽车之间的相互转换，以及危险品运输载货汽车转为其他载货汽车。本规定所称检验周期是指《中华人民共和国道路交通安全法实施条例》规定的机动车安全技术检验周期。

第九条 省、自治区、直辖市人民政府有关部门依据本规定第五条制定的小、微型出租客运汽车或者摩托车使用年限标准，应当及时向社会公布，并报国务院商务、公安、环境保护等部门备案。

第十条 上道路行驶拖拉机的报废标准规定另行制定。

❀ 典型案例

1. 张某、薛某等机动车交通事故责任纠纷案[①]

◎ 基本案情

薛某驾驶某某号车将张某撞伤，送至医院后驾车逃逸。事故经交警部门出具事故认定书认定，薛某承担事故的全部责任。某某号车为被告张某1卖给薛某的报废车。张某1辩称：来看车时，车脱审很久了，但是否达到报废标准不知道，当时那个车都不能动，给修了修就被薛某开走了，二人是按拆件车辆作价3000元卖给薛某，但薛某只给了2000元。

[①] （2022）鲁0281民初858号，载中国裁判文书网。

◎ 裁判要旨

人民法院经审理认为，本案系因机动车发生交通事故而引发的机动车交通事故责任纠纷。根据有关规定，以买卖或者其他方式转让拼装或者已经达到报废标准的机动车，发生交通事故造成损害的，由转让人和受让人承担连带责任。某某号车已达到报废标准，被告张某1系该车的转让人，被告薛某系该车的受让人及驾驶员，故对于原告的损失，按照事故责任认定，由被告薛某承担赔偿责任，被告张某1作为事故车辆的转让人对被告薛某的赔偿承担连带责任。

2. 张某、薛某等追偿权纠纷案[①]

◎ 基本案情

2021年1月22日23时30分左右，刘某无证酒后驾驶鲁SN××××（事故发生时未悬挂）号小型轿车沿某路由南向北行驶，行驶至某路口左转弯时，与沿省道由西向东行驶的潘某驾驶的鲁Q3××××/鲁Q××××挂号半挂车相撞，造成刘某、齐某受伤，齐某（鲁SN××××号车上乘客）经抢救无效于当时死亡，两车不同程度受损。

该车辆系营转非，出厂日期为2011年2月27日，强制报废期为2021年5月12日，检验有效期为2020年5月31日，保险终止日期为2019年5月10日，事故发生时违法未处理，逾期检验，机动车登记所有人为杨某，杨某购买时系驾校营运车辆，使用一段时间后将该车转让给董某，2019年7月6日，高某（杨某丈夫）与董某签订车辆转让合同，约定将肇事车辆转让给董某，转让价款7000元，自转让起以后车辆出现任何违章和任何事故等经济责任由董某承担，与原车主无关。而后，董某支付了价款7000元，高某将车交付给董某。此时车辆已年审，交强险已逾期，未办理过户登记手续。董某在驾驶该车时发生交通事故，车辆失去维修的价值，还将车牌照、行驶证、车辆登记证书全部交还给高某。董某自认为该车已报废，以1100元的价格（抵账）抵给了张某。张某未按车辆报废规程处理，

[①] （2022）鲁0117民初141号，载中国裁判文书网。

经过维修后将车辆转卖给薛某，并于2020年7月19日签订车辆转让合同书一份，转让价格4000元，此时，车辆无任何合法行驶手续，不能正常上路行驶。薛某陈述在一星期左右以2500元的价格转让给了刘某1。

薛某辩称，买车的时候不知道这辆车是报废车，张某没有跟薛某说。这辆车在一星期左右经过徐某转让给了刘某1。

◎ 裁判要旨

《民法典》第1214条规定，以买卖或者其他方式转让拼装或者已经达到报废标准的机动车，发生交通事故造成损害的，由转让人和受让人承担连带责任。董某、张某、薛某、刘某1作为涉案车辆的转让人和受让人承担连带责任。《民法典》第178条第2款规定，连带责任人的责任份额根据各自责任大小确定；难以确定责任大小的，平均承担责任。实际承担责任超过自己责任份额的连带责任人，有权向其他连带责任人追偿。第519条规定，连带债务人之间的份额难以确定的，视为份额相同。实际承担债务超过自己份额的连带债务人，有权就超出部分在其他连带债务人未履行的份额范围内向其追偿，并相应地享有债权人的权利，但是不得损害债权人的利益。其他连带债务人对债权人的抗辩，可以向该债务人主张。被追偿的连带债务人不能履行其应分担份额的，其他连带债务人应当在相应范围内按比例分担。董某、张某、薛某、刘某1作为连带责任人，难以确定四方之间的责任大小，故应平均承担责任。张某赔付齐某某、任某某44050元，其自愿主张44000元，董某、张某、薛某、刘某1作为连带责任人，每人的分担数额为11000元。张某明确表示不再追加董某作为本案被告，系自主处分权利。

综上所述，张某的部分诉讼请求，于法有据，本院予以支持。

3. 杨某交通肇事罪案[1]

◎ 基本案情

2021年4月23日18时43分许，被告人杨某无证驾驶无牌照豪爵牌二

---

[1] （2021）豫1302刑初844号，载中国裁判文书网。

轮摩托车，沿某省道自北向南行驶至某路口处时，与自西向东横过道路由唐某驾驶的普通三轮车相撞，造成唐某经医院抢救无效死亡及车辆受损的道路交通事故。

附带民事被告人陈某的陈述，证实其在某街经营父子车行，主要销售电动车和电动三轮车，可以以旧换新，用旧的电动车和摩托车换新电动车。旧电动车和无牌成色不好的摩托车当废品出售，有牌照的不到报废年限的摩托车过户出售，无牌的成色好的摩托车也出售了。

肇事摩托车系其出售的，客户为界中人，双方未签协议，出售价格为600元。其仅知道有牌照的需要过户，无牌照的不知道什么时候报废。按理说无牌的不能再卖，但其考虑农村消费群体，肇事摩托车成色不错，直接卖废品可惜了，遇到想要的就直接出售。

◎ **裁判要旨**

人民法院经审理认为，被告人杨某违反道路交通运输管理法规，无证驾驶无牌报废机动车，发生重大交通事故造成一人死亡的后果，对事故发生应负主要责任，其行为已构成交通肇事罪。公诉机关指控罪名成立，本院予以支持。归案后，被告人杨某自愿签署认罪认罚具结书，同意对其判处有期徒刑三年。

关于附带民事部分，因被告人杨某的行为造成被害人亲属一定经济损失，依法应当承担民事赔偿责任。杨某无证驾驶无牌报废摩托车，具有极大的危害性，根据全案证据综合考量，本院认为其应承担全部民事赔偿责任（该责任与事故责任认定书认定的负全部责任并不等同）。附带民事诉讼被告人陈某1、陈某作为父子车行工商登记人、实际经营者，违规出售报废摩托车，依法应负连带赔偿责任。因庭审后附带民事诉讼被告人陈某、陈某1与附带民事诉讼原告人自愿达成民事赔偿协议，一次性支付赔偿款85000元，原告方不再要求陈某、陈某1支付剩余赔偿款，并自愿撤回对二人的起诉，故二人不再承担民事赔偿责任。

4. 段某、王某道路交通事故纠纷案[①]

◎ 基本案情

2014年4月18日11时许，段某驾驶无号牌的三轮机动车与王某驾驶的普通二轮摩托车发生交通事故，三轮机动车后部与普通二轮摩托车前部发生碰撞，致王某受伤。经交警部门认定，王某承担事故次要责任，段某承担事故主要责任。另查，段某驾驶的无号牌三轮机动车系胡某出让的报废车，被告胡某以废旧回收方式收购别人报废三轮车，未经拆解以废铁价每斤1.1元卖给被告段某，卖车时知道被告段某购车后将作为农用工具使用。段某购买该车经修理后已上路行驶。

◎ 裁判结果

人民法院经审理认为，胡某不具备机动车回收拆解资质，擅自收购他人报废机动车，未经拆解又出卖给被告段某，应当承担连带赔偿责任。据此，法院结合案情，依法判决段某、胡某连带赔偿王某医疗费损失67987.95元。

◎ 法官点评

《机动车强制报废标准规定》要求，应当强制报废的车辆，其所有人应当将机动车交售给报废机动车回收拆解企业[②]，由报废机动车回收拆解企业按规定进行登记、拆解、销毁等处理，并将报废机动车登记证书、号牌、行驶证交公安机关交通管理部门注销。强制报废的车辆不得进行买卖。《最高人民法院关于审理道路交通事故损害赔偿案件适用法律若干问题的解释》第6条规定，拼装车、已达到报废标准的机动车或者依法禁止行驶的其他机动车被多次转让，并发生交通事故造成损害，当事人请求由所有的转让人和受让人承担连带责任的，人民法院应予支持。

---

① （2014）连东民初字第1937号，载中国裁判文书网。
② 由于该案被告仅有两位，将报废机动车转让给胡某的人没有被讨论。但即使其将交易标的物视为废铁而非报废机动车出卖，因为没有卖给有资质的买受人，若被起诉也应承担对交通事故的连带赔偿责任。

第二十一条　机动车交通事故的侵权责任承担

> 未依法投保强制保险的机动车发生交通事故造成损害，投保义务人和交通事故责任人不是同一人，被侵权人合并请求投保义务人和交通事故责任人承担侵权责任的，交通事故责任人承担侵权人应承担的全部责任；投保义务人在机动车强制保险责任限额范围内与交通事故责任人共同承担责任，但责任主体实际支付的赔偿费用总和不应超出被侵权人应受偿的损失数额。
>
> 投保义务人先行支付赔偿费用后，就超出机动车强制保险责任限额范围部分向交通事故责任人追偿的，人民法院应予支持。

要点提示

机动车交通事故系一般侵权，适用过错责任原则，应由肇事车主按照过错承担侵权责任，但为了更大程度上为交通事故受害人提供及时和基本的保障，保险制度得以设立，机动车所有人对于自己的机动车，每年都须投保机动车强制保险。未依法投保交强险的机动车发生交通事故造成损害，属于该机动车一方责任的，若投保义务人和交通事故责任人不一致，被侵权人可以同时请求投保义务人和交通事故责任人承担赔偿责任。由交通事故责任人承担侵权人责任，投保义务人在交强险责任限额内与交通事故责任人共同担责。投保义务人先行赔偿费用后，有权就超出机动车强制保险责任限额范围部分向交通事故责任人追偿。

关联规定

1.《民法典》（2020 年 5 月 28 日）

第一千二百一十三条　机动车发生交通事故造成损害，属于该机动车一方责任的，先由承保机动车强制保险的保险人在强制保险责任限额范围内予以赔偿；不足部分，由承保机动车商业保险的保险人按照保险合同的约定予以赔偿；仍然不足或者没有投保机动车商业保险的，由侵权人赔偿。

第一千二百一十六条 机动车驾驶人发生交通事故后逃逸，该机动车参加强制保险的，由保险人在机动车强制保险责任限额范围内予以赔偿；机动车不明、该机动车未参加强制保险或者抢救费用超过机动车强制保险责任限额，需要支付被侵权人人身伤亡的抢救、丧葬等费用的，由道路交通事故社会救助基金垫付。道路交通事故社会救助基金垫付后，其管理机构有权向交通事故责任人追偿。

2.《道路交通安全法》（2021年4月29日）

第七十五条 医疗机构对交通事故中的受伤人员应当及时抢救，不得因抢救费用未及时支付而拖延救治。肇事车辆参加机动车第三者责任强制保险的，由保险公司在责任限额范围内支付抢救费用；抢救费用超过责任限额的，未参加机动车第三者责任强制保险或者肇事后逃逸的，由道路交通事故社会救助基金先行垫付部分或者全部抢救费用，道路交通事故社会救助基金管理机构有权向交通事故责任人追偿。

第七十六条 机动车发生交通事故造成人身伤亡、财产损失的，由保险公司在机动车第三者责任强制保险责任限额范围内予以赔偿；不足的部分，按照下列规定承担赔偿责任：

（一）机动车之间发生交通事故的，由有过错的一方承担赔偿责任；双方都有过错的，按照各自过错的比例分担责任。

（二）机动车与非机动车驾驶人、行人之间发生交通事故，非机动车驾驶人、行人没有过错的，由机动车一方承担赔偿责任；有证据证明非机动车驾驶人、行人有过错的，根据过错程度适当减轻机动车一方的赔偿责任；机动车一方没有过错的，承担不超过百分之十的赔偿责任。

交通事故的损失是由非机动车驾驶人、行人故意碰撞机动车造成的，机动车一方不承担赔偿责任。

3.《机动车交通事故责任强制保险条例》（2019年3月2日）

第二条 在中华人民共和国境内道路上行驶的机动车的所有人或者管理人，应当依照《中华人民共和国道路交通安全法》的规定投保机动车交通事故责任强制保险。

机动车交通事故责任强制保险的投保、赔偿和监督管理，适用本条例。

4.《最高人民法院关于审理道路交通事故损害赔偿案件适用法律若干问题的解释》（2020年12月29日）

第十六条　未依法投保交强险的机动车发生交通事故造成损害，当事人请求投保义务人在交强险责任限额范围内予以赔偿的，人民法院应予支持。

投保义务人和侵权人不是同一人，当事人请求投保义务人和侵权人在交强险责任限额范围内承担相应责任的，人民法院应予支持。

第十八条　多辆机动车发生交通事故造成第三人损害，损失超出各机动车交强险责任限额之和的，由各保险公司在各自责任限额范围内承担赔偿责任；损失未超出各机动车交强险责任限额之和，当事人请求由各保险公司按照其责任限额与责任限额之和的比例承担赔偿责任的，人民法院应予支持。

依法分别投保交强险的牵引车和挂车连接使用时发生交通事故造成第三人损害，当事人请求由各保险公司在各自的责任限额范围内平均赔偿的，人民法院应予支持。

多辆机动车发生交通事故造成第三人损害，其中部分机动车未投保交强险，当事人请求先由已承保交强险的保险公司在责任限额范围内予以赔偿的，人民法院应予支持。保险公司就超出其应承担的部分向未投保交强险的投保义务人或者侵权人行使追偿权的，人民法院应予支持。

典型案例

1. 吴某、吴某1与胡某、戴某交通事故人身损害赔偿纠纷案[①]

◎ 基本案情

2010年11月23日，吴某驾驶吴某1的鲁DK××××普通正三轮摩托车

---

① 《吴某、吴某1与胡某、戴某交通事故人身损害赔偿纠纷案》，载中国法院网，https://www.chinacourt.org/article/detail/2014/07/id/1352085.shtml，2024年10月11日访问。

在全宽6米的机非混合车道超车时，与胡某驾驶的无号牌电动自行车（搭载其妻戴某）发生交通事故。电动自行车失控侧翻致胡某及戴某二人受伤，随后吴某送二人至医院治疗。双方就吴某是否谨慎驾驶及其所驾摩托车与胡某所驾电动自行车是否发生刮擦及碰撞，各执一词。交管部门对事故成因及责任无法认定。超车过程中，胡某车辆靠道路右侧行驶，距道路右边半米左右，吴某车辆距离道路右边1米多远，两车横向距离为40~50厘米。吴某超车时为五挡，迎面有一黑色轿车快速驶来，吴某称感觉有点危险。事发现场道路平坦，事发时除黑色轿车外无其他车辆经过。事故车辆经检验均符合安全技术标准；吴某1的车辆未投保交强险。

◎ **裁判要点**

人民法院经审理认为，吴某驾驶三轮摩托车超越胡某驾驶的电动自行车时，其车速较快；结合吴某超车前未注意到对向快速驶来的黑色轿车看，可以认定其未尽谨慎驾驶的注意义务。交管部门的事故责任证明虽未能证实两车是否发生碰撞或刮擦，但从证人证言反映的情况看，正是在吴某超车过程中胡某的电动自行车发生左右晃动而侧翻，结合事故现场的其他情况，根据民事诉讼法高度盖然性的司法原则，审理法院认为胡某的电动自行车翻车与吴某驾驶三轮摩托车超车中疏忽大意存在因果关系，吴某应承担事故的主要责任；胡某驾驶电动自行车搭载成年人违反道路交通安全法亦有过错，双方按三七比例承担胡某等的医疗费、伤残赔偿金、误工费等人身损害赔偿责任。

◎ **典型意义**

法律事实不同于客观事实，民事诉讼的证明标准也不同于刑事诉讼证明标准。我国民事诉讼采取的是高度盖然性标准。本案的典型意义在于，法院根据高度盖然性证明标准，结合吴某超车前未注意到前方驶来的车辆，超车时车速较快（五挡），与胡某车辆横向距离较短（仅为40~50厘米），从而认定超车过程中胡某的电动自行车发生左右晃动而侧翻与吴某的超车行为之间具有因果关系。本案合理界定了超车时驾驶人的注意义务范围，在证明标准及事实认定方面具有指导意义。

2. 曾某诉黄某、某物资公司、某保险公司机动车交通事故责任纠纷案①

◎ 基本案情

曾某无证驾驶二轮摩托车与黄某无证驾驶的铲车发生碰撞，造成曾某受伤、二轮摩托车受损的道路交通事故。铲车车主为某物资公司，黄某是某物资公司职员。事故发生时，黄某正在执行工作任务。交警部门出具事故认定书，认定曾某负主要责任，黄某负次要责任。案涉铲车未购买交强险，但向某保险公司投保了特种设备第三者责任保险，事故发生在保险期内。曾某提起诉讼，请求黄某、某物资公司等赔偿因案涉事故造成的各项损失。

◎ 裁判要点

人民法院经审理认为，肇事铲车属于专用机动车，只在限定的使用范围内使用，不允许在道路上行驶和使用，不属于道路交通安全法所调整的机动车，但属于我国法律上一般意义的机动车。本案交通事故发生时案涉铲车并非用于某物资公司厂区内部，而是作为交通工具投入公共道路。当铲车违规在道路行驶发生交通事故造成他人损害时，应参照一般机动车适用道路交通安全法的相关规定确定赔偿责任。即使案涉铲车无法投保交强险，也应参照一般机动车适用道路交通安全法的相关规定，在交强险责任限额内先行承担赔偿责任。

◎ 典型意义

铲车作为场（厂）内作业的特殊机动车辆，一般情况下不得上路行驶，不存在发生机动车交通事故的危险，故法律未强制其投保交强险。但在实践中，铲车违规驶入公共道路发生交通事故的情况并不少见。铲车离开场（厂）内违规驶入道路，增加了道路安全风险。此时该车对于道路上的其他通行者而言，具有与普通机动车在道路上行驶相同的高度危险性，应视为道路交通安全法规所调整的机动车，与一般机动车负有同等的法律

---

① 《广东法院机动车交通事故责任纠纷典型案例》，载广东法院网，https://www.gdcourts.gov.cn/gsxx/quanweifabu/anlihuicui/content/post_1842679.html，2024年10月11日访问。

义务。本案对违规上路行驶的铲车适用一般机动车的归责原则，有利于保障其他交通主体在面临机动车道路运行风险时，能够获得交强险赔偿利益的同等救济，体现平等保护原则。

3. 张某诉某投资公司、某物业公司机动车交通事故责任纠纷案[①]

◎ 基本案情

2013年4月12日，吴某驾驶无号牌观光车与张某驾驶的摩托车发生碰撞，造成张某受伤。交警认定吴某承担本次事故的主要责任，张某承担次要责任。涉案观光车的所有人为某投资公司，平时由某物业公司实际使用。

◎ 裁判要点

一审认定涉案观光车发生交通事故致人损害应按机动车发生交通事故的处理原则解决受害人的损失赔偿问题，判决某投资公司在应投保而未投保的交强险限额内向张某承担赔偿责任。判后，某投资公司提起上诉。二审维持了一审对观光车构成机动车标准时责任承担问题的意见。

◎ 典型意义

《最高人民法院关于审理道路交通事故损害赔偿案件适用法律若干问题的解释》第19条规定，未依法投保交强险的机动车发生交通事故造成损害，当事人请求投保义务人在交强险责任限额范围内予以赔偿的，人民法院应予支持。投保义务人和侵权人不是同一人，当事人请求投保义务人和侵权人在交强险责任限额范围内承担连带责任的，人民法院应予支持。据此，在一些居民小区或景区内用以代步的观光车的动力、设计最高时速、空车质量、外形尺寸等因素符合机动车的技术指标的，无论其为电力还是燃油驱动，也不管其是否只在特定区域范围内使用，都应被认定为机动车，一旦发生交通事故，应按机动车发生交通事故的原则处理。本案旨在提醒观光车、电动车的所有人和使用者应关注车辆技术指标，一旦属于

[①] 《广州法院机动车交通事故责任纠纷审判白皮书暨典型案例》，载广州审判网，https://www.gzcourt.gov.cn/upfile/File/201802/07/16220320.doc，2024年11月4日访问。

机动车,应为车辆办理相应牌照,购买相应保险,以分担车辆使用过程中的风险。

4. 凌某与李某1、李某机动车交通事故责任纠纷案①

◎ 基本案情

2021年7月5日15时,李某1驾驶车牌号为甘D8××××的小型客车,沿某武胜驿村十社村道由东向西行驶至路段时,与由西向东行驶的鄂某驾驶的无号牌三轮车碰撞,发生致使乘坐无号牌三轮车的凌某受伤、两车受损的交通事故。某交警大队交通事故认定书认定李某1承担本次事故全部责任,鄂某、凌某无责任。

◎ 裁判要旨

一审法院经审理认为,机动车发生事故后造成他人人身、财产损失的,应当予以赔偿。机动车发生交通事故造成人身伤亡、财产损失的,由保险公司在机动车交通事故责任强制保险责任限额范围内予以赔偿,机动车未依法投保交强险的,应由投保义务人与交通事故责任人在交强险责任限额范围内承担共同赔偿责任。凌某、李某1、李某对某交警大队作出的事故责任的认定结论均未提出异议,一审法院予以采信。李某作为李某1的父亲,将未审验未投保的机动车交给未取得驾驶证的儿子李某1驾驶,其应对本次事故发生造成的损失承担连带赔偿责任。故判决如下:

一、李某1赔偿凌某医疗费、误工费、护理费、住院伙食补助费、营养费、交通费、伤残赔偿金、鉴定费、后续治疗费、医用固定带、精神抚慰金等各项损失共计42782元(142606.39元×30%),于本判决书生效后三十日内一次性付清;

二、李某对上述损失承担连带赔偿责任;

三、驳回凌某的其他诉讼请求。

① (2023)甘01民终4122号,载中国裁判文书网。

二审法院经审理认为，公民、法人的合法的民事权益受法律保护。根据凌某提交的医疗费票据核算凌某实际产生的医疗费为10228.39元，其中由李某1父亲李某垫付2246元，凌某、李某1、李某对此均认可，无异议，应予以认定，故凌某的医疗费应为7982.39元。一审判决认定凌某的医疗费为14074.39元欠妥，应予以纠正。判决：

一、维持一审民事判决第二项、第三项；

二、撤销一审民事判决第一项；

三、被上诉人李某1赔偿上诉人凌某医疗费、误工费、护理费、住院伙食补助费、营养费、交通费、伤残赔偿金、鉴定费、后续治疗费、医用固定带、精神抚慰金等各项损失共计41361.12元，于本判决书生效之日起三十日内一次性付清。

5. 靳某某、刘某某等机动车交通事故责任纠纷案[1]

◎ 基本案情

2022年11月23日6时10分许，被告刘某某驾驶某某号小轿车在第二车行道由南向北行驶时，与站立在第二车行道内的行人靳某某发生碰撞，致车辆受损、行人受伤。2023年1月4日，某交警大队出具事故责任认定书，认定刘某某、靳某某各负事故的同等责任。另查明，某某号肇事车辆登记车主为被告李某某。车辆通过买卖的方式转让给了被告刘某某，但未办理过户登记。事故发生时，该车未投保交强险。

◎ 裁判要旨

一审法院经审理认为，《最高人民法院关于审理道路交通事故损害赔偿案件适用法律若干问题的解释》第16条规定，未依法投保交强险的机动车发生交通事故造成损害，当事人请求投保义务人在交强险责任限额范围内予以赔偿的，人民法院应予支持。投保义务人和侵权人不是同一人，当事人请求投保义务人和侵权人在交强险责任限额范围内承担相应责任

---

[1] （2023）辽01民终19776号，载中国裁判文书网。

的，人民法院应予支持。被告刘某某驾驶机动车发生交通事故，因肇事车辆未投保交强险，故原告请求被告刘某某在交强险责任限额内予以赔偿的应予支持。另，《道路交通安全法》第12条规定，机动车所有权发生转移的，应当办理相应的登记。《机动车交通事故责任强制保险条例》第18条规定，被保险机动车所有权转移的，应当办理机动车交通事故责任强制保险合同变更手续。现有证据证明被告李某某将肇事车辆卖给了被告刘某某，但未依法办理过户手续以及强制保险。因办理车辆所有权转移登记及办理交强险合同的变更手续是车辆所有人的法定义务，基于机动车交易未经登记不得对抗善意第三人的法律原则，被告李某某仍为肇事车辆的安全保险责任主体之一，因未对肇事车辆履行投保义务，其应依法在机动车交通事故责任强制保险限额范围内与交通事故责任人刘某某共同承担赔偿责任，即被告李某某承担交强险限额内原告经济损失的30%为宜，被告刘某某在交强险限额内应承担70%的责任。

综上，一审法院判决：

一、被告刘某某于本判决发生法律效力之日起十日内在交强险限额内赔偿原告靳某某经济损失人民币21929.3元；

二、被告刘某某于本判决发生法律效力之日起十日内赔偿原告靳某某经济损失人民币79455.79元；

三、被告李某某于本判决发生法律效力之日起十日内在交强险限额内赔偿原告靳某某经济损失人民币9398.28元；

四、驳回原告靳某某其他诉讼请求。

二审法院经审理认为，被上诉人刘某某驾驶某某号机动车撞伤被上诉人靳某某、事故双方各负同等责任、肇事车辆未办理车辆强制保险等事实客观存在。被上诉人李某某系肇事车辆的登记车主，因车辆出卖给刘某某后未办理登记过户，亦未办理车辆交强险手续，故一审法院判决投保义务人李某某与实际侵权人刘某某按比例在交强险赔偿额度内对靳某某承担赔偿责任符合法律规定及同类争议裁判常规，并无不当。靳某某主张应判决刘某某、李某某在交强险赔偿额度内向靳某某承担连带赔偿责任，无法律依据，故不应支持。综上，二审法院驳回上诉，维持原判。

6. 魏某、李某等机动车交通事故责任纠纷案①

◎ 基本案情

2017年10月1日，被告魏某驾驶无号牌二轮摩托车在某宾馆对面防洪堤路段，与行人李某发生碰撞，造成二轮摩托车损坏、魏某、李某受伤的道路交通事故。责任认定：魏某负事故全部责任、李某无责任。治疗情况：李某于2020年3月8日至2020年3月12日在某医院治疗，拆除内固定，住院4天。治疗期间用去医疗费13038.94元。原告受伤后初次治疗住院36天。司法鉴定情况：2021年7月28日，该院委托的鉴定机构作出鉴定意见：李某本次交通事故所致损伤属于十级伤残。魏某支出鉴定费用2130元。原告支出鉴定费用1800元。

◎ 裁判要旨

一审法院经审理认为，交通事故责任人应当按照其在交通事故中的过错程度承担损害赔偿责任。原告作为受害人请求侵权人承担侵权损害赔偿责任，符合法律规定，该院予以支持。肇事车辆没有投保交强险，根据该险有关规定，被告魏某应当在交强险赔偿限额内先行赔偿原告相关损失。本次事故的前期损失经该院民事调解书作出处理，其中医疗费用超过10000元、伤残损失不足10000元。因此，交强险赔偿限额内的医疗费用前期已赔偿，本案产生的伤残损失也未超出该限额，故被告魏某应当在交强险赔偿限额内赔偿原告伤残损失79796元，肇事车辆车主李某2未依有关法律规定投保交强险，存在过错，依法应对此承担连带责任。不足部分13438.94元（93234.94-79796），根据事故责任认定及李某2、李某1对肇事车辆存在管理不善等责任等，该院确定由被告魏某承担10751.15元、被告李某1承担2015.84元、被告李某2承担671.95元。已支付部分应予扣减。综上，判决如下：

一、被告魏某赔偿原告李某伤残损失人民币77666元，被告李某2负连带责任；

---

① （2022）桂04民终73号，载中国裁判文书网。

二、被告魏某赔偿原告李某医疗费用人民币 10751.15 元；

三、被告李某 1 赔偿原告李某医疗费用人民币 2015.84 元；

四、被告李某 2 赔偿原告李某医疗费用人民币 671.95 元。

二审法院经审理认为，本案是交通事故责任纠纷，依法由交通事故责任人根据其过错程度对受害人的经济损失承担赔偿责任。根据《民法典》第 1209 条的规定，魏某是肇事车辆的使用人即本案事故的直接侵权人；李某 1 是车辆管理人，其未尽车辆管理义务导致魏某驾驶车辆时发生事故，对本案事故存在过错。因此，依照上述法律规定，魏某与李某 1 均应当承担本案侵权损害赔偿责任。案涉车辆未投保机动车强制保险不属于法定免除侵权人承担赔偿责任的事由，但根据《最高人民法院关于审理道路交通事故损害赔偿案件适用法律若干问题的解释》第 16 条第 2 款的规定，投保义务人和侵权人不是同一人，当事人请求投保义务人和侵权人在交强险责任限额范围内承担相应责任的，人民法院应予支持。李某 2 作为案涉车辆的所有人即交强险的投保义务人，其没有依法投保交强险，应当在交强险责任限额范围内承担相应责任。综上所述，上诉人魏某的上诉请求理由不足，本院不予支持；一审判决认定事实清楚，适用法律正确，本院予以维持。

7. 韦某某、韦某 1 等机动车交通事故责任纠纷案[①]

◎ 基本案情

2019 年 9 月 21 日约 20 时许，被告韦某某驾驶桂 D×××××普通二轮摩托车（搭载曾某）由某县城往某方向行驶至国道某路段时，遇行人原告黄某由左侧往右侧行走，临近时人车发生碰撞，造成黄某受伤，从而构成道路交通事故。2019 年 11 月 5 日，某县公安局交通管理大队作出《道路交通事故认定书》，认定：韦某某负事故同等责任，黄某负事故同等责任。另查明，韦某某驾驶桂 D×××××普通二轮摩托车原车主为被告徐某 1，且未投保机动车交强险。2019 年 8 月，被告徐某 1 的儿子徐某 2 以 700~800

[①] （2021）桂 04 民终 1013 号，载中国裁判文书网。

元的价格将该车卖给了被告欧某。2019年9月21日晚约19时，被告韦某某与同学曾某在某广场四楼吃米粉后回某1县，被告韦某某遇到被告梁某时就向被告梁某借车，被告梁某将欧某的摩托车借给了被告韦某某驾驶，被告欧某并未提出异议。案发后，被告韦某1代被告韦某某赔偿了23500元损失给原告黄某。

◎ 裁判要点

一审法院经审理认为，被告欧某为涉案车辆D×××××普通二轮摩托车的实际所有人及投保义务人，没有为涉案车辆D×××××普通二轮摩托车投保机动车交强险，根据《最高人民法院关于审理道路交通事故损害赔偿案件适用法律若干问题的解释》第19条"未依法投保交强险的机动车发生交通事故造成损害，当事人请求投保义务人在交强险责任限额范围内予以赔偿的，人民法院应予支持。投保义务人和侵权人不是同一人，当事人请求投保义务人和侵权人在交强险责任限额范围内承担连带责任的，人民法院应予支持"的规定，被告欧某对原告黄某的合法合理的经济损失依法在交强险责任限额范围内承担连带赔偿责任。发生本次交通事故时欧某未满18周岁，没有以自己的劳动收入为主要生活来源，属于限制民事行为能力人，被告易某系被告欧某父亲，是被告欧某的监护人，在被告欧某赔偿能力不足时，依法承担赔偿责任。综上，判决：

一、被告韦某某赔偿原告黄某损失136583.57元，如被告韦某某赔偿能力不足，则由被告韦某1、梁某1承担赔偿责任。被告欧某对上述赔偿中的120000元，承担连带赔偿责任，如被告欧某赔偿能力不足，则由被告易某承担赔偿责任；

二、被告梁某赔偿原告黄某损失10020.89元，如被告梁某赔偿能力不足，则由梁某某、陆某承担赔偿责任；

三、驳回原告黄某的其他诉讼请求。

二审法院经审理认为，关于案涉车辆交强险责任承担的问题。根据本案查明的事实以及《最高人民法院关于审理道路交通事故损害赔偿案件适用法律若干问题的解释（2020年修正）》第16条第2款"投保义务人和侵权人不是同一人，当事人请求投保义务人和侵权人在交强险责任限额范围内承担相应责任的，人民法院应予支持"的规定，案涉车辆D×××××普通二轮摩托车未投保交强险，且投保义务人与侵权人也不是同一人，韦某某是本案事故的侵权人，其应当在交强险责任限额范围内承担相应责任。同时，根据《民法典》的规定，机动车所有人、管理人与使用人不是同一人时，发生交通事故造成损害，属于机动车一方责任的，由机动车使用人承担赔偿责任。根据本案查明的事实，虽然案涉车辆登记在徐某1名下，但徐某1在韦某某驾驶该车辆前已经丧失了对车辆的控制，该车辆实际由欧某控制和使用，现有的证据也无法证实徐某1对欧某控制和使用车辆存在过错；欧某在一审庭审时已年满16周岁且已外出工作，对其自身的行为有一定的认知，其在一审庭审中自认购买案涉车辆，故在事故发生前欧某是案涉车辆的实际控制和使用人。由于徐某1对损害的发生没有过错，因此，本案交通事故中属于机动车所有人承担的交强险的责任依法应由车辆使用人欧某承担。

8. 蒋某、梁某等机动车交通事故责任纠纷案[①]

◎ **基本案情**

2018年1月19日7时45分，蒋某驾驶桂G×××××号小型面包车沿某路一巷由北往南方向行驶至事发地点时，与驾驶（临时）号电动车沿某路东二里由西往东方向行驶的梁某发生碰撞，造成梁某受伤及两车不同程度损坏的交通事故。经某交警支队作出《道路交通事故认定书》，认定蒋某承担事故全部责任，梁某无责任。桂G×××××号小型面包车在事故发生时未购买机动车交通事故责任强制保险以及商业第三者责任险。梁某于2018年3月22日因本案事故起诉要求蒋某、周某赔偿相应损失。

◎ **裁判要点**

一审法院经审理认为，关于周某是否应当对本案中蒋某的赔偿款承担

[①] （2020）桂01民终10549号，载中国裁判文书网。

连带责任的问题,根据《机动车交通事故责任强制保险条例》第2条第1款的规定,周某作为桂G×××××号小型面包车的所有人,应当为该机动车投保机动车交通事故责任强制保险,该投保义务并不因其将车质押、交由他人保管而免除。由于周某没有按时续保,根据《最高人民法院关于审理道路交通事故损害赔偿案件适用法律若干问题的解释》第19条的规定,其作为投保义务人应当在交强险责任限额范围内赔偿梁某因本次事故遭受的损失。综上,作出如下判决:

一、蒋某向梁某赔偿医疗费14332.33元、营养费1000元、住院伙食补助费2500元、误工费19102.4元、护理费3254.2元、交通费1000元,合计41188.93元;

二、周某在交强险责任限额范围内对上述第一项赔偿中的28356.6元承担连带赔偿责任,周某承担赔偿责任后,有权向蒋某追偿;

三、驳回梁某的其他诉讼请求。

二审法院经审理认为,由于周某作为肇事车辆的车主,未投保交强险,为了保护交通事故受害人的合法利益,《最高人民法院关于审理道路交通事故损害赔偿案件适用法律若干问题的解释》第19条规定,未依法投保交强险的机动车发生交通事故造成损害,当事人请求投保义务人在交强险责任限额范围内予以赔偿的,人民法院应予支持。投保义务人和侵权人不是同一人,当事人请求投保义务人和侵权人在交强险责任限额范围内承担连带责任的,人民法院应予支持。因此,一审法院判处交通事故责任人蒋某对梁某后续治疗的相关损失承担赔偿责任,周某在交强险责任限额范围内承担连带责任并无不当。蒋某上诉称周某未及时将车过户给其,导致其无法办理车辆投保,应由周某承担赔偿责任,此上诉主张系其与周某的内部关系,不能因此为由免除其因交通事故致他人受伤的赔偿责任。综上,二审法院判决驳回上诉,维持原判。

第二十二条 任何危险作用的直接操作者不能构成侵权案件的受害人

> 机动车驾驶人离开本车后，因未采取制动措施等自身过错受到本车碰撞、碾压造成损害，机动车驾驶人请求承保本车机动车强制保险的保险人在强制保险责任限额范围内，以及承保本车机动车商业第三者责任保险的保险人按照保险合同的约定赔偿的，人民法院不予支持，但可以依据机动车车上人员责任保险的有关约定支持相应的赔偿请求。

❋ 要点提示

　　根据侵权法原理，任何危险作用的直接操作者不能构成此类侵权案件的受害人。机动车驾驶人因其本人的行为，造成自己损害，其不可能成为其本人利益的侵权人，并对其自己的损害要求自己保险的赔偿。因此，被保险人作为驾驶人时，不能纳入第三人的范围，驾驶人可以通过购买意外伤害险来承保自己遭受的损害。当机动车驾驶人离开本车后，因自身过错受到本车碰撞、碾压造成损害时，承保本车机动车强制保险的保险人无须在强制保险责任限额范围内承担责任，承保本车机动车商业第三者责任保险的保险人也无须依约承担责任，但是机动车驾驶人可以根据机动车车上人员责任保险的有关约定请求赔偿。

❋ 关联规定

1.《民法典》（2020年5月28日）

　　第一千二百零八条　机动车发生交通事故造成损害的，依照道路交通安全法律和本法的有关规定承担赔偿责任。

2.《保险法》（2015年4月24日）

　　第六十五条　保险人对责任保险的被保险人给第三者造成的损害，可以依照法律的规定或者合同的约定，直接向该第三者赔偿保险金。

责任保险的被保险人给第三者造成损害，被保险人对第三者应负的赔偿责任确定的，根据被保险人的请求，保险人应当直接向该第三者赔偿保险金。被保险人怠于请求的，第三者有权就其应获赔偿部分直接向保险人请求赔偿保险金。

责任保险的被保险人给第三者造成损害，被保险人未向该第三者赔偿的，保险人不得向被保险人赔偿保险金。

责任保险是指以被保险人对第三者依法应负的赔偿责任为保险标的的保险。

3.《道路交通安全法》（2021 年 4 月 29 日）

第七十六条 机动车发生交通事故造成人身伤亡、财产损失的，由保险公司在机动车第三者责任强制保险责任限额范围内予以赔偿；不足的部分，按照下列规定承担赔偿责任：

（一）机动车之间发生交通事故的，由有过错的一方承担赔偿责任；双方都有过错的，按照各自过错的比例分担责任。

（二）机动车与非机动车驾驶人、行人之间发生交通事故，非机动车驾驶人、行人没有过错的，由机动车一方承担赔偿责任；有证据证明非机动车驾驶人、行人有过错的，根据过错程度适当减轻机动车一方的赔偿责任；机动车一方没有过错的，承担不超过百分之十的赔偿责任。

交通事故的损失是由非机动车驾驶人、行人故意碰撞机动车造成的，机动车一方不承担赔偿责任。

4.《机动车交通事故责任强制保险条例》（2019 年 3 月 2 日）

第三条 本条例所称机动车交通事故责任强制保险，是指由保险公司对被保险机动车发生道路交通事故造成本车人员、被保险人以外的受害人的人身伤亡、财产损失，在责任限额内予以赔偿的强制性责任保险。

第二十一条 被保险机动车发生道路交通事故造成本车人员、被保险人以外的受害人人身伤亡、财产损失的，由保险公司依法在机动车交通事故责任强制保险责任限额范围内予以赔偿。

道路交通事故的损失是由受害人故意造成的，保险公司不予赔偿。

第四十一条 本条例下列用语的含义：

（一）投保人，是指与保险公司订立机动车交通事故责任强制保险合同，并按照合同负有支付保险费义务的机动车的所有人、管理人。

（二）被保险人，是指投保人及其允许的合法驾驶人。

（三）抢救费用，是指机动车发生道路交通事故导致人员受伤时，医疗机构参照国务院卫生主管部门组织制定的有关临床诊疗指南，对生命体征不平稳和虽然生命体征平稳但如果不采取处理措施会产生生命危险，或者导致残疾、器官功能障碍，或者导致病程明显延长的受伤人员，采取必要的处理措施所发生的医疗费用。

◎ 典型案例

1. 保险公司与马某保险合同纠纷案[1]

◎ **基本案情**

马某与虎某系夫妻关系，虎某所有的车辆在保险公司投保了机动车交通事故责任强制保险。保险期间从 2016 年 2 月 25 日起至 2017 年 2 月 24 日止。2016 年 11 月 25 日乌兰察布市公安局交通警察支队丰镇市大队出具道路交通事故证明载明，2016 年 11 月 12 日 9 时许，虎某驾驶被保险机动车由 A 地到 B 地途中，被保险机动车后部左侧与虎某碰撞，致虎某窒息死亡的交通事故。司法鉴定中心死亡原因司法鉴定意见书证实，虎某死亡原因为交通事故致颈椎断裂、创伤性窒息而死亡。司法鉴定中心交通事故司法鉴定意见书证实，被保险机动车后部左侧与虎某碰撞，致虎某窒息死亡碰撞机理成立。

◎ **裁判要点**

一审法院经审理认为，本案中发生交通事故时死者虎某是在下车后，与货车后部发生碰撞致虎某窒息死亡。判断因保险车辆发生意外事故而受

---

[1]（2020）内民再 359 号，载中国裁判文书网。

害的人，属于受害人、第三者还是车上人员，必须以该人在事故发生时是否身处保险车辆之上为依据，在车上即为车上人员，在车下即为第三者。机动车交强险条款并未要求与本车发生碰撞才是受害人、第三者，而是指因被保险机动车发生交通事故遭受人身伤亡或财产损失的人。事故发生时，虎某身处保险车辆之下，因被保险机动车与虎某发生碰撞而发生的交通事故，因此应当认定虎某为该起交通事故的第三者、受害人。交强险属于责任保险，保险公司承担保险责任的范围是被保险机动车致使第三者遭受人身伤亡或财产损失，依法应当由被保险人承担的赔偿责任，这是构成责任保险事故的基础法律关系。《道路交通安全法》第76条规定，机动车发生交通事故造成人身伤亡、财产损失的，由保险公司在机动车第三者责任强制保险责任限额范围内予以赔偿，该条规定中表述机动车第三者责任强制保险是为"第三者"利益进行保险，并没有将被保险人排除在受害人之外。虎某虽为被保险人，但在交通事故发生时在车下，其身份已转化为受害人、第三者。强制保险制度设立的目的在于保障交通事故受害人能够获得有效救助。故马某的诉讼请求应予以支持。

二审法院经审理认为，根据案件事实，虎某在事故发生前虽属车上人员，事故发生时确已离开车体，实际上停止了对该车的操控和控制，实施与驾驶无关的行为，其身份已转化为第三人。且本案中保险公司无证据证明此次事故为被保险人虎某故意造成，意图以此获取保险金，此种道德风险被排除。依据本案的特殊情况，可以确认虎某虽为被保险人，却与实质的普通受害人无异，保险人就其遭受的人身伤亡应当承担赔偿责任，故一审判令保险公司在交强险保险限额内向马某赔付并无不当。

再审法院经审理认为，本案争议焦点为保险公司是否应在交强险限额内向马某赔付保险金。《机动车交通事故责任强制保险条例》第3条规定，本条例所称机动车交通事故责任强制保险，是指由保险公司对被保险机动车发生道路交通事故造成本车人员、被保险人以外的受害人的人身伤亡、财产损失，在责任限额内予以赔偿的强制性责任保险。第21条第1款规定，被保险机动车发生道路交通事故造成本车人员、被保险人以外的受害人人身伤亡、财产损失的，由保险公司依法在机动车交通事故责任强制保险责任限额范围内予以赔偿。第42条第2款规定，被保险人是指投保人及其允许的合法驾驶人。根据上述规定，交强险的赔偿范围应为本车人员和被保险人以外的受害人。本案中，虎某是交强险投保车辆的驾驶人。事故发生时，虎某虽然不在车上，但司法鉴定中心出具的司法鉴定意见书载明，投保车辆未拉手刹、空挡状态停驻，证实虎某存在不当操作车辆行为，故其不属于第三人。根据侵权法基本原理，任何危险作业的直接操作者不能构成此类侵权案件的受害人。机动车驾驶人因其本人的行为，造成自己损害，不可能成为本人利益的侵权人，并对其自己的损害要求自己保险的赔偿。因此，被保险人作为驾驶人时，不能纳入第三人的范围。

2. 郑某1、郑某机动车交通事故责任纠纷案①

◎ **基本案情**

2015年2月25日凌晨，陈某驾驶曾某所有的载物超载的被保险机动车承载谢某、林某二人沿某街自A镇往某县某街道方向行驶，01时10分许，行经某县某街盖尾路段，因车辆爆胎，陈某将车停在路右超车道内换胎，下车时未拉手刹，致陈某在换胎完毕卸下千斤顶后，车辆往前滑行，造成陈某在车下被压迫致死亡的交通事故。2015年4月2日，某县公安局交通警察大队作出《道路交通事故认定书》，认定陈某承担事故全部责任。经某县公安局交通警察大队委托，2015年3月22日某司法鉴定所作出鉴定意见：陈某因车祸致机械性窒息而死亡。郑某1、郑某、陈某某花费鉴定费1500元。被保险机动车在保险公司处投保交强险及第三者责任险50万元，且投不计免赔，事故发生在保险期限内。

◎ **裁判要点**

一审法院经审理认为，侵害公民身体造成伤害的，应当赔偿医疗费等损失。陈某承担事故全部责任，予以认定。

二审法院经审理认为，《侵权责任法》调整的是侵权人与受害人之间

---

① （2020）闽民申46号，载中国裁判文书网。

的法律关系，一般情况下，如果侵权人与受害人同属一人，即"自己对自己侵权"，根据侵权责任法的基本原理，不论行为人对自身之损害系故意为之或者放任发生，其损害结果均应由行为人自负。驾驶人作为车辆的操作者，因过错发生交通事故产生损害，其危险驾驶行为本身即是损害产生的直接原因，这种因果关系不因驾驶人物理位置的变化而变化，即不论驾驶人于事故发生时是在车上还是车下，都无法改变其自身的危险驾驶行为是事故发生原因的事实。本案中陈某系因下车换胎时未拉手刹致使换胎结束后车辆向前滑行被碾压致死，其未拉手刹的行为是导致其被车辆碾压致死的直接原因，其不能因其自身过错要求他人承担赔偿责任。同时，"车上人员"与"车下人员"的区别应是比较固定的，因陈某下车更换轮胎而脱离本车，不存在转化为第三者的问题。另，《机动车交通事故责任强制保险条例》第21条规定，被保险机动车发生道路交通事故造成本车人员、被保险人以外的受害人人身伤亡、财产损失的，由保险公司依法在机动车交通事故责任强制保险责任限额内予以赔偿。该条例第42条规定被保险人，是指投保人及其允许的合法驾驶人。结合《机动车交通事故责任强制保险条款》第5条的约定，交强险合同中受害人是指被保险机动车发生交通事故遭受人身伤亡或者财产损失的人，不包括被保险机动车本车车上人员、被保险人，即从上述条例及合同条款约定的内容来看，交强险的赔付对象不包括投保人允许的合法驾驶人，因案涉车辆为曾某所有，其将案涉车辆交付给持有驾驶证的陈某驾驶，陈某应为投保人曾某允许的合法驾驶人，故根据上述条例及合同约定，陈某作为投保人允许的合法驾驶人并非案涉车辆交强险的赔付对象。

再审法院经审理认为，本案中陈某系肇事车辆司机，其系因下车换胎时未拉手刹致使车辆向前滑行被碾压致死。根据某县公安局交通警察大队作出《道路交通事故认定书》，认定陈某承担事故全部责任。因此，陈某作为机动车驾驶人因系其本人的过错行为造成自身损害，其系危险的制造者和控制者，属于本车人员。虽然发生交通事故时，其已离开本车，但其仍是本车的实际控制人，并不改变本车人员的身份。根据《机动车交通事故责任强制保险条例》和《机动车第三者责任保险条款》，交强险和商业第三者责任险的赔偿对象不适用本车人员。

3. 范某、李某机动车交通事故责任纠纷案①

◎ **基本案情**

2013年3月7日下午李某1驾驶其自有的牌号为云A6××××号小型普通客车从某村委会至某村。17时许将所驾车辆停放在方某家门前,后云A6××××号车自行往前移动,李某1前往车门拉手刹制动,车辆未刹住侧翻路边,致其受重伤,车辆被损坏。

◎ **裁判要点**

一审法院经审理认为,根据《机动车交通事故责任强制保险条例》第21条的规定,被投保机动车发生道路交通事故造成本车人员、被保险人以外的受害人人身亡、财产损害的,由保险公司依法在机动车交通事故责任强制保险责任限额范围内予以赔偿。本案中,死者李某1作为车辆所有人、驾驶员,受伤害时已脱离本车辆,被移动的云A6××××号车碾压致伤,其不属于该规定的"本车人员",该规定的"被保险人"针对的是不特定的受害第三人,故死者也不应视为"被保险人"。

二审法院经审理认为,李某1系因未拉手刹造成车辆自行运动,李某1对车辆进行施救制动过程中被车辆压伤致死。这种情况,李某1作为驾驶人本人就是被保险人,且对机动车有实际控制力,李某1本案的损害是由其自身过错造成的,故对于李某1的死亡损失要求在交强险限额内进行赔付并无法律依据。

再审法院经审理认为,根据《最高人民法院关于审理道路交通事故损害赔偿案件适用法律若干问题的解释》第17条的规定,投保人允许的驾驶人驾驶机动车致使投保人遭受损害,当事人请求承保交强险的保险公司在责任限额范围内予以赔偿的,人民法院应予支持,但投保人为本车上人员的除外。根据本案确认的事实,李某生前为肇事车辆购买了交强险,是本案肇事车辆的车主及事发时的驾驶人员,其对肇事车辆有实际控制权。其因本人的行为,造成自己损害。根据《机动车交通事故责任强制保险条例》第

---

① (2016)云民申1048号,载中国裁判文书网。

3条、第21条的规定，交强险的赔付范围不包括发生交通事故的本车人员及被保险人。因此，被保险人作驾驶人时，不能纳入第三人的范围。

4. 保险公司与王某、汽车运输公司、唐某财产保险合同纠纷案①

◎ **基本案情**

2021年12月1日10时，王某驾驶案涉货车行驶到××公路与某路交叉口时，发生故障。王某遂将案涉货车头西尾东停靠在东西道路北侧，然后下车检查、排除故障。由于王某停车时未拉起驻车制动器，导致案涉货车后溜，造成王某受伤。

◎ **裁判要点**

一审法院经审理认为，本案案由应确定为保险合同纠纷。王某请求合法，应予支持。但针对王某请求数额超出《车上人员责任保险（司机）》限额20万元的部分，一审法院不予支持。

二审法院经审理认为，车上人员责任险，是指被保险人允许的合格驾驶员在使用保险车辆过程中发生保险事故，致使车内乘客人身伤亡，依法应由被保险人承担的赔偿责任，保险公司会按照保险合同进行赔偿。本案的争议为被上诉人王某在事发发生时是否为车上人员（司机），其因事故造成的损失是否应由车上人员险（司机）予以赔偿。本案中，被上诉人王某在事故发生前为车辆驾驶人员（司机），其履行职责的场所在机动车内，其身份当然为车上人员，但在事故发生时被上诉人王某虽在涉案车辆之外，但其是基于安全驾驶车辆的需要，下车临时检修车辆，其亦系司机部分职责的履行，虽其身处车外，但作为车辆驾驶人员（司机）对该涉案车辆仍有其控制与支配，所面临和承受的风险与身处车上无异，故界定车上人员应以王某是否履行司机职责进行界定。本案中，涉案车辆发生故障，被上诉人王某作为司机下车临时检修车辆而发生事故，被上诉人王某仍履行司机的职责，应认定为车上人员（司机）。

---

① （2023）陕05民终702号，载中国裁判文书网。

5. 吴某某诉某保险公司机动车交通事故责任纠纷案①

◎ 基本案情

2015年5月17日，吴某某驾驶其所有的闽A×××××号轿车在某县道31公里处将车辆熄火停靠路边后下车方便，其间发现车辆后溜，吴某某用身体去阻挡，以制止车辆后溜，并被后溜的车碰撞致颅脑损伤，某交警大队认定吴某某对本交通事故的发生负全部责任。吴某某受伤后即被送往某医院抢救治疗，共住院治疗78天。2016年6月16日，某司法鉴定中心鉴定吴某某的伤残程度评定为三级伤残，终身需要护理依赖。吴某某在保险公司为闽A×××××号轿车投保了交强险和商业三者险500000元且不计免赔，且事故发生于保险期限内。

◎ 裁判要点

人民法院经审理认为，根据《机动车交通事故责任强制保险条例》第3条、第21条、第41条的规定，以及案涉保险合同的约定，吴某某系被保险人，交强险和商业三者保险均属于第三者责任保险之范畴，赔付前提是被保险人应对第三者（受害人）承担赔偿责任。吴某某作为被保险人和机动车驾驶人，虽然发生事故时其身处车外，但仍是车辆的实际控制人、驾驶风险的引发人，应对本次事故产生的损失负全部责任。由于吴某某同时具备侵权人和受害人的双重身份，若认定责任保险应予理赔，则相当于允许吴某某向自己请求损害赔偿，显然违背了侵权法的基本原理和前述被保险人须对第三者负有赔偿责任的基本前提。

根据侵权法原理，任何危险行为的直接操作者不能构成此类侵权案件的受害人。当被保险车辆发生交通事故时，即使本车人员脱离了被保险车辆，不能当然地视其为机动车第三者责任保险中的"第三者"，不应将其作为机动车第三者责任保险赔偿范围的理赔对象。

---

① （2022）闽01民再12号，载中国裁判文书网。

第二十三条　危险动物饲养人或管理人责任

禁止饲养的烈性犬等危险动物造成他人损害，动物饲养人或者管理人主张不承担责任或者减轻责任的，人民法院不予支持。

要点提示

本条规定的"烈性犬等危险动物"是指法律法规禁止饲养的且能够对自然人人身安全造成严重威胁的动物。

本条规定的"动物饲养人或者管理人"范围需要注意两类情形，一是与喂养的流浪动物形成事实上的饲养关系可能会被认定为"动物饲养人"；二是禁流浪动物进入小区后，一般情形下，小区物业服务企业可能会被认定为该流浪动物的管理人。

关联规定

1.《民法典》（2020年5月28日）

第一千二百四十五条　饲养的动物造成他人损害的，动物饲养人或者管理人应当承担侵权责任；但是，能够证明损害是因被侵权人故意或者重大过失造成的，可以不承担或者减轻责任。

第一千二百四十六条　违反管理规定，未对动物采取安全措施造成他人损害的，动物饲养人或者管理人应当承担侵权责任；但是，能够证明损害是因被侵权人故意造成的，可以减轻责任。

第一千二百四十七条　禁止饲养的烈性犬等危险动物造成他人损害的，动物饲养人或者管理人应当承担侵权责任。

第一千二百四十八条　动物园的动物造成他人损害的，动物园应当承担侵权责任；但是，能够证明尽到管理职责的，不承担侵权责任。

第一千二百四十九条　遗弃、逃逸的动物在遗弃、逃逸期间造成他人损害的，由动物原饲养人或者管理人承担侵权责任。

第一千二百五十条　因第三人的过错致使动物造成他人损害的，被侵权人可以向动物饲养人或者管理人请求赔偿，也可以向第三人请求赔偿。

动物饲养人或者管理人赔偿后，有权向第三人追偿。

第一千二百五十一条 饲养动物应当遵守法律法规，尊重社会公德，不得妨碍他人生活。

2.《刑法》（2023年12月29日）

第十五条 应当预见自己的行为可能发生危害社会的结果，因为疏忽大意而没有预见，或者已经预见而轻信能够避免，以致发生这种结果的，是过失犯罪。

过失犯罪，法律有规定的才负刑事责任。

第二百三十三条 过失致人死亡的，处三年以上七年以下有期徒刑；情节较轻的，处三年以下有期徒刑。本法另有规定的，依照规定。

第二百三十五条 过失伤害他人致人重伤的，处三年以下有期徒刑或者拘役。本法另有规定的，依照规定。

典型案例

1. 甲与乙饲养动物损害责任纠纷案①

◎ **基本案情**

老人甲在居住小区内牵泰迪犬行走，乙饲养的拉布拉多犬从后方跑来与泰迪犬打斗，甲在护犬后退的过程中摔倒，随后乙急忙跑来将两条狗分开。甲被送往医院治疗，初步诊断为胸12椎体爆裂骨折。经鉴定，甲伤残等级为九级。事发后，乙为甲垫付部分医疗费、饭费、护工费，甲自行支付医疗费约五万元。因未经登记、年检养犬，甲、乙分别被行政罚款二千元。本案中，乙主张甲饲养的泰迪犬本身具有攻击性，乙饲养的拉布拉多犬是在受到挑衅后才发生的厮斗，甲是被自己的狗绊倒摔伤，乙的狗始终没有攻击甲本人，甲应对自己行为造成的损失负责，并非乙的过错，乙不应当承担任何责任。

---

① 《大兴法院召开"饲养动物损害责任纠纷案件审理情况"新闻通报会》，载大兴法院网，https://bjdxfy.bjcourt.gov.cn/article/detail/2021/12/id/6446390.shtml，2024年10月12日访问。

◎ 裁判要点

人民法院经审理认为，违反管理规定，未对动物采取安全措施造成他人损害的，动物饲养人或者管理人应当承担侵权责任。禁止饲养的烈性犬等危险动物造成他人损害的，动物饲养人或者管理人应当承担侵权责任。动物饲养人或者管理人对动物负有管束的义务，其必须对动物所具有的危险性负责，保证动物不至于造成他人损害，而一旦造成损害，动物饲养人或者管理人就应当承担民事责任，除非具有法定的免责事由。本案中，双方争议的焦点为乙是否应当对甲的损害后果承担民事责任。乙饲养大型拉布拉多犬在领取养犬证后未再进行年检，违规出门遛犬，具有过错；甲携没有领取养犬证的泰迪犬出门亦具有过错，双方均已受到相应的行政处罚。但事发当天，乙未对其饲养的拉布拉多犬进行牵引，对犬只管束不力，导致犬只跑来撕咬甲手牵的泰迪犬，由此造成甲摔倒受伤，进而造成甲产生经济损失，乙存在过错，应当承担全部责任。故判决乙支付甲各项赔偿金共计十九万余元。

◎ 典型意义

饲养动物致人损害不仅包括动物直接伤人，还包括被侵权人受惊吓跌倒损伤等。因此饲养人在饲养、管理动物的过程中，尤其在将动物带至公共区域时要着重注意对动物的管束。同时，要注意禁止儿童外出遛狗，老年人也有必要自我评估身体条件是否适合养犬，即使养犬也要按照规定进行登记、年检，外出遛狗要谨慎小心，做好自我防护。

2. 欧某诉高某饲养动物损害责任纠纷案[①]

◎ 基本案情

2017年8月13日19时许，原告欧某在丈夫陪同下徒步经某市一公共人行道时，遇趴在台阶上休息的由高某饲养的一只棕色"泰迪犬"，"泰迪犬"见欧某夫妻接近，站立起来向欧某方向走了两步（约50厘米），此时欧某与"泰迪犬"相距约3米；欧某见"泰迪犬"靠近，惊慌往其左侧避

[①] 参见《最高人民法院公报》2019年第10期。

让时摔倒受伤。欧某受伤后即被送往某市人民医院住院治疗，后鉴定意见为 9 级伤残。

◎ **裁判要点**

一审法院经审理认为，根据《侵权责任法》第 78 条的规定，本案被告高某未采取安全防范措施，致使饲养的体形较小、性情温顺的"泰迪犬"令原告欧某受惊吓倒地受伤，其作为动物饲养人及管理人应承担相应责任；原告由于过度惊慌，采取避让措施不当摔倒致自己受伤，其本身存在重大过失，承担 30% 的责任。欧某与高某均不服一审判决，向广东省江门市中级人民法院提起上诉。

二审法院经审理认为，根据《侵权责任法》第 78 条、第 79 条的规定，被告高某无《犬类准养证》，其饲养涉案犬只违反了《某省犬类管理规定》第 4 条的规定。同时，涉案的犬只虽未对人实施如"抓伤、扑倒、撕咬"等直接接触人体的动作，但一般人在陌生犬只尤其是未被约束的犬只进入自身安全界线内的时候，本能地会产生恐惧的心理，故欧某因本能的恐惧而避让进而摔倒受伤，与犬只之间具备因果关系，动物饲养人或者管理人对此亦应当承担侵权责任。本案中无证据证明原告具有重大过失，故高某应对欧某的涉案损失承担全部赔偿责任。

◎ **典型意义**

饲养动物损害责任纠纷案件中，饲养动物虽未直接接触受害人，但因其追赶、逼近等危险动作导致受害人摔倒受伤的，应认定其与受害人发生身体损害结果之间存在因果关系。动物饲养人或管理人不能举证证明受害人对损害的发生存在故意或者重大过失的，应当承担全部的侵权责任。

3. 徐某诉于某饲养动物损害责任案[①]

◎ **基本案情**

2016 年 6 月 24 日下午约 17 时许，徐某与徐某之母艾某某在所居住的

[①] （2017）京 03 民终 13601 号，载中国裁判文书网。

小区北区内遛狗,其饲养的犬只为英国斗牛犬。在徐某及艾某某遛狗过程中,由于某所有的两只宠物犬(一只西伯利亚雪橇犬和一只阿拉斯加雪橇犬)由于某之友吕某柱代于某携带,亦在该小区内活动。当时,双方的犬只均有犬绳牵领。遛狗过程中,斗牛犬和阿拉斯加雪橇犬情绪激动,互相吠叫并发生冲击。在此过程中,双方产生纠纷。

现徐某诉至法院主张其在该过程中,被于某饲养的犬只咬伤,于次日至北京市朝阳区双桥医院进行了治疗,并为此向法院提交了诊断证明、医疗费票据、照片等证据证明徐某的合理损失共计人民币2144.49元。并且徐某表示认可于某关于事发当天吕某柱无偿帮工代为遛狗的意见,要求于某承担本次事故的全部责任,向徐某赔偿损失,不就本次事故向案外人吕某柱主张任何权利。于某认可涉案阿拉斯加雪橇犬并未办理养犬许可证,并认可阿拉斯加雪橇犬为大型犬,在事发小区无法办理养犬许可证。

◎ 裁判要点

人民法院经审理认为,本案争议焦点在于禁止饲养的烈性犬等危险动物造成他人损害,被害人也存在过错是否适用过错相抵的原则。根据《侵权责任法》第80条的规定,禁止饲养的烈性犬等危险动物造成他人损害的,动物饲养人或者管理人应当承担侵权责任。随着社会经济的发展和人民生活水平的提高,饲养动物的人群和家庭日益增多。动物是具有生命力和攻击力但是缺乏理智的特殊主体,其饲养人和管理人在享受乐趣的同时,也应承担较高的管理责任,严格遵守相关管理及安全规定,以降低饲养动物给公民健康和人身安全带来的危险性,营造安全的居住环境,维护社会公共秩序。《侵权责任法》立法的首要目标亦在于救济受害人,维护公共安全。其中明确规定禁止饲养的烈性犬等危险动物造成他人损害的,动物饲养人或者管理人应当承担严格的无过错责任。动物饲养人违反禁止性规定饲养烈性犬等危险动物,是对管理规定的严重违反,具有严重的主观过错,不适用过失相抵原则。如果因此造成他人损害,无论受害人有无过错,动物饲养人或管理人均应承担侵权责任。

4. 朱某诉孙某、于某饲养动物损害责任案[①]

◎ **基本案情**

2018年1月27日21时许，朱某（女，65岁）在其居住的小区8楼西侧电梯间等候电梯。电梯门打开后，从电梯内冲出一只大型边牧犬，该犬扑向朱某携带的小狗。朱某在提着小狗后退时摔倒受伤，经医院诊断为腰1、腰2椎体压缩性骨折。2018年12月7日，北京法源司法科学证据鉴定中心出具鉴定意见书，内容为朱某腰1、腰2椎体压缩性骨折椎体成形术后，评定为九级伤残；护理期为60～90日，营养期为60～90日。经查，该大型边牧犬的饲养者为孙某、于某。

朱某起诉，要求孙某、于某承担损害赔偿责任；孙某、于某认为朱某的受伤与自己无关，不同意朱某主张的诉讼请求。

◎ **裁判要点**

人民法院经审理认为，饲养的动物造成他人损害的，动物饲养人或者管理人应当承担侵权责任。违反管理规定，未对动物采取安全措施造成他人损害的，动物饲养人或者管理人应当承担侵权责任，禁止饲养的烈性犬等危险动物造成他人损害的，动物饲养人或者管理人应当承担侵权责任。孙某、于某主张朱某的受伤与自己没有关系，但从本案现有证据可以认定：2018年1月27日晚，于某携带边牧犬进入电梯后电梯在8层开门，边牧犬跑出电梯与8层牵着小狗的朱某相遇，边牧犬扑向朱某牵着的小狗，朱某提着小狗后退时摔倒受伤。根据《北京市养犬管理规定》，本市重点区域内，不得饲养大型犬、烈性犬，携犬出户时应当束犬链，携犬人应当携带养犬登记证，并应当避让老年人、残疾人和孕妇。对烈性犬、大型犬实行拴养或圈养，不得出户遛犬。孙某、于某作为边牧犬的饲养人、管理人违反了上述规定，造成朱某受伤，应当承担全部侵权责任。

[①] （2019）京0102民初7347号，载中国裁判文书网。

5. 颜某诉某宠物工作室饲养动物致人损害赔偿纠纷案[1]

◎ 基本案情

2021年5月，颜某到某宠物工作室消费，工作室向其提供"撸猫"服务。其间，一只白猫突然跳至颜某腿上将其抓伤。后颜某监护人带颜某到医院就诊进行伤口处理并注射相关疫苗，共计支付1500余元。因颜某向宠物工作室索赔未果，故诉至法院，请求赔偿医疗费、交通费等各项损失。

◎ 裁判要点

人民法院经审理认为，《民法典》第1245条规定，饲养的动物造成他人损害的，动物饲养人或者管理人应当承担侵权责任；但是，能够证明损害是因被侵权人故意或者重大过失造成的，可以不承担或者减轻责任。本案中，宠物工作室饲养的猫将颜某抓伤，虽然工作室主观上不存在过错，但颜某对损害的发生亦无故意或重大过失，因此宠物工作室作为动物的饲养人与管理人应当对颜某所受损害承担赔偿责任，遂判决宠物工作室赔偿颜某医疗费及维权产生的交通费1600余元。

◎ 典型意义

年轻人正在成为新消费时代的主力军，乐于尝鲜、喜欢新奇是该群体的显著消费特征，由此催生出了一批新兴消费行业。"撸宠"消费，作为备受年轻人喜爱的新兴业态已火遍各大城市，但轻松娱乐的背后也隐藏着宠物伤人的隐患。"撸宠"一时爽，被抓很受伤，动物致害风险应当如何分配、消费者权益应当如何保障成为需要关注的问题。基于动物固有的危险性，法律规定饲养动物致人损害的，动物饲养人或者管理人应当承担无过错侵权责任。本案通过合理的风险分配提醒经营者在提供"撸宠"服务时需要加强现场管理，尽可能避免宠物与消费者"亲密"接触，减少意外发生，积极管控经营风险，保障消费者人身安全。

---

[1] 《江苏发布2022年消费者权益保护十大典型案例》，载江苏法院网，http：//www.jsfy.gov.cn/article/95185.html，2024年10月14日访问。

6. 甲和乙饲养动物损害责任纠纷案①

◎ **基本案情**

甲、乙居住同一小区。一日，甲在晨练时因被乙养的拉布拉多犬惊吓跌倒受伤，甲的右肘部皮肤挫伤，腰背部剧烈疼痛，诊断为腰1椎体压缩性骨折、右肘部皮肤挫伤。事发后，乙垫付甲相应医疗费、交通费，并给付甲现金2000元。乙认可自己饲养的拉布拉多犬未取得相应登记。

◎ **裁判要点**

人民法院经审理认为，违反管理规定，未对动物采取安全措施造成他人损害的，动物饲养人或者管理人应当承担侵权责任。北京市实行养犬登记、年检制度，未经登记和年检，任何单位和个人不得养犬。在重点管理区内，每户只准养一只犬，不得养烈性犬、大型犬。本案中，乙在楼房居住区未经登记饲养拉布拉多大型犬，同时违反规定出户遛犬，导致甲遇犬受惊，跌倒摔伤，乙作为动物饲养人应承担相应赔偿责任。据此判决乙赔偿甲误工费、营养费、护理费共计2万余元。

◎ **典型意义**

根据北京市相关规定，大型犬是指成年体高超过35厘米的犬种（犬只正常站立时前足到肩部最高点的距离），大型犬与烈性犬均具有一定的危险性。在楼房居住小区等重点管理区域内违规饲养烈性犬、大型犬，尤其是未采取安全保护措施肆意遛犬，会带来许多安全隐患。同时，饲养的动物在面对陌生人时可能会因害怕而做出攻击性动作，使人受到惊吓甚至受伤。因此，提醒各位市民，如果您居住在重点管理区内，切记不要违规饲养烈性犬、大型犬，在外出遛犬时也请做好充足的安全保护措施。

---

① （2020）京0115民初11639号，载中国裁判文书网。

7. 成某诉刘某饲养动物致人损害赔偿纠纷案①

◎ 基本案情

成某及其女友在本市某小区内因故与刘某发生争执，刘某携带的犬只（犬种：卡斯罗）对成某扑咬。事发后，成某至医院就诊，查体右侧胸口及上臂可见多个创口，最长达4厘米，深及皮下及肌肉，接受注射狂犬疫苗、破伤风疫苗等治疗措施，自行至药店购买医用胶布、碘伏棉球等外伤用医疗用品，并自行支付医疗费，事发当日成某身着的衣物、眼镜破损。刘某饲养犬只，至事发前一年未办理《犬类饲养证》验证手续。该小区属于本市重点限养区，刘某饲养的卡斯罗犬属于本市重点限养区禁养犬的品种。

成某诉讼请求：判令刘某向其赔偿医疗费、误工费、营养费、精神损失费等各项损失33257元，并承担本案诉讼费。

刘某辩称，案涉宠物伤人事件的发生完全是成某的过错与故意，刘某已尽到动物饲养人防止宠物造成他人损害的义务可以不承担责任。

◎ 裁判要点

人民法院经审理认为，禁止饲养的烈性犬等危险动物造成他人损害的，动物饲养人或者管理人应当承担侵权责任。本案中，刘某饲养的卡斯罗犬，系本市重点限养区禁养犬的品种，本案事故发生地亦属于本市重点限养区范围，故刘某作为动物饲养人应对成某的损失承担全部赔偿责任。

◎ 典型意义

随着人民群众生活水平的日益提高，养犬居民逐步增多。狗是人类忠诚的朋友，但养犬居民应当做到依法养犬、规范养犬、文明养犬。《民法典》第1247条规定，禁止饲养的烈性犬等危险动物造成他人损害的，动物饲养人或者管理人应当承担侵权责任。即使损害是因被侵权人故意或者重大过失造成的，也不能减轻动物饲养人或者管理人的侵权责任。

本案的裁判明确了以下三点：一是饲养宠物需依法依规进行，不要饲养明令禁止饲养的宠物。也就是要有法治思想。二是饲养宠物行为要文

---

① （2021）苏11民终2694号，载中国裁判文书网。

明。例如，外出遛狗时应对犬只加强管理，使用犬绳牵引，主动避让行人和车辆，必要时为犬只戴上嘴套，让犬只时刻处于养犬人的控制之下，避免发生犬只伤人或者因犬吠、扑咬动作惊吓他人的事件。三是构建和谐社会。违法养犬和不文明养犬行为破坏城市环境卫生和文明形象，也会成为破坏邻里和谐关系、引发邻里矛盾的导火索。养犬居民在享受爱犬带来快乐的同时，不应干扰和影响他人正常生活秩序，更不能危害他人的人身安全。

本案的判决对促进居民依法养犬、文明养犬起到引导作用，对倡导文明生活方式，弘扬法治、文明、和谐的社会主义核心价值观有积极意义。

8. 甲、乙饲养动物损害责任纠纷案[①]

◎ **基本案情**

甲、乙系某村邻居。某日，甲抱着幼儿看见乙家饲养的黑猫，于是步行至猫停留处，抱着幼儿同猫玩耍。后甲将幼儿放下，其间二人均有用脚踢猫的动作，猫受惊，发出疑似抓挠动作。后经检查，幼儿的小腿红肿并有猫咬齿痕。幼儿被带往医院检查治疗，并注射狂犬疫苗，费用由乙支付。甲表示幼儿受到惊吓，并在注射狂犬疫苗期间，因副作用产生发烧、呕吐、消化不良等现象，故起诉至法院要求乙赔偿护理费、交通费、营养费、精神损失费等共计 7000 余元。

◎ **裁判要点**

人民法院经审理认为，饲养的动物造成他人损害的，动物饲养人或者管理人应当承担侵权责任；但是，能够证明损害是因被侵权人故意或者重大过失造成的，可以不承担或者减轻责任。本案中，乙的猫造成幼儿受伤，应当承担相应的赔偿责任。但幼儿对动物的危险性缺乏认知，其监护人应当恪尽监管职责，保护幼儿不受侵害。现场监控视频显示，甲带幼儿行至猫所在处同猫玩耍，且在玩耍过程中有踢打动作，最终造成猫受惊咬

[①] （2021）京 0115 民初 8714 号，载中国裁判文书网。

伤幼儿的结果发生。幼儿监护人没有尽到谨慎看护义务，应当承担一定责任。故酌定乙按照双方的责任比例，赔偿原告 2000 余元。

◎ **典型意义**

根据法律规定，父母对未成年子女负有抚养、教育和保护的义务。未成年人由于年龄小、好奇心强、性格顽皮等因素，喜欢与动物接触，但缺少防范意识，更容易受到动物伤害。父母作为监护人应当尽到相应看护义务，如果未尽看护责任导致未成年受伤，监护人亦须对损害后果承担相应过错责任。故建议广大家长朋友们，务必看护好未成年人，避免其受到动物伤害。同时，动物饲养人、管理人应当遵守规定，加强对饲养动物的管理，尤其防范对未成年人可能存在的危险。

第二十四条　高空抛坠物具体侵权人能够确定时物业服务企业的责任

> 物业服务企业等建筑物管理人未采取必要的安全保障措施防止从建筑物中抛掷物品或者从建筑物上坠落的物品造成他人损害，具体侵权人、物业服务企业等建筑物管理人作为共同被告的，人民法院应当依照民法典第一千一百九十八条第二款、第一千二百五十四条的规定，在判决中明确，未采取必要安全保障措施的物业服务企业等建筑物管理人在人民法院就具体侵权人的财产依法强制执行后仍不能履行的范围内，承担与其过错相应的补充责任。

❁ **要点提示**

本条是关于高空抛坠物具体侵权人能够确定时物业服务企业的责任形态、顺位抗辩、法律适用及裁判主文的相关规定。其中，本条规定的必要安全保障措施包括在建筑物显著位置进行法治宣传和风险提示、定期开展建筑物附着物安全隐患排查、在台风等恶劣天气提示业主或承租人妥善保管可能坠落的物品。对因高空抛物受到损害的主体以具体侵权人和物业服务企业作为共同被告的诉讼，其判决的主要法律义务为《民法典》关于安全保障义务和高空抛物的相关规定。同时，为体现补充责任的特性，法院在对未尽安全保障义务的物业服务企业的责任判定中，应该充分明确其责任承担的后顺位性。

关联规定

1.《民法典》（2020 年 5 月 28 日）

第二百八十七条　业主对建设单位、物业服务企业或者其他管理人以及其他业主侵害自己合法权益的行为，有权请求其承担民事责任。

第一千一百九十八条　宾馆、商场、银行、车站、机场、体育场馆、娱乐场所等经营场所、公共场所的经营者、管理者或者群众性活动的组织者，未尽到安全保障义务，造成他人损害的，应当承担侵权责任。

因第三人的行为造成他人损害的，由第三人承担侵权责任；经营者、管理者或者组织者未尽到安全保障义务的，承担相应的补充责任。经营者、管理者或者组织者承担补充责任后，可以向第三人追偿。

第一千二百五十四条　禁止从建筑物中抛掷物品。从建筑物中抛掷物品或者从建筑物上坠落的物品造成他人损害的，由侵权人依法承担侵权责任；经调查难以确定具体侵权人的，除能够证明自己不是侵权人的外，由可能加害的建筑物使用人给予补偿。可能加害的建筑物使用人补偿后，有权向侵权人追偿。

物业服务企业等建筑物管理人应当采取必要的安全保障措施防止前款规定情形的发生；未采取必要的安全保障措施的，应当依法承担未履行安全保障义务的侵权责任。

发生本条第一款规定的情形的，公安等机关应当依法及时调查，查清责任人。

2.《刑法》（2023 年 12 月 29 日）

第二百九十一条之二　从建筑物或者其他高空抛掷物品，情节严重的，处一年以下有期徒刑、拘役或者管制，并处或者单处罚金。

有前款行为，同时构成其他犯罪的，依照处罚较重的规定定罪处罚。

3.《民事诉讼法》（2023年9月1日）

第五十五条 当事人一方或者双方为二人以上，其诉讼标的是共同的，或者诉讼标的是同一种类、人民法院认为可以合并审理并经当事人同意的，为共同诉讼。

共同诉讼的一方当事人对诉讼标的有共同权利义务的，其中一人的诉讼行为经其他共同诉讼人承认，对其他共同诉讼人发生效力；对诉讼标的没有共同权利义务的，其中一人的诉讼行为对其他共同诉讼人不发生效力。

4.《最高人民法院关于适用〈中华人民共和国民事诉讼法〉的解释》（2022年4月1日）

第七十三条 必须共同进行诉讼的当事人没有参加诉讼的，人民法院应当依照民事诉讼法第一百三十五条的规定，通知其参加；当事人也可以向人民法院申请追加。人民法院对当事人提出的申请，应当进行审查，申请理由不成立的，裁定驳回；申请理由成立的，书面通知被追加的当事人参加诉讼。

第七十四条 人民法院追加共同诉讼的当事人时，应当通知其他当事人。应当追加的原告，已明确表示放弃实体权利的，可不予追加；既不愿意参加诉讼，又不放弃实体权利的，仍应追加为共同原告，其不参加诉讼，不影响人民法院对案件的审理和依法作出判决。

5.《物业管理条例》（2018年3月19日）

第三十五条 物业服务企业应当按照物业服务合同的约定，提供相应的服务。

物业服务企业未能履行物业服务合同的约定，导致业主人身、财产安全受到损害的，应当依法承担相应的法律责任。

第四十五条 对物业管理区域内违反有关治安、环保、物业装饰装修和使用等方面法律、法规规定的行为，物业服务企业应当制止，并及时向有关行政管理部门报告。

有关行政管理部门在接到物业服务企业的报告后，应当依法对违法行为予以制止或者依法处理。

第四十六条 物业服务企业应当协助做好物业管理区域内的安全防范工作。发生安全事故时，物业服务企业在采取应急措施的同时，应当及时向有关行政管理部门报告，协助做好救助工作。

物业服务企业雇请保安人员的，应当遵守国家有关规定。保安人员在维护物业管理区域内的公共秩序时，应当履行职责，不得侵害公民的合法权益。

6.《最高人民法院关于依法妥善审理高空抛物、坠物案件的意见》（2019年10月21日）

12. 依法确定物业服务企业的责任。物业服务企业不履行或者不完全履行物业服务合同约定或者法律法规规定、相关行业规范确定的维修、养护、管理和维护义务，造成建筑物及其搁置物、悬挂物发生脱落、坠落致使他人损害的，人民法院依法判决其承担侵权责任。有其他责任人的，物业服务企业承担责任后，向其他责任人行使追偿权的，人民法院应予支持。物业服务企业隐匿、销毁、篡改或者拒不向人民法院提供相应证据，导致案件事实难以认定的，应当承担相应的不利后果。

❈ 典型案例

1. 庾某诉黄某高空抛物损害责任纠纷案[①]

◎ **基本案情**

2019年5月26日，庾某在自家小区花园散步，经过黄某楼下时，黄

---

① 《人民法院贯彻实施民法典典型案例（第一批）》，载最高人民法院网站，https://www.court.gov.cn/zixun/xiangqing/347181.html，2024年11月4日访问。

某家小孩在房屋阳台从高楼抛下一瓶矿泉水,水瓶掉落到庚某身旁,导致其惊吓、摔倒,随后被送往医院救治。次日,庚某亲属与黄某一起查看监控,确认了上述事实后,双方签订确认书,确认矿泉水瓶系黄某家小孩从阳台扔下,同时黄某向庚某支付1万元赔偿。庚某住院治疗22天才出院,其后又因此事反复入院治疗,累计超过60天,且被鉴定为十级伤残。由于黄某拒绝支付剩余治疗费,庚某遂向法院提起诉讼。

◎ **裁判要点**

人民法院经审理认为,庚某散步时被从高空抛下的水瓶惊吓摔倒受伤,经监控录像显示水瓶由黄某租住房屋阳台抛下,有视频及庚某、黄某签订的确认书证明。双方确认抛物者为无民事行为能力人,黄某是其监护人,庚某要求黄某承担赔偿责任,黄某亦同意赔偿。涉案高空抛物行为发生在民法典实施前,但为了更好地保护公民、法人和其他组织的权利和利益,根据《最高人民法院关于适用〈中华人民共和国民法典〉时间效力的若干规定》第19条的规定,《民法典》施行前,从建筑物中抛掷物品或者从建筑物上坠落的物品造成他人损害引起的民事纠纷案件,适用《民法典》第1254条的规定。2021年1月4日,审理法院判决黄某向庚某赔偿医疗费、护理费、交通费、住院伙食补助费、残疾赔偿金、鉴定费合计8.3万元;精神损害抚慰金1万元。

◎ **典型意义**

本案是人民法院首次适用《民法典》第1254条判决高空抛物者承担赔偿责任,切实维护人民群众"头顶上的安全"的典型案例。《民法典》侵权责任编明确禁止从建筑物中抛掷物品,进一步完善了高空抛物的治理规则。本案依法判决高空抛物者承担赔偿责任,有利于通过公正裁判树立行为规则,进一步强化高空抛物、坠物行为预防和惩治工作,也有利于更好地保障居民合法权益,切实增强人民群众的幸福感、安全感。

2. 聂某诉陈某等物件损害责任纠纷案①

◎ **基本案情**

2018年1月10日,聂某途经某市某镇某村某街×号房屋南侧时,头部被涉案房屋坠落物砸中受伤。事故发生后,聂某被送往医院救治,同年3月6日出院。经鉴定,聂某颅脑损伤致左侧面瘫构成八级伤残,颅脑损伤致嗅觉功能丧失构成十级伤残。涉案房屋为陈某所有,案发时房屋正由龙某承建施工,龙某没有建筑施工资质。聂某诉至法院,请求陈某、龙某支付伤残赔偿及精神损害抚慰金共47万元。

◎ **裁判要点**

人民法院经审理认为,综合本案证据分析,砸伤聂某的坠落物应是龙某承揽的涉案房屋加建工程的工地搁置物、悬挂物发生脱落、坠落所致。龙某作为施工人员未提供证据证明其无过错,应对聂某受伤承担赔偿责任。涉案房屋在5层以上进行加建,陈某作为房屋所有人和工程发包人,将加建工程发包给没有相关资质和不具备安全施工条件的龙某,在选任施工人员上存在过失,应对聂某损失承担相应责任。综合两被告的过错程度,酌定龙某、陈某承担责任比例为70%、30%。聂某因伤致残,精神受到损害,龙某、陈某应支付聂某精神损害赔偿金。2019年8月15日,判决龙某支付赔偿款和精神损害赔偿金共17.2万元;陈某支付赔偿款和精神损害赔偿金共7.4万元。该判决已生效。

◎ **典型意义**

建筑物、构筑物或者其他设施及其搁置物、悬挂物发生脱落、坠落造成他人损害,所有人、管理人或者使用人不能证明自己没有过错的,应当承担侵权责任。本案施工人在施工期间未尽安全注意义务,导致物件坠落致人损害,应依法承担赔偿责任;而高层改建工程的发包人,因选任无资质的施工人员,也应对其过失承担相应责任。本案警醒发包人、施工人要

---

① 《广东法院涉高空抛物、坠物十大典型案例》,载广东法院网,http://www.gdcourts.gov.cn/gsxx/quanweifabu/anlihuicui/content/post_1046348.html,2024年10月14日访问。

合法、规范、文明施工，履行安全保障义务，避免施工过程中发生物件坠落事故。

3. 何某诉物业公司等物件坠落损害责任纠纷案①

◎ **基本案情**

2017年8月23日，第13号强台风在广东沿海地区登陆，并正面吹袭中山。某市政府有关职能部门先后多次发出紧急预警通知，启动强台风Ⅰ级应急响应，将台风预警信号升级为红色，要求各行业和广大居民切实做好避风防风措施。当日上午11时30分许，何某某驾车载其11岁女儿何某途经某市某小区时，将车辆停放在小区外的公路边，被小区楼顶坠落的一根长约6米、直径10厘米的钢管斜插入车厢顶，造成何某严重受伤。经鉴定，何某构成三级伤残、七级伤残各一项。何某遂诉至法院，要求物业公司、广州某物业公司等承担共同赔偿责任。

◎ **裁判要点**

人民法院审理认为，该小区的物业公司，负有对管理区域内建筑物的公用设施进行检查、维修等职责。事发当日系强台风天气，物业公司疏于防范或工作不到位，导致小区楼顶构筑物装饰架的一钢柱脱落酿成损害事故，应依法承担相应损害赔偿责任。在强台风天气情况下，何某的监护人即其父母无视风险带何某外出，由此导致损害事故发生，其父母负有一定的责任，酌定由何某的父母对本案损害事故承担30%的责任。2020年2月19日，判决物业公司、广州某物业公司共同向何某赔偿各项损失合计95万元。

◎ **典型意义**

本案发生于强台风登陆前的特殊天气条件下，虽然受害人的监护人在此次事故中负有一定过错，但物业公司作为小区管理人，在强台风来临前

---

① 《广东法院涉高空抛物、坠物十大典型案例》，载广东法院网，http://www.gdcourts.gov.cn/gsxx/quanweifabu/anlihuicui/content/post_ 1046348.html，2024年10月14日访问。

未切实履行好相关物业的检查、管理和维护义务，存在管理上的过错，与损害结果的发生存在因果关系，应依法承担损害赔偿责任。本案判决正确处理了特殊天气、受害人本人以及物业公司之间的关系，合理界定三者对损害结果的作用力和责任比例，依法维护了受害人的合法权益。

第二十五条 高空抛坠物具体侵权人难以确定时物业服务企业与可能加害的建筑物使用人的责任顺位和追偿

> 物业服务企业等建筑物管理人未采取必要的安全保障措施防止从建筑物中抛掷物品或者从建筑物上坠落的物品造成他人损害，经公安等机关调查，在民事案件一审法庭辩论终结前仍难以确定具体侵权人的，未采取必要安全保障措施的物业服务企业等建筑物管理人承担与其过错相应的责任。被侵权人其余部分的损害，由可能加害的建筑物使用人给予适当补偿。
>
> 具体侵权人确定后，已经承担责任的物业服务企业等建筑物管理人、可能加害的建筑物使用人向具体侵权人追偿的，人民法院依照民法典第一千一百九十八条第二款、第一千二百五十四条第一款的规定予以支持。

❋ 要点提示

本条是关于高空抛坠物具体侵权人难以确定时物业服务企业与可能加害的建筑物使用人的责任顺位和追偿的规定。根据该条规定，具体侵权人的判定除当事人无法举证证明外，应以"经公安等机关调查，在民事案件一审法庭辩论终结前仍难以确定具体侵权人的"作为主要判断的标准。而在此种情形下，违反安全保障义务的物业服务企业需与可能加害建筑物使用人共同承担责任，物业服务企业承担与其过错相应的责任，其余部分则由可能加害的建筑物使用人给予适当补偿。也即，物业服务企业并对可能加害建筑物使用人不享有责任承担上的顺位利益。当然，物业服务企业和可能加害的建筑物使用人此时承担的责任皆具有一定的垫付责任性质，如果此后能够确定具体侵权人，则二者皆可向具体侵权人追偿。

❖ 关联规定

1.《民法典》（2020年5月28日）

第二百八十七条　业主对建设单位、物业服务企业或者其他管理人以及其他业主侵害自己合法权益的行为，有权请求其承担民事责任。

第九百四十二条　物业服务人应当按照约定和物业的使用性质，妥善维修、养护、清洁、绿化和经营管理物业服务区域内的业主共有部分，维护物业服务区域内的基本秩序，采取合理措施保护业主的人身、财产安全。

对物业服务区域内违反有关治安、环保、消防等法律法规的行为，物业服务人应当及时采取合理措施制止、向有关行政主管部门报告并协助处理。

第一千一百九十八条　宾馆、商场、银行、车站、机场、体育场馆、娱乐场所等经营场所、公共场所的经营者、管理者或者群众性活动的组织者，未尽到安全保障义务，造成他人损害的，应当承担侵权责任。

因第三人的行为造成他人损害的，由第三人承担侵权责任；经营者、管理者或者组织者未尽到安全保障义务的，承担相应的补充责任。经营者、管理者或者组织者承担补充责任后，可以向第三人追偿。

第一千二百五十四条　禁止从建筑物中抛掷物品。从建筑物中抛掷物品或者从建筑物上坠落的物品造成他人损害的，由侵权人依法承担侵权责任；经调查难以确定具体侵权人的，除能够证明自己不是侵权人的外，由可能加害的建筑物使用人给予补偿。可能加害的建筑物使用人补偿后，有权向侵权人追偿。

物业服务企业等建筑物管理人应当采取必要的安全保障措施防止前款规定情形的发生；未采取必要的安全保障措施的，应当依法承担未履行安全保障义务的侵权责任。

发生本条第一款规定的情形的，公安等机关应当依法及时调查，查清责任人。

2. 《刑法》（2023年12月29日）

第二百九十一条之二　从建筑物或者其他高空抛掷物品，情节严重的，处一年以下有期徒刑、拘役或者管制，并处或者单处罚金。

有前款行为，同时构成其他犯罪的，依照处罚较重的规定定罪处罚。

---

3. 《物业管理条例》（2018年3月19日）

第三十五条　物业服务企业应当按照物业服务合同的约定，提供相应的服务。

物业服务企业未能履行物业服务合同的约定，导致业主人身、财产安全受到损害的，应当依法承担相应的法律责任。

第四十五条　对物业管理区域内违反有关治安、环保、物业装饰装修和使用等方面法律、法规规定的行为，物业服务企业应当制止，并及时向有关行政管理部门报告。

有关行政管理部门在接到物业服务企业的报告后，应当依法对违法行为予以制止或者依法处理。

第四十六条　物业服务企业应当协助做好物业管理区域内的安全防范工作。发生安全事故时，物业服务企业在采取应急措施的同时，应当及时向有关行政管理部门报告，协助做好救助工作。

物业服务企业雇请保安人员的，应当遵守国家有关规定。保安人员在维护物业管理区域内的公共秩序时，应当履行职责，不得侵害公民的合法权益。

---

4. 《最高人民法院关于依法妥善审理高空抛物、坠物案件的意见》（2019年10月21日）

8. 加强高空抛物、坠物民事案件的审判工作。人民法院在处理高空抛物、坠物民事案件时，要充分认识此类案件中侵权行为给人民群众生命、健康、财产造成的严重损害，把维护人民群众合法权益放在首位。针对此类案件直接侵权人查找难、影响面广、处理难度大等特点，要创新审判方式，坚持多措并举，依法严惩高空抛物行为人，充分保护受害人。

9. 做好诉讼服务与立案释明工作。人民法院对高空抛物、坠物案件，要坚持有案必立、有诉必理，为受害人线上线下立案提供方便。在受理从建筑物中抛掷物品、坠落物品造成他人损害的纠纷案件时，要向当事人释明尽量提供具体明确的侵权人，尽量限缩"可能加害的建筑物使用人"范围，减轻当事人诉累。对侵权人不明又不能依法追加其他责任人的，引导当事人通过多元化纠纷解决机制化解矛盾、补偿损失。

10. 综合运用民事诉讼证据规则。人民法院在适用侵权责任法第八十七条裁判案件时，对能够证明自己不是侵权人的"可能加害的建筑物使用人"，依法予以免责。要加大依职权调查取证力度，积极主动向物业服务企业、周边群众、技术专家等询问查证，加强与公安部门、基层组织等沟通协调，充分运用日常生活经验法则，最大限度查找确定直接侵权人并依法判决其承担侵权责任。

11. 区分坠落物、抛掷物的不同法律适用规则。建筑物及其搁置物、悬挂物发生脱落、坠落造成他人损害的，所有人、管理人或者使用人不能证明自己没有过错的，人民法院应当适用侵权责任法第八十五条的规定，依法判决其承担侵权责任；有其他责任人的，所有人、管理人或者使用人赔偿后向其他责任人主张追偿权的，人民法院应予支持。从建筑物中抛掷物品造成他人损害的，应当尽量查明直接侵权人，并依法判决其承担侵权责任。

12. 依法确定物业服务企业的责任。物业服务企业不履行或者不完全履行物业服务合同约定或者法律法规规定、相关行业规范确定的维修、养护、管理和维护义务，造成建筑物及其搁置物、悬挂物发生脱落、坠落致使他人损害的，人民法院依法判决其承担侵权责任。有其他责任人的，物业服务企业承担责任后，向其他责任人行使追偿权的，人民法院应予支持。物业服务企业隐匿、销毁、篡改或者拒不向人民法院提供相应证据，导致案件事实难以认定的，应当承担相应的不利后果。

✦ 典型案例

1. 保险公司、物业公司保险人代位求偿权纠纷[①]

◎ 基本案情

2023年12月22日，陈某所有的车辆停放在某小区6幢楼下，21时48分许该车被楼上扔下的自行车砸中，造成该车损害的后果。2023年12月23日11时23分许，陈某报警称其车子被楼上扔下的自行车砸了，请求处理。民警随即到现场，经现场走访和调看视频监控，未发现证据和线索可以确定自行车被扔下的具体住户或楼层。因车辆在原告处投保有机动车损失险106346.8元，陈某向原告申请理赔，并于2024年1月19日出具实物赔付确认书，同意保险公司以实物赔付形式完成此次保险事故的车辆损失赔付，由保险公司向修理厂购买修理服务并支付修理费。2023年12月27日，该车辆经汽车销售服务公司报价及原告定损，后确定采用该车损害部位基本由该服务公司维修及后翼子板（左）、外尾灯（左）由汽车服务公司维修的方式进行修理。经维修，该车辆产生维修费13700元；原告于2024年2月7日分别支付上述两家公司维修费12300元、1400元。其间，陈某出具保险索赔权益转让书，同意将案涉车辆的索赔权益转让原告，由原告方向责任方追偿。

法院另查明，2024年1月24日，经由某区人民调解委员会调解，陈某与物业公司达成调解协议，该协议载明："某小区业主陈某的车辆停在其单元楼道口，2023年12月22日凌晨的时候被空中抛下的自行车砸中，造成车子一定损伤，报完保险后还有5000块的结余需要自己承担。因在找不到砸车人的前提下，经协商一致，物业承担3000元，剩余部分由某小区4××业主与11×租户自行协商，与物业无关。此协议一式两份，即日生效。"同日，陈某出具收据一份，该收据载明："今收到物业公司，因小轿车停放在小区公共车位上，高空抛物致车子受损修理补偿费3000元，其他概不追究，特此说明。"

[①] （2024）浙0702民初3319号，载中国裁判文书网。

◎ 裁判要点

人民法院经审理认为，因第三者对保险标的的损害而造成保险事故的，保险人自向被保险人赔偿保险金之日起，在赔偿金额范围内代位行使被保险人对第三者请求赔偿的权利。车辆停放在某小区6幢楼下时，深夜被楼上抛下的自行车砸中，原、被告双方均无异议，法院予以确认。本案争议焦点一，原告是否有权向被告主张权益。根据《民法典》第1254条规定，禁止从建筑物中抛掷物品。从建筑物中抛掷物品或者从建筑物上坠落的物品造成他人损害的，由侵权人依法承担侵权责任；经调查难以确定具体侵权人的，除能够证明自己不是侵权人的外，由可能加害的建筑物使用人给予补偿。可能加害的建筑物使用人补偿后，有权向侵权人追偿。物业服务企业等建筑物管理人应当采取必要的安全保障措施防止前款规定情形的发生；未采取必要的安全保障措施的，应当依法承担未履行安全保障义务的侵权责任。发生本条第一款规定的情形的，公安等机关应当依法及时调查，查清责任人。本案被告作为案涉建筑物的管理人，有义务采取必要的安全保障措施防止高空抛物造成他人人身及财产损害，案涉事故发生后，经公安机关调查，未能确定具体侵权人，原告根据保险合同约定，赔付被保险人损失后，基于该规定有权选择向被告主张权益，至于被告应否承担赔偿责任系另一争议焦点，下文予以分析。本案争议焦点二，案涉车辆的损失。综合原告提交的实物赔付确认书、维修公司报价单、损失情况确认书、维修发票、付款回单等证据，可以证明原告为维修案涉车辆支付费用13700元。本案争议焦点三，被告是否应承担赔偿责任。从原告提供的监控视频看，监控探头无法照到高空，存在监控盲区，监控探头设置不合理，且被告亦未举证其有采取宣传等措施防范高空抛物发生，故应认定被告具有一定的过错，应承担相应的赔偿责任。但被告并非本案的直接侵权人，其作为物业服务企业系承担未履行安全保障义务的责任，该责任应当与其过错承担相对应，综合本院查明的事实，被告过错程度等因素，酌情认定被告对案涉车辆损失承担10%的赔偿责任，即由被告赔偿原告1370元。本案争议焦点四，陈某与被告达成的协议是否免除了被告的赔偿责任。从双方签订协议及原告提交的证据看，陈某是申请保险理赔后，认为自己还有5000元损失需要承担，为此陈某与被告进行了协商，被告同意承担3000元，协议中所涉"剩余部分"应系5000元差额部分的2000元，是该2000元与被告无关，而非指保险理赔部分与被告无关，故对被告辩称陈某已承诺不追究其全部赔偿责任的意见，本院不予采纳。案涉基础法律关系系侵权法律关系，原告主张损失时，被告应否承担责任尚不明确，原告要求被告赔付利息损失，依据不足，对其该部分诉请，不予支持。

2. 黄某1、黄某2等高空抛物、坠物损害责任纠纷案[①]

◎ **基本案情**

2022年9月4日11时32分，黄某1在某小区××号楼楼下，被从高空抛下的物体砸伤头部。黄某1于事故发生当天向某市公安局某派出所报案。2022年10月4日，某市公安局某分局作出《立案告知书》，关于黄某1被高空抛物砸伤案，该局认为有犯罪事实发生，需要追究刑事责任，且属于管辖范围，根据《刑事诉讼法》第112条之规定，于2022年10月4日立案。

事故发生后，黄某1被送往医院住院治疗，黄某1因治疗共支付医疗费18012.82元。

◎ **裁判要点**

人民法院经审理认为，本案系高空抛物、坠物损害责任纠纷。黄某1作为自然人依法享有生命权，其生命安全和生命尊严受法律保护。我国法律明确规定，禁止从建筑物中抛掷物品。根据《民法典》第1254条第1款的规定，禁止从建筑物中抛掷物品。从建筑物中抛掷物品或者从建筑物上坠落的物品造成他人损害的，由侵权人依法承担侵权责任；经调查难以确定具体侵权人的，除能够证明自己不是侵权人的外，由可能加害的建筑物使用人给予补偿。可能加害的建筑物使用人补偿后，有权向侵权人追

---

① （2023）粤1803民初2166号，载中国裁判文书网。

偿。使用人包括使用建筑物的所有权人、承租人、借用人以及其他使用建筑物的人。"可能加害"的建筑物区分所有单元范围内的侵权人的确定问题可以依据科技手段和日常生活经验法则来进行，如果通过鉴定该损害发生的实际情况，可以确定坠落物来源高度超过一定楼层，则该楼层以下建筑物区分使用人也可以免除责任，如果不能确定为坠落物，则应该是由可能抛掷物品的窗户所在建筑物区分的使用人承担责任。本案中，黄某1在某小区××号楼楼下被从高空抛下的塑料瓶砸中头部，经公安机关侦查，无法确定实施高空抛物的具体加害人，亦无法确定抛掷物的来源高度，无法排除具体哪一楼层实施侵权行为的可能性。某小区××号楼的01户及02户方向处于黄某1被砸的方位上空，该楼栋01户及02户的房屋所有权人属于可能加害的建筑物使用人，应对黄某1的损失进行相应补偿。

物业公司作为事发小区的物业服务企业，属于建筑物管理人，依照法律规定，其应当采取必要的安全保障措施防止从建筑物中抛掷物品的发生。本案中，无证据证明物业公司采取了必要的保障措施，物业公司作为小区物业，具有一定的管理义务，其未设置警示标识，采取充分的措施对小区的安全进行保障，未安装足够的监控摄像头对小区安全进行管理，未尽到应有的管理义务，依照《民法典》第1254条第2款的规定，应当依法承担未履行安全保障义务的侵权责任。但与侵权人的责任相比，物业公司的责任明显较轻，物业公司对黄某1的损失承担10%的赔偿责任为宜。

第二十六条 施行日期

本解释自2024年9月27日起施行。

本解释施行后，人民法院尚未审结的一审、二审案件适用本解释。本解释施行前已经终审，当事人申请再审或者按照审判监督程序决定再审的，适用当时的法律、司法解释规定。

图书在版编目（CIP）数据

民法典侵权责任编司法解释关联适用全书 / 龙卫球主编；雷震文副主编. -- 北京：中国法治出版社，2024.11. --（关联适用全书系列）. -- ISBN 978-7-5216-4373-2

Ⅰ. D923.75

中国国家版本馆 CIP 数据核字第 2024LW3305 号

策划编辑：韩璐玮　　　责任编辑：白天园　　　封面设计：周黎明

民法典侵权责任编司法解释关联适用全书
MINFADIAN QINQUAN ZERENBIAN SIFA JIESHI GUANLIAN SHIYONG QUANSHU

主编/龙卫球
副主编/雷震文
经销/新华书店
印刷/三河市国英印务有限公司

开本/710 毫米×1000 毫米　16 开	印张/ 15.75　字数/ 209 千
版次/2024 年 11 月第 1 版	2024 年 11 月第 1 次印刷

中国法治出版社出版

书号 ISBN 978-7-5216-4373-2　　　　　　　　　　　　定价：58.00 元

北京市西城区西便门西里甲 16 号西便门办公区
邮政编码：100053　　　　　　　　　　传真：010-63141600
网址：http：//www.zgfzs.com　　　　　编辑部电话：010-63141792
市场营销部电话：010-63141612　　　　印务部电话：010-63141606

（如有印装质量问题，请与本社印务部联系。）